ビジネスフレームワークの教科書

アイデア創出・市場分析・企画提案・改善の手法 55

安岡寛道
富樫佳織
伊藤智久
片隆久
小

The Textbook of
Business Frameworks

SB Creative

序

私がかなたを見渡せたのだとしたら、
それは巨人の肩の上に乗っていたからです。

これは科学者であるアイザック・ニュートンの言葉です。

先人たちが積み重ねてきた知識や知恵をもとにして考えることで、より遠くを見渡すことができるという意味です。

これは、科学だけではなく、ビジネスの世界でも同様です。

我々が日々直面するビジネスにおける問題は、問題そのものは新しいかもしれませんが、**問題を効果的・効率的に解決するための知識や知恵は、すでに先人たちによって開発され、存在している場合が多い**でしょう。

将棋や囲碁などのゲームで例えるとわかりやすいかもしれません。

将棋には「**定跡**」と呼ばれる最善とされる指し手が存在します。定跡を利用すると、勝つための手順を自分でゼロから検討・開発するよりも圧倒的に早く、効果的な決断ができます。そのため、時間や手間を少なくし、効率化できます。

もちろん、定跡を選択すれば必ず勝てるというわけではありませんが、それを踏まえて高度な戦略を考えることが可能です。

ビジネスにおける定跡は、経営学の分野で研究され、理論として体系化されています。

本書では、経営学者や実務家たちによって開発されてきた定跡、つまりビジネスで活用できる数多くの理論から導かれたフレームワークをまとめ、その本質を解説しています。アイデア創出のための発想法や、市場の顧客ニーズを見つけて課題を整理・分析、および検証し、ビジネスを企画・提案（プレゼンテーション）、さらに改善するための手法など、諸々のフレームワークと呼べるものが含まれます。

さらに本書では、みなさんがすぐに実践で活用することができるように、**具体的な事例や実践する際のコツ**も掲載しています。

　読者の中には「**過去に導かれたフレームワークが、今でもうまくいくとは限らないのではないか**」と懐疑的に思う人もいるかもしれません。

　もちろん、「過去のフレームワークを使えば、必ずうまくいく」ということはありません。しかし、有効性が確認されているさまざまなフレームワークを活用し、それらをもとにして批判的に考えることで、新しい問題についてもより深く理解することができます。

　場合によっては「誰も知らないフレームワーク」をあなたが発見することになるかもしれません。実際に、最新の経営学の理論は、従来の理論を基礎にしながら、研究と実践の繰り返しの中でアップデートされ続けています。

　本書は、先人たちがまとめたさまざまなもののうち、特に重要であると筆者たちが考える55個のフレームワークを厳選して解説しています。中には、既存のフレームワークをさらに進化させたものや、統合して使いやすくしたものも含まれます。

　これまで経営学を学んだことのない方々や、若手のビジネスパーソンの方々でも実務で活用できるように、可能な限りわかりやすく解説しました。

　先人たちが開発した各フレームワークをビジネスの問題解決のために活用し、誰も見たことのない未来を創っていただきたいと願っています。本書で各フレームワークの使い方を理解したら、ぜひビジネスで実践してください。新たな未来を切り開くのは、読者である"あなた"です。

安岡寛道・伊藤智久

Contents

Contents

第2章 ニーズを見つける 129

第3章 分析・検証する 185

第**4**章 **企画する** 257

第6章 改善する 363

第1章

アイデアをつくる

　本章では、アイデアなどの創出に有効な発想法や手法のフレームワークを紹介します。アイデアやコンセプトの創出には、才能やセンスが必要だと思われがちですが、実はそうではありません。本章で紹介する発想法のフレームワークを使いこなせば、誰でもイノベーションにつながるようなアイデアを創出できます。

　世の中にはたくさんの発想法のフレームワークがありますが、その中でも有名で使いやすいものを集めました。まずはここで解説する発想法のフレームワークを使って、アイデアやコンセプトの創出に挑戦してください。

本章で紹介するフレームワーク

基本のフレームワーク

　「ブレインストーミング」「マインドマップ」「KJ法」は、さまざまなアイデア発想法の**基本となる手法**です。ブレインストーミングは意見の発散、マインドマップはイメージの可視化、KJ法は情報の整理からアイデア創出につなげます。

既存製品・サービスの要素を変形するフレームワーク

　「ランダム刺激発想法」「欠点・希望点列挙法」「属性列挙法」「オズボーンのチェックリスト」「リフレーミング」は、**現在すでにある既存製品や既存サービスの要素を変形する発想法**です。

　ランダム刺激発想法はまったく異なるモノの要素を組み合わせることでアイデア創出を行います。

　また、欠点・希望点列挙法や属性列挙法、オズボーンのチェックリスト、リフレーミングは、要素の一部を変更することでアイデア創出を行います。

　それぞれ要素を変更する方法や難易度が異なるのでうまく使いこなしましょう。難易度が高いものほどより多く、また複雑な方法で要素を変形できます。

異なる分野から発想の起点を借りてくるフレームワーク

　「アナロジー思考」は、**まったく異なる分野から発想の起点を借りてくる発想法**です。異なる分野どうしを比べ、共通点と相違点を見極める類比からアイデア創出につなげます。

ルールや常識を疑うことでアイデア創出を行うフレームワーク

　「トレード・オン思考」「前提破壊」は、世の中の**ルールや常識を疑うことでアイデア創出を行う発想法**です。

　トレード・オン思考は相反するものは共存できないという常識を疑い、前提破壊では暗黙のルールを疑い、それらを解消するためのアイデアを創出します。

未来志向型でアイデア創出を行うフレームワーク

「9Windows」「シナリオ・プランニング」は、**未来志向型でアイデアやコンセプトの創出を行う発想法**です。

9Windowsでは過去と現在から未来を推測することでアイデア創出を行います。また、シナリオ・プランニングでは想定した未来から現在を逆算してアイデア創出を行います。

近年世界中で注目されているアイデア発想のフレームワーク

「デザイン思考」「アート思考」は**近年世界中で注目されているアイデア発想法**です。

デザイン思考は、デザイナーが実行している製作物の作成工程をもとにしてアイデアを創出する発想法です。アート思考は、アーティストのアート製作工程をもとにして考えられた工程模倣型のアイデア発想法です。

図 | **アイデア創出のフレームワークの位置付け**

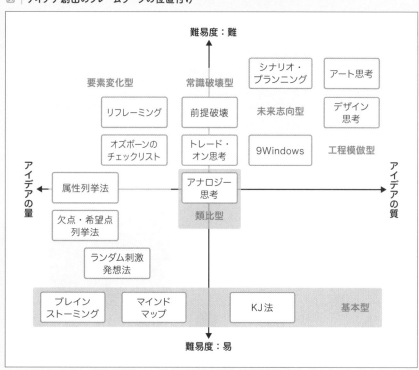

15

01 ブレインストーミング

Brain Storming

Tags 情報の発散　多様な利用シーン　チームで使える
Origin 著述家のアレックス.F.オズボーンが考案

こんなときに使える! ▶ チームメンバーから多様な意見を集めたい

概要

ブレインストーミングは、**異なる業務についているメンバーや、異なる担当者間で自由に意見を出し合う思考法**です。

　会議室などに複数のメンバーが集まり、忌憚なくアイデアを出し合い、自分自身では思いつかないような他者の考え方を共有することで、お互いに刺激を受けて連鎖反応が起こるため、一人で考えている場合よりも創造性が高まります。

　この思考法は非常に有名であり、今ではアイデアの創造や商品・事業企画の立案など、さまざまな場面で欠かせないものになっています。

使い方

　ブレインストーミングは、使用シーンやチームによって、さまざまなプロセスで行われていますが、本項では、ブレインストーミングの考案者であるアレックス.F.オズボーンが示した基本原則を中心に、いくつかのバリエーションを紹介します。

　オズボーンは、ブレインストーミングに必要な設定と原則を下図のように示しています。この図にあるように、ブレインストーミングでは**異なる業務経験を持つメンバーを参加させる**ほうが創造的なアイデアが出るとされています。

　一方で、**社内の異なる階層のメンバーを混ぜないほうがよい**とされています。その理由は、上司と部下のような階層の異なるメンバーでブレインストーミングを行うと、採択されそうな提案に偏ったり、上層メンバーが気に入りそうなアイデアを出したりする傾向があるためです。

図 │ ブレインストーミングの設定と4原則

ブレインストーミングの設定

- 5～12人ほどのグループで行う
- グループに参加するメンバーは、多様な業務経験があることが望ましい
- 社内の異なる階層をグループに混ぜるのは避ける

ブレインストーミング前
参加者に議論テーマと、そのテーマに焦点を当てて創造性を発揮してもらうことを説明する
ファシリテーターからブレストのルールを説明する

ブレインストーミングの4原則

①**できるだけ多くのアイデアを出す**
（質よりも量を重視する）

②**出されたアイデアに対して批判をしない**
（判断はブレインストーミングが終わった後に行う）

③**奇抜なアイデアを推奨する**
（どのようなアイデアも歓迎し、型にはまらない）

④**参加者同士がアイデアを組み合わせたり、アイデアを互いに改良することを認める**
（他者のアイデアをどんどん発展させる）

ここがポイント！ 　**上司・部下を混ぜないほうがよい**

17

■ ブレインストーミングを実施する際のポイント

　ブレインストーミングを行う際は、上記の他にも、以下の点に注意してください。より効果的に議論を進めることができます。

▌ブレインストーミングのルールや目的を事前に説明しておく

　ブレインストーミングを行う前に必ず、参加メンバーに対して以下の点を説明しておきます。

- 議題となるテーマ
- ブレインストーミングのルール
- 何の目的でアイデア出しを行うか

　ブレインストーミングの目的とは、例えば以下のような形で、具体的に決めておくといいでしょう。

- 雨の時期に外出する際に、あったらいいなと思うものは何か
- 現在のサービス開発において、スタッフを減らしても成果を上げる方法はあるか

 ブレストのルールや目的を事前に説明しておく

▌アイデア出しのタスクを決める

　アイデア出しをする前に、以下のように参加者のタスクを数値化しておくと、バラつきを防ぎ、多様な意見を出すことができます。

- 一人あたり、必ずアイデアを3つ出す
- 全員のアイデアを一覧し、そこからよいアイデアを5つ選ぶ

　またこのとき「課題から外れたアイデアになっていないか」を各メンバーが注意することも重要です。特に、誰かのアイデアを改良したり、発展したりする際に、課題や元のアイデアのよい点から離れていないかを注意してください。

<table>
<tr><td>ここが
ポイント！</td><td>**タスクを数値化しておく**</td></tr>
</table>

事前にファシリテーターを決める

ブレインストーミングを行う際は、事前に**ファシリテーター役（進行役）**を決めておきます。ファシリテーターは、進行管理やブレインストーミングのルールのリマインドなどを行います。

また、議論が白熱して他者の意見を批判するような態度がある場合には、ファシリテーターが場を取り仕切って、議論が円滑に進行するように参加者に助言をします。

制限時間を決める（長くても 30 分）

ブレインストーミングは長くても**30分**ほどで区切るのが適切です。時間が長くなりすぎると、アイデアが発散しすぎてしまい、不必要な項目が出てくることがあります。以下のような方法で制限時間を決めることが重要です。

- 全体で30分ほどの時間を設定して、進行自体は参加者のペースに委ねる
- アイデア出しを10分、グルーピングを10分、アイデアをまとめる議論を10分といった形で、短い時間に区切って進行する

複数チームで行う場合は、最後に発表をする

複数のチームが同時にブレインストーミングを行う場合は、最後にそれぞれのチームの発表を行って、内容を共有するようにします。

ブレインストーミングでは、多様な視点を得てアイデアをまとめていくことが大切です。他者の発表の中にも新たな視点を見出す機会があります。

 Memo ブレインストーミングは多くのアイデアを出すことが目的なので、アイデアの収束や判断を同時に行わないように留意することも重要です。

組み合わせて使えるフレームワーク

● KJ法（p.30）

似ている意見や似ている内容をグルーピングする**KJ法**を活用すると、ブレインストーミングで拡散した意見をまとめることができます。KJ法は複数人で話し合いながら整理をするのに適した発想法です。

● ビジネスモデルキャンバス（p.308）、戦略モデルキャンバス（p.316）

ブレインストーミングをしながらビジネスプランを作る際には、**ビジネスモデルキャンバス**や**戦略モデルキャンバス**を組み合わせると効果的です。

複数人で話し合いながら発散したアイデアを収束する際に、これらのフレームワークを用いると、メンバーの合意をとりながら進めやすくなります。

📖 **参考文献・参照資料**

Alex F.Osborn『Applied Imagination：Principles and Procedures of Creative Problems-Solving』Charles Scribner's Sons,3rd Revised、1979年

発想を広げて「新しいアイデアの種」を見つける

02 マインドマップ

Mind Map

Tags 情報の記録・整理　多様な利用シーン　一人で使える
Origin イギリスの心理学者トニー・ブザンが考案

こんなときに
使える！ ▶ **新しいアイデアを生み出したい**

概要

マインドマップは、**中心に描いたイメージと関連する情報を多面的に連想することでア
イデアの幅を広げていく思考法**です。以下のようなケースにおいて非常に有効です。

- 特定のテーマについて、創造的な可能性を探る場合
- 具体的な行動につながるアイデアを生み出したい場合

マインドマップを上手に使えば、直感的なひらめきを捉えて、**既成概念を一掃
するようなアイデア**を創造できます。

使い方

マインドマップは以下の手順で作成します。

① 道具を用意する

　マインドマップを書くために、大きめの無地の白い紙（できればA4サイズ以上）と、色とりどりのカラーペンを用意し、紙を横長に置きます。

② セントラル・イメージを描く

　テーマやトピックから連想されるイメージ（絵・図形）を紙の中心に描きます。文字ではなく、絵や図形を描くことが重要です。ここでは、作画例としてセントラル・イメージに「マグカップ」を描きました。

図 ｜ セントラル・イメージ

③ メイン・ブランチを描き出す

セントラル・イメージから直接伸ばすようにして、最初のメイン・ブランチを太い曲線で描きます。**直線ではなく、木の枝のような有機的な曲線にしましょう。**ユニークな形状のほうが記憶しやすく、視覚的なリズム感も出ます。

メイン・ブランチを描いたら、その上部に「基本アイデア」を記入します。ここでは最初のメイン・ブランチの上に「のみもの」と記入します。

図 ｜ **最初のメイン・ブランチ**

なお、ブランチの上に記入するのは文章やフレーズではなく、**1つのキーワード、または1つのキーイメージ**にします。キーワードを記入することでさらにその先へ連想をつなげられますし、記憶にも残りやすくなります。

> **ここが**
> **ポイント！** **ブランチの上には1つのキーワード、または1つのキーイメージを記入する**

④ メイン・ブランチを展開する

手順③と同様の手順で、メイン・ブランチを増やしていきます。**メイン・ブランチにはなるべく「大きな概念」を記入**します。すると、そこからさらに連想を広げやすくなります。

この例の場合では「陶器」「プラスチック」と記入するよりも、より大きな概念として「素材」と記入するとよいでしょう。

メイン・ブランチにはなるべく「大きな概念」を記入する

 メイン・ブランチを増やすよりも先に「⑤サブ・ブランチを記入する」を行っても構いません。

⑤ サブ・ブランチを記入する

メイン・ブランチの先にサブ・ブランチとなる枝を伸ばして、メイン・ブランチから連想できる「**一段階掘り下げた概念**」を記入します。このとき、アイデアを記入しない空のブランチがあっても構いません。後でアイデアを思いつくかもしれません。

ここでは「のみもの」から連想できる一段階掘り下げた概念をサブ・ブランチに記入しています。

 サブ・ブランチはメイン・ブランチよりも細い線で描きます。また、キーワードやキーイメージは各ブランチの上に記入します。ブランチの線がキーワードのアンダーラインになるような形が理想です。

⑥ 連想を広げる

　第2階層と第3階層のサブ・ブランチを展開して、連想を広げます。ブランチは枝先から伸ばすか分岐させましょう。アイデアの連結を示すために、すべてのブランチをしっかり記入します。

図 ｜ 枝先を伸ばす・分岐させる

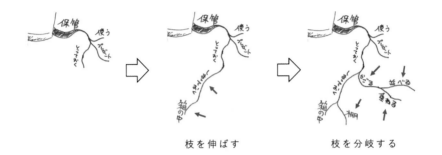

　　　　　　　　　枝を伸ばす　　　　　　　枝を分岐する

　ブランチを広げながら、**要所に絵や図形などのイメージを描くと見た目に楽しくなり、記憶にも残りやすくなります。**

図 ｜ 連想を広げる

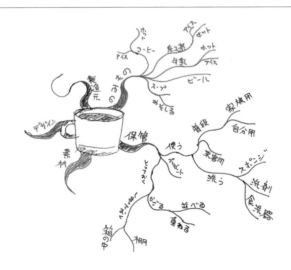

　手順④〜⑥を繰り返して、用意した紙に書く場所がなくなるか、連想するキーワードが底をついたらマインドマップは完成です。でき上がったら全体を眺めて、以下の作業を行って仕上げます。

- 重要な部分にマーカーを引く
- 1つにまとめて扱いたいブランチを雲のような形で囲む
- 関連個所を矢印や記号で示す

　以下の例では「のみもの」のサブ・ブランチである「ホット・アイス」が複数の飲み物と共通していることや、「保管」のサブ・ブランチである「洗う」ための道具がマグカップの「素材」に関連すると考えました。そこでこれらをひとまとめとして雲で囲み、関連性を矢印でつなげています。

図 ｜ **マインドマップの完成例**

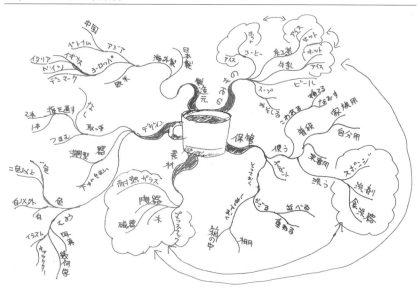

　マインドマップが完成したときには、自分の持っている情報や思考が整理されていると思います。マインドマップを作成していく過程で思いついたアイデアを実現していくのもよいですし、全体を俯瞰して、キーワードどうしの関連付けから何か新しいアイデアを創出してもよいでしょう。

事例・参考例 ## 平安伸銅工業「突っ張り棒」

　平安伸銅工業が発売している「**突っ張り棒**」のビジネスモデルを用いてマインドマップを作成してみます。

　今やどの家にも必ず1本はある「突っ張り棒」は、平安伸銅工業の竹内香予子社長自らが家庭内のさまざまな場所で使うアイデアを実践し公開することで売り上げを大きく伸ばしました。

　突っ張り棒といえば「**家の中で何かを吊るすもの**」というイメージでしたが、キッチン収納の仕切りとして活用できることや、何本かを平行に設置することで棚板として活用できることなど、新しい使い方を考案・公開していくことで、さまざまな用途に利用できる汎用性の高い商品として利用者に提案することに成功しています。

図 | **つっぱり棒の使い方の提案例**

出所 平安伸銅工業HP「使い方ブログ：つっぱり棒」（https://www.heianshindo.co.jp/howto/）

　次の図では「**家の中で、突っ張り棒を使う新しい場所をさがす！**」をテーマにして、セントラル・イメージに「突っ張り棒」を描きました。メイン・ブランチに「**家庭内の場所**」を書き、サブ・ブランチに「**その場所に置いてあるもの**」を描いています。マインドマップを描いていくと、家庭内にあるものが整理されていき、突っ張り棒を活用することでうまく収納できそうなものが浮かんでくるのではないでしょうか。マインドマップをさらに広げていけば、もしかするとまだ誰も思いついていない「**突っ張り棒を使う新しいアイデア**」が生まれるかもしれません。

　実際にマインドマップを描くときには、この例のように「**何について連想を広げていくか**」というテーマをしっかり決めておくことが重要です。そうすると、関連するキーワードが出やすくなるでしょう。

27

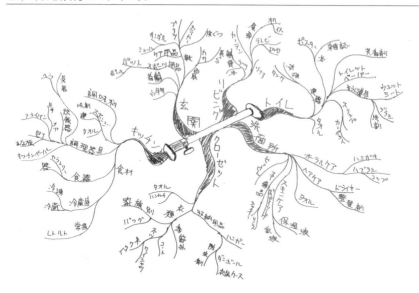

家の中で使う新しい場所 をさがす！

 Memo　マインドマップを作成する際は、便利なツール（アプリ）を使うことも有効です。オンラインで編集できる「MindMeister」や、マルチデバイス対応の「XMind」などが有名です。インターネット上でリアルタイムに共有できたり、プロジェクト管理と連携できたりするなど、手書きとはまた異なるメリットがあります。

組み合わせて使えるフレームワーク

ランダム刺激発想法（p.37）

ランダム刺激発想法を用いて、マインドマップに記入した「あまり関係がなさそうなキーワードどうし」を掛け合わせると、まったく新しいアイデアを創出できるかもしれません。

属性列挙法（p.52）

属性列挙法を用いて、キーワードの属性を反転・変更（例えば「軽い」→「重い」のように）して再構築することで、新しい商品やサービスのアイデアにしてみましょう。

Column

マインドマップの起源

　マインドマップは、イギリスの心理学者であり、能力開発の権威でもあるトニー・ブザンが、人間の脳に1000億個あるとされる神経細胞「ニューロン」と他の脳細胞とをつなぐ神経伝達回路「シナプス」の形状・機能をもとに考案した思考法です。

　ニューロンは中心に核を持つ「細胞体」と、そのまわりから枝のように伸びる「樹状突起」、そして他の脳細胞とつながるためのシナプスを先端にもつ「軸索」から構成されます。人間の脳ではこのニューロンが樹状突起と軸索を枝のように複雑に伸ばし合い、シナプスによってつながっていくことで、さまざまな情報を記憶・伝達します。

　トニー・ブザンはニューロンの活動を理解していくなかで「**人が物事を考えるときはニューロンのように放射状に情報を広げていく**」ことに気づきました。この気づきを発展させて、マインドマップを考案しました。

図　脳神経細胞どうしの接続イメージ

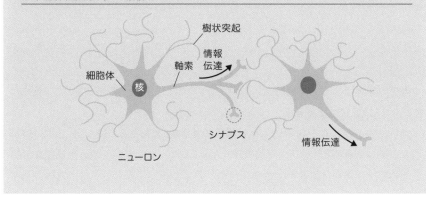

📚 参考文献・参照資料
　トニー・ブザン、バリー・ブザン 著、近田美季子 訳『新版　ザ・マインドマップ』ダイヤモンド社、2013年
　日本創造学会 監修、髙橋誠 編著『実例で学ぶ創造技法』日科技連出版社、2020年

「ありのまま」を観察する

03 KJ法

KJ Method

Tags 情報の記録・整理　多様な利用シーン　チームで使える
Origin 地理学者・文化人類学者である川喜田二郎が考案

こんなときに使える！ ► **既存の製品から新しいアイデアを創出したい**

概要

KJ法は、地理学者・文化人類学者である川喜田二郎が、文化人類学の研究を進めるための「**野外科学**」を行うなかで考案した発想法です。「KJ法」という名称は、川喜田二郎のイニシャルから名付けられました。

野外科学とは、屋外で起こっているさまざまな事象を観察・分析し、そこから得た情報をもとに仮説の構築を行う、いわゆるフィールドワークです。

観察をする際に重要なのは、観察対象のありのままを見る・聞くことです。観察するポイントを狭めすぎると、そこにばかり注視してしまい、**本当に重要な情報**を見逃してしまう可能性があるからです。観察で得た情報はその場で簡単にメモとして書き溜めておきます。書き溜めた情報は後から付箋やカードに書き写して、その情報が示す意味を考えながらグループ分けしていきます。

KJ法とは、上記のような「野外科学のプロセス」を手法化したものです。

KJ法の種類

KJ法には、大きく以下の3種類があります。

- 情報同士の関係性を図で示す「**KJ法A型**」
- 情報同士の関係性を文章で示す「**KJ法B型**」
- KJ法A型を使って関係性を図解したうえで、KJ法B型へ移行して文章化する「**KJ法AB型**」

図 | KJ法の種類

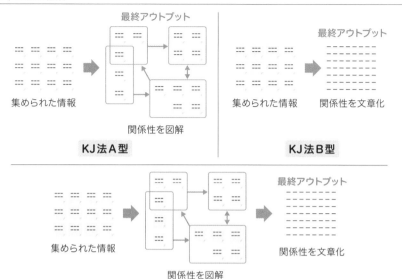

KJ法A型

KJ法B型

KJ法AB型

　川喜多二郎は「**KJ法AB型**」を使うと仮説の構築、つまりアイデア創出の効率がよいといっています。図解化することによって情報の構造を理解・解釈してから文章化すると、その過程でアイデアのヒントが見つかったり、そのヒントからさらにアイデアが広がったりするという効果が起こり、よりよいアイデアを創出できる可能性が高まるからです。

　本項では、川喜多二郎の助言に従って「KJ法AB型」の手順を解説します。

使い方

　KJ法は以下の手順で実行します。

① 観察対象を決める

　観察する対象を決めます。ここでは例として「**新しいゴミ箱**」を設定して、アイデアを創出してみましょう。

▨ ② 気づいたことや得た情報を付箋に書き出す

　対象を観察して気づいたことや知りたい情報を付箋やカードに書き出し、広い場所へ貼って行きます。付箋を貼る場所はホワイトボードや模造紙などを活用しましょう。

　本項の例では、自分あるいはチームで「ゴミ箱」について持っている知識や普段の経験から、思いつく情報をできる限りアウトプットします。普段どのようにゴミ箱を選んだり使ったりしているのか、どんなときに困るのかといったことを付箋に書き出しました。

図 │ 「ゴミ箱」にまつわる情報を書き出す

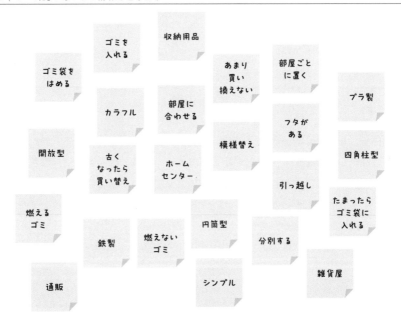

▌付箋やカードに情報を書くときの注意点

　付箋やカードに情報を書くときは以下の点に注意してください。これらの点に注意しておくと、次に行うグループ化がスムーズに行えます。

- 付箋やカードは、1枚に1つの情報のみを記載する
- 長い文章ではなく、情報を抽象化した短文や単語で記載する
- 誰が見てもわかりやすいように、専門用語などをなるべく使わず記載する

図 | 付箋の書き方

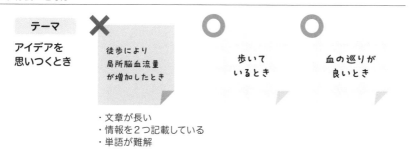

・文章が長い
・情報を2つ記載している
・単語が難解

③「似ているもの」同士でグループにまとめる

　書き出した情報を見ながら、似ている（本質が同じ）と思われる付箋を集めてグループ化し、各グループのタイトルを付けます。

図 | 情報のグループ化

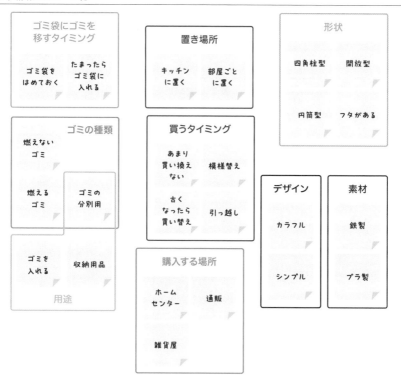

グループ化するときに「**どのグループにも属さない情報**」があっても構いません。より上位のグループに入る可能性もあるため、無理にグループには入れずに離れた場所に置いておきましょう。

もしグループ化していくなかで新しく思いついた情報があれば、それを追加してグループに入れても構いません。

④ グループ間の関係性を書く

グループ間に関係性があるものを矢印でつないでいきます。また、矢印の近くに「**どのような関係があるか**」を書き加えます。

図 | グループ間の関係性を書く

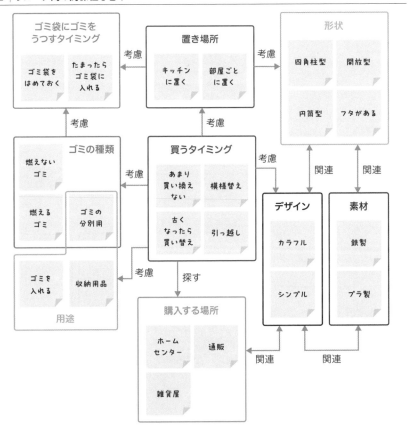

ここまでの手順で「**ゴミ箱というものにどのような特徴があるか**」が、普段は意識していなかったレベルで見えてきます。

ここまでが、**KJ法A型**です。

⑤ 全体像を理解して「まとめ」を記載する

KJ法B型で情報を整理します。

手順④で明らかになったグループ間の関係性から観察対象の全体構造を理解し、判明した問題や現状を「まとめ」として文章化します。把握した事実と推論がどれであるかがわかるように記載しましょう。

図 | **全体像を理解して「まとめ」を記載する**

ゴミ箱の現状	ゴミ箱は設置場所や目的よって形状・素材もさまざまある。 購入する場合は設置場所のイメージ・用途にあっているかどうかだが一度購入するとあまり買い換えない。 部屋の模様替えなどで設置環境が変わると買い替えると考えられる。

⑥ 解決策を考案する

最後に、これまでの手順で作った関係性の図と文章化した問題点や現状をもとにして、解決策のアイデアを考察します。アイデアは文章だけでなく、イラストも使って表現するとよりわかりやすくなります。

チームでKJ法に取り組んでいる場合は、メンバー全員で積極的に意見を出し合うと素晴らしいアイデアが創出できるかもしれません。

図 | **「新しいゴミ箱」のアイデア創出**

新しいゴミ箱	設置環境に合わせて形が変えられるゴミ箱。 円筒型にも四角柱型にもなるので、部屋などの設置環境が変わっても使い続けられる。 色やデザインも着せ替えができると良い。

組み合わせて使えるフレームワーク

ブレインストーミング（p.16）

　情報を付箋に書き出すとき、**ブレインストーミング**の手法を使うと短時間で大量の情報を書き出せます。

前提破壊（p.92）

　得られた情報から結論を導き出すときは「なぜそうなっているのか？」という前提を考えたうえで、**前提破壊**の手法を使ってそれを破壊することで、根本的な原因にアプローチした新しいアイデアが生まれるかもしれません。

📖 参考文献・参照資料

日本創造学会 編集、髙橋誠 編著『実例で学ぶ創造技法』ダイヤモンド社、2020年
川喜多二郎 著『発想法　改版』中央公論新社、1967年

新しいアイデアを強制的に生み出す

04 ランダム刺激発想法

Ideas with Random Word

Tags 情報の発散　商品/製品・サービス企画　一人で使える
Origin マルタ共和国の医師、心理学者、作家、発明家であるエドワード・デボノが提唱

こんなときに使える！ ▶
既成概念にとらわれずにアイデアの幅を広げたい

概要

ランダム刺激発想法は「**水平思考**」を実践するための発想法です。

水平思考とは

　水平思考とは、**既存の理論や情報・既成概念にとらわれずに発想の枠を広げることができる思考法**です。理論や概念をもとにして1つの結論に向かってまっすぐ垂直に掘り下げていく思考法を「**垂直思考**」と呼ぶことから、これの対になる思考法という意味で「**水平思考**」と名付けられました。

図 ｜ 水平思考の概念

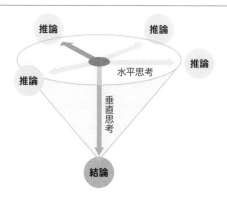

前ページの図に示す通り、垂直思考では深掘りにより1つの「結論」を導き出しますが、水平思考では広く浅く複数の「推論」を導き出します。

つまり、水平思考は、理論を重ねた実現性の高い結論ではなく、**既成概念にとれわれていない推論を数多く導き出すことに重点を置いています**。ランダム刺激発想法を使ってアイデアを発想する場合も同様に、既存の理論や情報・概念、および実現性にとらわれず自由に発想することが重要です。

ランダム刺激発想法とは

ランダム刺激発想法は、**ランダムに選んだ単語とテーマ（あるいは単語どうし）を無理やりに関連付けることで、新しいアイデアを創出する発想法**です。

選ぶ単語は本当に無作為で構いません。例えば、以下のようにして選択します。

- 辞書をパラパラと開いて目にとまった単語を選ぶ
- SNSで公開されている写真から単語を連想する

このように自由な発想で単語を選択してください。選ぶ方法が自由であればあるほどランダム性が高くなり、面白いアイデアが生まれるかもしれません。重要なのは、一見すると関連性がなさそうな単語を選択することです。

図 | 一見すると関連性がなさそうな単語をランダムに選ぶ

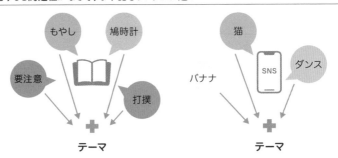

ランダム刺激発想法によって生み出された有名な商品に「∞プチプチ」があります。おもちゃクリエイターの高橋晋平が考えた「∞プチプチ」は2007年にバンダイから発売され、国内外で300万個以上を売り上げた大ヒット商品です。高橋晋平は「しりとり」によって自らランダムな単語を発生させ、そのランダムな単語からさまざまなおもちゃのアイデアを創出していきました。

図 ｜ しりとりを使った新しいおもちゃのアイデア考案

出所 無限プチプチの画像：BANDAI HP「歴史」内 (https://www.bandai.co.jp/corporate/history/)

　**ランダム刺激発想法を用いると、既成概念にとらわれない斬新なアイデアを創出で
きるので**、テーマとなる分野や課題が行き詰っているときには役に立つかもしれ
ません。

使い方

　次の図に示すフレームワークを使って手順を実施します。

図 ｜ ランダム刺激発想法のフレームワーク

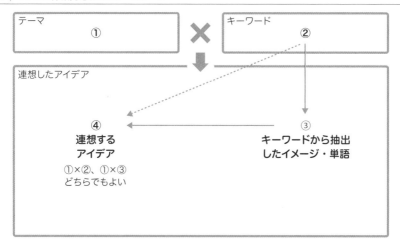

① テーマを選定する

発想の基準にする「**テーマ**」を記入します。

② キーワードを選定する

単語を無作為に選定して「**キーワード**」を記入します。キーワードは以下を参考
にして自由な方法で選出してください。

- しりとりで出てきた単語
- 辞書を適当にめくって目にとまった単語
- 新聞や雑誌をめくって目にとまった単語
- SNSで公開されている写真やカタログ、イラストを見て頭に浮かんだ単語

 イラストやカタログからキーワードを抽出する場合は、文章ではなく単語とし
て抽出してください。

③ イメージや単語を抽出する

手順②で抽出したイメージや単語を記入します。手順②がイラストなどから抽
出したキーワードの場合は、ここには元のイラストを記入して、手順④へ移って
も構いません。

④ 連想したアイデアを創出する

手順①と②、あるいは手順①と③を多少強引にでも結び付けて連想し、アイデ
アを創出します。文章だけでなく、イラストを使うとイメージを共有しやすくな
ります。

> **ここが
> ポイント！** **連想するアイデアは、実現性をいったん無視して、直
> 感的に出す**

事例・参考例① バルミューダ「GreenFan」

バルミューダが開発した「GreenFan」は「次の時代の扇風機」をコンセプトにした商品です。この商品は3万円台という高価格帯でありながら、自然の中で浴びるような心地よい風を吹かせることに成功し、売れ行きは好調です。

このアイデアを生み出すきっかけになったのは、社長の寺尾玄がテレビで大勢の子供たちによる「30人31脚」を偶然見たことです。一直線でスタートしても、足の速い子が遅い子に引っ張られて倒れてしまう。これと同じことが流体でも起きるかもしれないと考えました。

図 ｜ バルミューダ「GreenFan」の羽

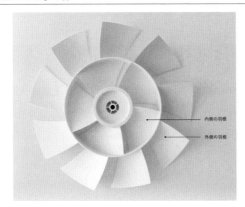

出所 GreenFanの画像：バルミューダ HP「グリーンファンテクノロジー」内 (https://www.balmuda.com/jp/greenfan/feature)

この事例では「GreenFan」のアイデア創出プロセスをランダム刺激発想法にあてはめてみます。

まず、テーマは「扇風機」、キーワードは「30人31脚」とします。

キーワードの「30人31脚」を観察し、「足の速い子が遅い子に引っ張られ倒れてしまう」現象をヒントとして抽出しました。

そして、このヒントをもとに「回転数が遅い羽根」と「回転数が速い羽根」の2枚の羽根を持ち、風を引っ張り合わせて柔らかくする扇風機のアイデアを連想しました。

テーマ		キーワード
扇風機	✕	**30人31脚**

連想したアイデア

風の動き

強い風

弱い風

連想した
アイデア

風の動き

回転が速い羽根と遅い羽根を組み
合わせて風を引っ張り合わせる

キーワードから抽出

足の速い子が遅い子に引っ張られ倒
れてしまう

事例・参考例② 新正堂「切腹最中」

切腹最中は、創業100年を超える和菓子の老舗「**新正堂**」が1990年から販売している商品です。一日に100個売れればヒット商品といわれる和菓子業界において、一日に7000個売れたこともある大ヒット商品です。

考案者である新正堂社長の渡辺仁久は、日持ちのする和菓子の新商品のアイデアはないかと考えていました。

ある日、渡辺は新正堂の店舗が忠臣蔵で有名な田村屋敷の跡地にあることに目をつけます。田村屋敷は浅野倉内匠頭が切腹した場所です。ここで日持ちのする和菓子である「最中」の真ん中が割れるイメージと、切腹で腹を切るイメージが頭の中で重なりました。こうして生まれた商品が「切腹最中」です。

切腹最中の開発プロセスをランラム刺激発想法のフレームワークに当てはめてみます。テーマは「最中」、キーワードは「忠臣蔵」としました。

キーワードの「田村屋敷（忠臣蔵）」から「切腹」を抽出し、「最中」と「切腹」を掛け合わせて、腹を切ったときのように最中が割れて中身のあんこが溢れ出すイメージを描きました。

図 | 新正堂「切腹最中」のランダム刺激発想法

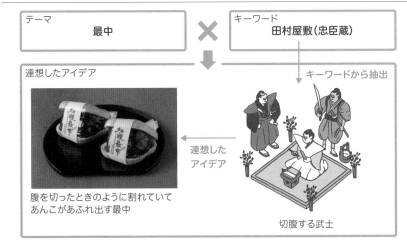

腹を切ったときのように割れていて
あんこがあふれ出す最中

切腹する武士

出所 切腹最中の画像：新正堂 HP「切腹最中」(https://www.shinshodoh.co.jp/products/1405)

組み合わせて使えるフレームワーク

ブレインストーミング（p.16）

　テーマとキーワード（あるいは抽出したイメージ）を掛け合わせてアイデアを考える際に**ブレインストーミング**を用いると、短時間で大量のアイデアを創出できるかもしれません。

デザイン思考（p.119）

　ランダム刺激発想法で生み出したアイデアを、**デザイン思考**でブラッシュアップするとよいでしょう。

バリュー・プロポジション・キャンバス（p.276）

　ランダム刺激発想法で生み出したアイデアは、顧客やマーケットを全く意識していないアイデアです。そのため、**バリュー・プロポジション・キャンバス**を用いて「顧客のニーズとマッチするか」、あるいは「顧客のニーズを創出できないか」を考えてみるとよいでしょう。

参考文献・参照資料
読書猿 著『アイデア大全』フォレスト出版、2017年
木村尚義 著『ずるい考え方』あさ出版、2011年
行列研究所 著『バカ売れ法則大全』SBクリエイティブ、2017年

「なぜ?」「具体的には?」と自問自答する

05 欠点・希望点列挙法

Disadvantages / Advantages Listing

Tags 情報の発散　商品/製品・サービス企画　一人で使える
Origin ゼネラル・エレクトロニックの子会社であるホットポイントが開発

こんなときに使える! ▶ **既存の製品・サービスを改良したい**

概要

　欠点列挙法は、**テーマとなる製品やサービスの欠点や弱点から、その改善策となるアイデアを創出する発想法**です。この発想法はネガティブな切り口からスタートするため、堅実な解決策となるアイデアが出やすい傾向にあります。

　希望点列挙法は**「もっとこうだったらいいな」と考えた内容から、実現するためのアイデアを創出する発想法**です。この発想法は現状を無視して理想からスタートするので、現状を打破するようなアイデアが創出される可能性が高い傾向にあります。その反面、現実離れしてしまい、実現が難しいアイデアになってしまうという側面もあります。

　同じテーマでも、欠点列挙法と希望点列挙法ではまったく異なるアイデアを創出できる可能性があるので、どちらの発想法を使うか迷ったら両方とも使ってみることをお勧めします。

> **ここがポイント!** **欠点列挙法と希望点列挙法では、まったく異なるアイデアを創出できる可能性がある**

使い方

欠点列挙法や希望点列挙法では、下図のフレームワークを用います。

図 | **欠点列挙法・希望点列挙法のフレームワーク**

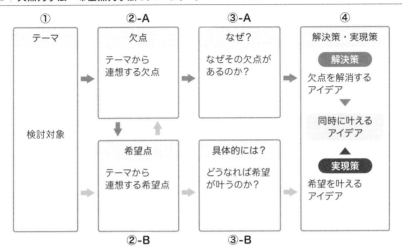

① テーマを記入する

改善対象の既存製品やサービスなどを選び、テーマとして記入します。

② 欠点や希望点を列挙する

記入したテーマ（改善したいもの）を軸にして以下の点について検討し、思いつく限りの欠点・希望点を列挙します。

表 | **記入する内容**

種類	記入内容
欠点列挙法	「改善したいもの」から思いつく欠点や弱点を洗い出す
希望点列挙法	「改善したいもの」に希望することや理想を洗い出す

なお、「**欠点（②-A）**」と「**希望点（②-B）**」の間で矢印が行き来している点に注

目してください。

これは、**欠点・弱点を洗い出すことで希望することや理想が見つかる場合**、その逆で、**希望することや理想を洗い出すことで欠点・弱点が見つかる場合**がそれぞれあることを示しています。

もし欠点から希望点、または希望点から欠点が見つかった場合は、フレームの中にどんどん記載しましょう。このとき、どの欠点・希望点から見つけたのかが後から確認できるように、関係性を矢印で記載しておくと便利です。

③欠点や希望点の理由を考える

手順②で挙げた欠点・希望点の中から重要そうなものを1つ選び、**その欠点や希望点が生じている理由**を考えます。

表 | 記入する内容

種類	記入内容
欠点列挙法	手順②で挙げた欠点・弱点の中から重要そうなものを1つ選び、なぜその欠点や弱点が発生しているのかを考える
希望点列挙法	手順②で挙げた希望することや理想の中から重要そうなものを1つ選び、具体的にどういうことか、どういう状態になっていればよいのかを考える

 Memo 理由が思いつかない場合は、別の欠点・希望点を選んで理由を考えましょう。

④解決するアイデアを創出する

手順③で明らかになった理由の中から**重要度が特に高いもの**を選び、解決策や実現策となるアイデアを創出します。

なお、解決策と実現策の両方を同時に叶えられるものでも構いません。ここでいう**「同時に叶える」**とは、手順③で考えた「欠点の原因」と「具体的な希望」の両方を同時に解決できるアイデアを創出するという意味です。

表｜記入する内容

種類	記入内容
欠点列挙法	解決策を記入する。手順③で明らかになった原因のうち、重要度の高いものを選び、それを解決するためのアイデアを考える。「実現策」と統合したアイデアでもよい
希望点列挙法	実現策を記入する。手順③で具体的になった希望すること・理想のうち、実現性・重要性の高いものを選び、それを実現するためのアイデアを考える。「解決策」と統合したアイデアでもよい

　欠点や希望点を解決できるアイデアを創出できたら、手順②や手順③で明確化できている他の欠点や希望することについても検討していきましょう。

ここがポイント！　**解決策や実現策となるアイデアを創出する**

事例・参考例① ハンカチの「欠点」の解決

　ここでは欠点列挙法を用いて「**ハンカチ**」の欠点を解決するアイデアを検討してみます。

図｜欠点列挙法を用いて「ハンカチ」の欠点を解決するアイデアを検討

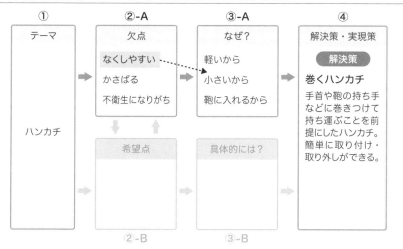

①テーマを記入する

検討課題は「**ハンカチ**」です。「ハンカチ」といってもさまざまな素材や種類がありますが、今回はあまり特定せず広い意味での「ハンカチ」とします。

②欠点を列挙する

ハンカチの欠点を思いつく限り考えます。ここでは欠点として以下を挙げました。

- なくしやすい
- かさばる
- 不衛生になりがち

③欠点の理由を考える

手順②で考えた欠点の中から1つ選び、理由（＝「なぜ？」）を考えます。ここでは「なくしやすい」理由を考えてみました。

- 軽いから
- 小さいから
- 鞄に入れるから

ハンカチは軽くて小さいので、口が開いているバッグの上に軽く載せているだけだと、バッグからこぼれ落ちてしまうことがあるでしょう。

④解決するアイデアを創出する

手順③で明らかになった欠点を解決するアイデアを創出します。ここでは「**軽くて小さいハンカチがバッグからこぼれ落ちる**」ことを解決するアイデアとして「**巻くハンカチ**」を考えました。

バッグやポケットにいれず、手首に巻き付けて持ち運ぶハンカチです。普段はブレスレットのような形をしています。オシャレなデザインにすればファッションアイテムとしても活用でき、人気も出るのではないでしょうか。

欠点列挙法では「なぜ？」をとことん考える

欠点列挙法では、欠点が生じている理由、すなわち**「なぜ？」を考えること**で解決策の具体性を向上させます。

「なぜ？」を考えるプロセスだけを何度も繰り返してもよいでしょう。例えば「なぜ軽いのか？」「なぜ小さいのか？」とさらに「なぜ？」と繰り返せばもっと新しいアイデアにつながるかもしれません。

事例・参考例② ハンカチの「希望点」の実現

ここでは希望点列挙法を用いて「**ハンカチ**」の希望点を実現するアイデアを検討してみます。

いったん現実や実現性は無視して、「**こんなハンカチがあったらいいな**」という希望や理想を考えます（次ページの図②-B）。

次に、ここでは【②-B】で考えた内容のうち、最も重要そうな「**デザイン性が高い**」という希望点に注目し、具体的に「デザイン性が高い」とはどういうことか、どういう状態になっていればよいのかを考えます（次ページの図③-B）。

今回、「デザイン性が高い」とは、見た目が好みであることだけでなく、他の人とは異なる自分だけのもの、つまりは個性が出せるものを持ちたいという欲求を満たすものだと考えました。

最後に、【③-B】で整理した内容を実現する方法を考えます。

アーティストやブランドがデザインしたハンカチは、こだわりが感じられデザイン性が高そうです。しかし、それは自分のために考えられたデザインではありません。その意味ではフルオーダーができればよいのですが、それはかなりお金がかかりそうです。

そこで、ここでは「**セミオーダー式のハンカチを簡単に注文できるサービス**」というアイデアを考えました。登録デザイナーの作品例を見ながら、自分好みのデザインをしてくれそうな人を選び、いくつかの質問に答えるだけで簡単に世界に1つだけの自分好みのデザインが提案される新しいサービスです。

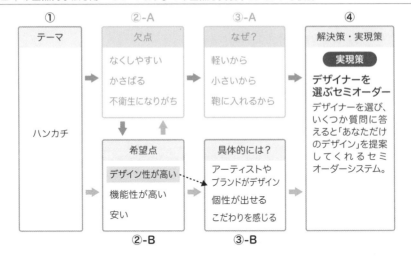

希望点列挙法では「具体的には？」をとことん考える

希望点列挙法では、**希望点が活用される場面や方法を具体的にすることでアイデアの実現性を向上させます。**

【③-B】の「具体的には？」で考えた内容に対して、さらに「具体的には？」と繰り返し問うことも有効です。抽象的な希望を深掘りしていき、具体性を増すことでよいアイデアに結びつけるのが「希望点列挙法」の特徴です。

事例・参考例③ ハンカチの「欠点」と「希望点」の解決

最後に、ハンカチの欠点と希望点の両方を同時に解決するプロセスを見てみましょう。欠点は「洗濯が面倒」、希望点は「洗濯が楽」です。

まずは、ハンカチの「**洗濯が面倒**」な理由を考えてみます。ハンカチのような細々としたものは干す、取り込む、畳む、アイロンがけをするなどの洗濯プロセスのすべてが面倒だと感じられるのではないでしょうか。

次に「**洗濯を楽**」にする具体的な解決策を考えてみます。例えば「**洗濯するプロセスのすべてが面倒**」なのであれば、「**洗濯しなくてよい**」がもっとも楽ではないでしょうか。いっそ使い捨てにしてしまえばいいのかもしれません。

図 | 欠点列挙法と希望点列挙法を用いて「ハンカチ」を改善する

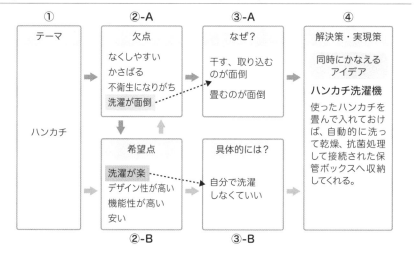

上図の【③-A】と【③-B】で考えた結果をもとにして、両方ともクリアできるようなアイデアを創出します。

そもそも「**洗濯を自分でしない**」というのがよさそうです。洗った後の干す、取り込んで畳むというプロセスもすべて自動でやってくれるハンカチ専用の洗濯機はどうでしょうか。使った後はこの機械に入れてボタンを押すだけで、クリーニングに出したような仕上がりになってきれいに保管されます。

組み合わせて使えるフレームワーク

ブレインストーミング（p.16）

　欠点列挙法や希望点列挙法の②〜④のプロセスを行う際は、**ブレインストーミング**の手法を使うと大量のアイデアを列挙できます。

ペルソナ（p.156）

　欠点列挙法の「欠点・弱点」や、希望点列挙法の「希望すること・理想」を考える際は、**ペルソナ**を使って消費者を想定すると、新たな観点が生まれるきっかけになります。

■■ 参考文献・参照資料

吉澤準特 著『フレームワーク使いこなしブック』日本能率協会マネジメントセンター、2010年

いったん分解してから、再構築する

06 属性列挙法

Attribute Listing

Tags 情報の発散　商品/製品・サービス企画　一人で使える
Origin ネブラスカ大学のロバート・クロフォードが開発

こんなときに使える！ 新しい製品やサービスのアイデアを創出したい

概要

　属性列挙法では、**既存の製品・サービスを「要素」に分解し、それらを変更・削除・追加したうえで再構築することで、新しい製品・サービスのアイデアを創出する発想法**です。

　例として、属性列挙法を使ってドーナツを「要素」に分解し、その「要素」を変更、再構築してみましょう。

　ドーナツは主に小麦粉、砂糖、卵、牛乳、バター、ベーキングパウダーなどを混ぜ合わせ、サラダ油で揚げて作ります。

　つまり、ドーナツの作り方の要素は「小麦粉」「卵」「牛乳」「バター」「ベーキングパウダー」「サラダ油」「揚げる」です。

　この要素のうち「小麦粉」を「米粉」に変えてドーナツに再構築すると**米粉ドーナツ**、「おから」を加えてドーナツに再構築すると**おからドーナツ**になります。

　このように、属性列挙法ではすでにある製品やサービスを要素へ分解したうえで変更し、再構築することで新しいアイデアを生み出します。

図 | ドーナツを要素に分解して、変更する

図 | 属性列挙法の概念

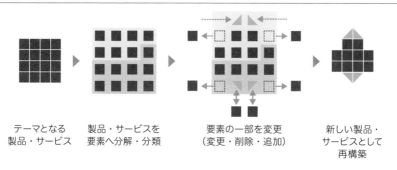

使い方

属性列挙法では、次のフレームワークを用いて、以下の手順を実行します。

図 | 属性列挙法フレームワーク

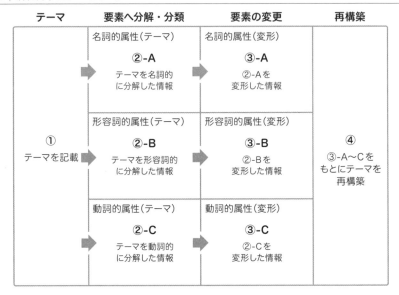

① テーマを記入する

新しく開発したい製品や、改善したいサービス、またはブランドイメージなどをテーマとして記入します。

② テーマを要素へ分解し、属性別に分類する

手順①で選定したテーマを要素へ分解し、それらの要素を「名詞的属性」「形容詞的属性」「動詞的属性」に分類します。

表｜**属性の種類**

種類	説明
名詞的属性	部品、材料、素材など名詞で表現できる要素 例) 歯車、パイプ、鉄　など
形容詞的属性	色、形、性質など形容詞で表現できる要素 例) 小さい、丸い、安い、高い　など
動詞的属性	機能、動作など動詞で表現できる要素 例) 持ちやすい、洗える　など

③ 要素を変更する

　手順②で整理した各要素を**別のものに変更・削除・追加**します。複数の要素を追加・変更・削除しても構いません。ただし、やりすぎると再構築が難しくなるので注意してください。

　要素を追加する場合は、**ポジティブなイメージ**（楽しい、ラクになど）につながる要素ほどよいでしょう。

　要素を削除する場合は、**ネガティブなイメージ**（面倒くさい、つらいなど）につながりそうな要素、あるいは絶対に必要だと思われる要素を削除してみましょう。

　要素を**別のものに変更**する場合は、変更する前のものと関連性がありそうなものに変更しましょう。例えば 小麦粉 → 米粉、30分だけ → 24時間365日のように関連性がある要素へ変更します。

④ 変更した要素をもとにテーマを再構築する

　手順③で変更・削除した要素をもとにテーマの再構築をして、新しい製品・サービスのアイデアにします。このとき、**実現性についてはいったん無視してアイデア化することが大切**です。実現性にとらわれすぎると、斬新なアイデアに結びつかない可能性があります。

　安藤百福が1971年に販売したカップヌードルを最初として、今も多くのメーカーからさまざまな種類のカップ麺が発売されています。日本人の国民食ともいえるカップ麺は、世界中で愛される食品になりました。

　ここでは、属性列挙法を用いて新しいカップ麺のアイデアを創出してみます。

①テーマを記入する

　この例のテーマは「**カップ麺**」です。テーマの欄に「カップ麺」を記載します。イラストなども活用するとイメージが具体的になります。

②テーマを要素へ分解し、属性に分類する

　「カップ麺」の機能や特徴を要素として分解し、名詞的・形容詞的・動詞的属性へ分類します。

③ -A：名刺的属性の要素変更

　名詞的属性に分類した要素を変更します。

　何か新しいものを足すよりも引く、つまり要素を削除するほうが簡単なので、まずはいま挙げられている属性の中から何かを削除してみます。この例では「**フタ**」の要素を削除しました。

③ -B：形容詞的属性の要素変更

　形容詞的属性に分類した要素を変更します。

　③-Aで「フタ」の要素を削除したので、それに起因する形容詞的属性はないか考えます。ここでは「**手間が少ない**」という属性を足しました。フタがなくなるので、お湯を注ぐためにフタをめくるという手間がなくなるからです。

③ -C：動詞的属性の要素変更

　動詞的属性に分類した要素を変更します。

　カップ麺から「フタ」がなくなると、いままでのように「フタをして3分待つ」こともなくなります。それならば、「**3分待つ**」という行為を変更しましょう。待ち時間ゼロはさすがに難しい気がするので「**30秒**」に短縮してみました。

④変更した要素をアイデアとして再構築する

ここまで分解・変更した各要素を再構築して、新しいカップ麺「開封したら30秒で食べられる！ フタがないカップ麺」というアイデアにまとめました。

図 | 属性列挙法を用いた新しいカップ麺のアイデア創出

テーマ	要素へ分解・分類	要素の変更	テーマ再構築

名詞的属性(テーマ)

めん、汁、かやく
小麦、卵、えび・豚肉・鶏肉
カップ、ふた、ビニール外装、
フタ、箸、熱湯、さまざまな味
②-A

名詞的属性(変形)

めん、汁、かやく
小麦、卵、えび・豚肉・鶏肉
カップ、ふた、ビニール外装、
フタ、箸、熱湯、さまざまな味
③-A

①

カップ麺

形容詞的属性(テーマ)

有名、日本発祥、
安い、持ちやすい
おいしい、手軽
②-B

形容詞的属性(変形)

有名、日本発祥、
安い、持ちやすい
おいしい、手軽、
手間が少ない
③-B

④

開封したら30秒
で食べられる！
フタがない
カップ麺

動詞的属性(テーマ)

長期保存できる
熱湯を線まで注ぐ
3分待つ
箸で食べる
食後に容器を捨てる
②-C

動詞的属性(変形)

長期保存できる
熱湯を線まで注ぐ
3分待つ　→　30秒待つ
箸で食べる
食後に容器を捨てる
③-C

組み合わせて使えるフレームワーク

ブレインストーミング（p.16）

　各要素を変更・削除・追加する際は、**ブレインストーミング**の手法を使って大量にアイデアを出すと、よい内容が出てくるかもしれません。

KJ法（p.30）

　テーマを要素に分解して各属性に分類する作業は、**KJ法**の手順とよく似ています。要素を付箋に書き出してグループ化をしていくと効率がよいでしょう。

リフレーミング（p.68）

　要素の属性を変更・削除する際は、**リフレーミング**の考え方が役立ちます。追加・削除すべき属性が見つかるでしょう。

参考文献
上野陽一 著『独創性の開発とその技法』技報堂、1959年
吉澤準特 著『フレームワーク使いこなしブック』日本能率協会マネジメントセンター、2010年

07 オズボーンのチェックリスト

Osborne's Checklist

Tags 情報の発散　商品/製品・サービス企画　一人で使える
Origin 「ブレインストーミング」(p.16)の名付け親でもある、アメリカの実業家・著作家のアレックス・F・オズボーンが考案

こんなときに使える！ ▶ 大量のアイデアを生み出したい

概要

オズボーンのチェックリストは、**用意されているチェックリストの各項目にしたがってテーマの要素を変化させることで、強制的に新たな視点や観点を創出させる強制発想法**です。チェックリストは以下の9種類です（詳しくは後述します）。

図 ｜ オズボーンのチェックリスト

転用	応用	変更
別の使い道は？	真似できるものは？	何かを変えられないか？
拡大	**縮小**	**代用**
大きくしたら？	小さくすると？	代わりになるものは？
再編成	**逆転**	**統合**
配置を変えてみたら？	反転させてみたら？	組み合わせたら？

オズボーンのチェックリストは、**行き詰ってアイデアが出ないときや、とにかく大量にアイデアが必要なとき**に使うと効果的です。思いもよらないアイデアが生まれるかもしれません。

使い方

チェックリストの上に書いた「**テーマ**」をもとに、9つある各項目に用意された【問い】に答えることで、新しいアイデアを創出します。

図　オズボーンのチェックリストのフレームワーク

テーマ		
転用 ①	応用 ②	変更 ③
拡大 ④	縮小 ⑤	代用 ⑥
再編成 ⑦	逆転 ⑧	統合 ⑨

なお、**各項目を入力する際は、実現性などはあまり考慮せず、アイデアをどんどん出すことに専念してください。**

また、すべての【問い】に答える必要はありません。アイデアがあまり出ない場合はいったん別の項目へ移動し、後から戻ってくるのもよいでしょう。

①転用（Other uses）

転用とは、<u>テーマ（製品・サービス）を別の場所、または別の方法で活かすこと</u>です。製品やサービスをそのまま転用するのはもちろん、一部の機能のみを転用するのもよいでしょう。

以下はテーマを「**植木鉢**」にした転用の例です。

表 | **転用の問い**（回答例：テーマが「植木鉢」の場合）

問い例	回答例
新しい使い道は？	中に電球やろうそく立てを入れて照明器具にする
他の分野で使えないか？	氷を入れてワインクーラーにする

②応用（Adapt）

応用とは、<u>他社の成功事例や他のアイデアの形状や機能を、テーマ（製品・サービス）へ適用すること</u>です。応用を検討する際は、他社のアイデアをそのまま使って「パクリ」にならないように注意してください。

以下はテーマを「**椅子**」にした応用の例です。

表 | **応用の問い**（回答例：テーマが「椅子」の場合）

問い例	回答例
他に同じものはないか？	椅子と同じように使われているものから機能を応用してみる。釣りをするときにクーラーボックスを椅子として使っている人がいる。保温機能を持った椅子。湯たんぽや保冷剤を座面に入れられる
他のアイデアを利用できないか？	「ステルス家電」のアイデアを利用できないか。使わないときは存在を隠せる「ステルス家具」（家電や壁面と一体化できる）
過去に似たものはなかったか？	過去の椅子デザインを復刻する。意匠権が切れ、パブリックドメインになった椅子のデザインを利用する
コピーできるものはないか？	自分の体に合ったオーダーメイド枕が作れるサービスをコピー。自分の体形や目的・環境に合う椅子をオーダーメイドで作れるサービス
手本にできるものはないか？	ゴルフ場のカート（の機能）を手本にする。行き先（会議室）を選択したら座ったまま連れて行ってくれる椅子。あるいは自動的に配列してくれる椅子

③変更（Modify）

変更とは、**テーマ（製品・サービス）の一部を別のものに改良すること**です。元の用語「Modify」は、日本語では「変更」と表現されることが多いですが、この用語には他に「改良・修正」という意味もあります。ここでは「**一部の機能を変えることでよりよいアイデアにならないか？**」という目線で考えることが重要です。

以下はテーマを「**缶ジュース**」にした変更の例です。

表 | 変更の問い（回答例：テーマが「缶ジュース」の場合）

問い例	回答例
意味、色、動き、音、匂い、形、姿などを変えられないか？	風呂上り専用に。缶のデザインも風呂上がりをイメージさせるものに変更

④拡大（Magnify）

拡大とは、**テーマ（製品・サービス）の一部を大きくすること**です。物理的なものだけでなく、論理的な概念（時間や価値など）も対象になります。「拡大」よりも「拡張」と捉えたほうが理解しやすいかもしれません。

以下はテーマを「**懐中電灯**」にした拡大の例です。

表 | 拡大の問い（回答例：テーマが「懐中電灯」の場合）

問い例	回答例
何かを足せないか？	蚊取り線香の専用ホルダーを一体化する
時間を足せないか？	外部 USB バッテリーを接続することで長時間使えるようにする
頻度を増やせないか？	懐中電灯が活躍する参加型イベントを実施する
強くできないか？	泥汚れなどに強い素材を採用する。すぐに洗えてきれいにできる
高くできないか？	高所から照らせるように棒を取り付ける
大きくできないか？	ヘッドを大型化し、小さい電球でも明るく光るようにする
長くできないか？	巻きつけて使えるように、持ち手を長くして蛇腹状にする
厚くできないか？	高所から落としても壊れないようゴムで厚く覆う

重くできないか？	ダンベルと一体型にする
価値を足せないか？	有名芸能人とのコラボモデルを作る
内容を追加できないか？	予備の電池を収納できる場所を設ける
数を増やせないか？	足元も同時に照らせるように電球を増やす
重ねられないか？	複数台を連結して（分割して）使えるようにする
誇張できないか？	本体全体が派手に光るようにする

⑤縮小（Minify）

　縮小とは、④拡大とは逆に、**テーマ（製品・サービス）の一部を小さくする**ことです。物理的なものだけでなく、論理的な概念（時間や価値など）も対象になります。また、小さくするだけでなく「**なくす**」「**減らす**」「**圧縮する**」という意味も含みます。

　以下はテーマを「**どら焼き**」にした縮小の例です。

表 ｜ 縮小の問い（回答例：テーマが「どら焼き」の場合）

問い例	回答例
何か減らせないか？	小麦粉を減らす。グルテンフリーにする
小さくできないか？	皮を小さくする。ほぼ餡のどら焼きにする
凝縮できないか？	3～5個分の材料を使って1個をつくる
低くできないか？	ローカロリー、低糖質にする
短くできないか？	超短期間の限定販売品をつくる（1時間のみ販売）
細くできないか？	マジックペンぐらい細いどら焼きをつくる
省略できないか？	セルフサービスで餡を入れてもらう
分割できないか？	皮と餡を別々に販売する
控えめにできないか？	甘さを極限まで控える
頻度を減らせないか？	店の開店日を減らしてプレミア感を出す

⑥代用（Substitute）

代用とは、**テーマ（製品・サービス）の一部を別の何かと入れ替えること**です。入れ替える対象はパーツや材料だけでなく、人や場所、プロセスといった**関わるすべて**が対象です。まったく別のものに置き換えるのではなく、同じような機能を持った別のものへ置き換えます。

以下はテーマを「**自転車**」にした代用の例です。

表 │ 代用の問い（回答例：テーマが「自転車」の場合）

問い例	回答例
誰か他の人に代われないか？	配達員専用の自転車にする
他のものへ代替できないか？	廃タイヤをフレームに再加工する
他の材料を使えないか？	塗装用インクを廃棄食材からつくる
他の素材にできないか？	3D プリンタでパーツを製造する
他のプロセスにできないか？	足でこぐだけでなく、他の体の動きを動力に変える。体を上下左右に振って前に進む自転車
他の力を働かせられないか？	後輪とシートが外れて一輪車になる
他の場所でできないか？	本体をスキャンし、メタバース空間で再現する
他のアプローチはできないか？	サブスクリプション化する。子供の体が大きくなったら簡単に乗り換えられる
他の音にできないか？	速度ごとで異なる音が鳴るホイール
他の時間にできないか？	夜専用の自転車。自転車全体が光るようにする

⑦再編成（Rearrange）

再編成とは、**テーマ（製品・サービス）の仕組みや機能を並べ替えること**です。⑥**代用**のように外部の何かと置き換えるのではなく、その製品・サービスの中で入れ替えや配置変更を行います。「**もっと早くできないか？**」「**もっと遅くできないか？**」の問いは、プロセスの短縮や延長という意味ではなく、順番を早くする、または後にするという意味です。

以下はテーマを「**駐車場**」にした再編成の例です。

表 | **再編成の問い（回答例：テーマが「駐車場」の場合）**

問い例	回答例
一部を入れ替えられないか？	駐車スペースの一部を無人販売所にする
他のパターンにできないか？	駐車スペースの枠線を花柄にする
他のレイアウトにできないか？	駐車スペースを倍の広さにする
他の並べ方にできないか？	駐車スペースの広さをバラバラにする
原因と結果を入れ替えられないか？	特定の場所に駐車しないと見ることができない動画を配信する。駐車が目的になる
場所を変えられないか？	自動精算機を入口・出口だけでなく駐車場のスペースごとに設置する
スケジュールを変えられないか？	会員制にして、利用料金を月末一括請求にする
もっと早くできないか？	窓を開けなくても近づくだけでゲートが自動的に開き、駐車場から早く出られる
もっと遅くできないか？	車両の通行場所に徐行してしまうようなトリックアートを描く

⑧逆転（Reverse）

逆転とは、**テーマ（製品・サービス）の仕組みや機能の一部を真逆のものにすること**です。⑥代用では「**同じような機能を持った別のもの**」に入れ替えますが、ここでは真逆のものへ変更します。例えば、ターゲットを大人から子供へ変更することなどが挙げられます。

次はテーマを「**ゴミ箱**」にした逆転の例です。

問い例	回答例
正負を反転させてみたら？	「資源箱」へ名称を変更する
裏返しにしたら？	柔らかくして、裏返せるようにする
前後を入れ替えたら？	前後の概念を持ったデザインにする
上下を入れ替えたら？	ゴミを入れる穴を下部にだけ設ける
役割を逆にできないか？	ゴミではなく必要なものを入れる容器にする
立場を変えてみたら？	ゴミそのものでゴミ箱をつくる
反対意見を受け入れてみると？	ゴミ箱をあまり置きたくないという意見を受け入れて、ゴミ箱をインテリアそのものにする

⑨結合（Combine）

結合とは、**複数の製品やサービスの機能を組み合わせること**です。複数のアイデアどうしを組み合わせるのもよいでしょう。何らかの共通点を持つものどうしを組み合わせるのがよいでしょう。

以下はテーマを「花屋」にした結合の例です。

表 ｜ 結合の問い（回答例：テーマが「花屋」の場合）

問い例	回答例
要素を組み合わせると？	アクアリウムと花を共存させる
目的を組み合わせたら？	「飾る」と「残す」を組み合わせる。以前購入した花がわかる
手段を組み合わせたら？	「持ち帰る」と「飾る」手段を組み合わせる。持ち帰り用に花束をまく紙がそのまま簡単な花瓶になる
アピールポイントを組み合わせたら？	食べられる花とそれを使った料理を提供する

ワイヤレスイヤホン

「**ワイヤレスイヤホン**」に関するアイデアを発想してみます。

テーマ	ワイヤレスイヤホン	

転用 ①	応用 ②	変更 ③
お化け屋敷で使う	ツボ押し機能	危険を知らせてくれる
拡大 ④	**縮小** ⑤	**代用** ⑥
音モレ状態を 教えてくれる	イヤーカフを 使い捨てに	舌の動きで 操作できる
再編成 ⑦	**逆転** ⑧	**統合** ⑨
左右共用にする	聴力アップ機能 をもった装置に	卓上スピーカーと ドッキングできる

①転用：お化け屋敷で使う

「音楽を聴く」といった一般的な使い方以外にイヤホンを活用する方法はないか考えます。「**お化け屋敷**」はどうでしょうか。ワイヤレスイヤホンを使えば没入感が高まるので、今まで以上に怖さを感じられるかもしれません。

②応用：耳ツボ押し機能

イヤホンは耳に装着するものなので、耳に関連する製品やサービスを調べ、何かに応用できないか考えます。調べていくと、耳ツボを押すグッズがあることがわかりました。耳ツボ押しは美容にも良いようです。そこで、イヤホンに「**耳ツボ押し機能**」を搭載するというアイデアを思いつきました。

③変更：危険を知らせてくれる

ワイヤレスイヤホンを使っている間は外からの音が聞こえなくなるため、周囲への注意が散漫になりがちです。そこで、IoTセンサーなどと連携して、危険な場所があれば音やメッセージで教えてくれる機能はどうでしょうか。

④拡大：音モレ状態を教えてくれる

イヤホンの音モレを本人が気づくのはとても難しいことです。もし音モレしていることをイヤホン自身が教えてくれれば、便利ではないでしょうか。

⑤縮小：イヤーカフを使い捨てに

耳に直接触れる部分であるイヤーカフは汚れが溜まってしまいます。使い捨てができれば耳の清潔も保ちやすくなります。

⑥代用：舌の動きで操作できる

ワイヤレスイヤホンを操作したいときに、たまたま両手がふさがっていて操作できなかったといった経験はないでしょうか。そんなときに、舌の動きでイヤホンの操作を代用できたら便利です。

⑦再編成：左右共用にする

イヤホンには左右がありますが、それを確認しながら耳にセットするのは面倒です。左右共用のイヤホンであれば、その面倒さから解放されます。

⑧逆転：聴力アップ機能を持った装置に

イヤホンを長時間使っていると耳によくないという話は有名です。そのため、使うほど耳によい装置（例えば、聴力がアップしたり、耳の中がきれいになったりするような装置）にできないでしょうか。

⑨統合：卓上スピーカーとドッキングできる

イヤホンがドッキングできる卓上スピーカーはどうでしょうか。別々の装置だとイヤホンとスピーカーで音の出力先設定を切り替える必要がありますが、これならばイヤホンを置くだけで卓上スピーカーへ自動的に変わります。

組み合わせて使えるフレームワーク

ブレインストーミング（P.16）

各チェックリストに対してアイデアを出すときは、**ブレインストーミング**の手法が有効です。大量のアイデアを創出できるかもしれません。

参考文献・参照資料

アレックス・F・オズボーン 著、豊田晃 訳『創出力を生かす』創元社、2008年

08 リフレーミング

Reframing

Tags 情報の発散　多様な利用シーン　一人で使える
Origin 元々はNLP（神経言語プログラミング）に関するコミュニケーションや能力開発、心理療法などのカウンセリングでよく使われてきた手法

こんなときに使える！ ▶ **発想を転換して、斬新なアイデアを創造したい**

概要

リフレーミングとは、「思考」に新たなフレーム（枠組み）をあてはめることです。

つまり、場所、空間、時間、立場、ターゲットといった「**既存のフレームや視点**」で捉えている物事を、「**別のフレームや視点**」で捉え直すことで、新しい気づきを得る思考法です。

ビジネスにおいては、次ページに示す7つの技法（視点）で既存のビジネスを見直すことといえるでしょう。

リフレーミングは、次のような場面で有効です。

- AI（人工知能）では実現できないような"創造性"が求められる場面
- "新たな視点"を導入する必要がある場面

上記のような場面において、リフレーミングの手法を用いてフレームをチェンジする（別の枠組みや視点で物事を捉える）ことは、新しいアイデアを創造するうえでとても効果的です。

なお、人の行動（思考を含む）を生産性と創造性の2軸で分けた場合、ITやAIなどを用いて業務を効率化、省力化、自動化する行為は、あくまでも生産性の向上であり、リフレーミングで行う創造性の向上とは異なります。

7つの技法

リフレーミングの技法についての明確なルールはありませんが、本項では以下の7つの技法（視点の変え方）を紹介します。

図 | リフレーミングのための7つの技法

技法	説明
解体フレーミング	**物事を具体化し、順序立てて分解することで**発想する。分解することで、気づけていなかった細かなことを把握できる
内容フレーミング	**失敗の内容から**発想する。失敗から得られる貴重な情報をもとに、次に成功するためのやり方を把握する
対抗フレーミング	既存に対抗して、**前提条件をすべてなくしてゼロベースで**発想する。定石を排して客観的・俯瞰的に見ることで新しいことに気づける
事前と事後フレーミング	**今とはまったく異なるもの**を発想する。対極を考えることで、現状が本当によいのかを確認でき、選択肢や次善策を検討できる
アウト・フレーミング	**別の軸を設けてブルーオーシャン（戦略）を**発想する。軸を変えることで、別の視点から物事を見ることができる
類似フレーミング	現在の延長線上を描き、**その1つ上の高い次元から**発想する。目線を上げることで、物事を大きな視点で見ることができる
決断フレーミング	**100% 肯定、または 100% 否定するためにはどうするか**を発想する。「絶対にそうする」という前提を置く（決断する）と、そうするためのやり方が見えてくる

出所 L.マイケル・ホール、ボビー・G.ボーデンハマー 著、ユール洋子 訳 (2009)『NLPフレーム・チェンジ』（春秋社）の内容をもとに筆者が要約

Memo リフレーミングは、元々はNLP（神経言語プログラミング）に関するコミュニケーションや能力開発、心理療法などのカウンセリングでよく使われているものですが、近年はビジネスの現場でも広く活用されています。

使い方

リフレーミングを行う際は、下図のような図を用意して、1つの課題に対して、これまでとは異なる「別のフレームや視点」を探し、その結果を記入します。

図 | **生産性×創造性**

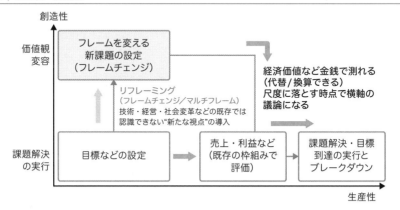

なお、ここでの**生産性**や**創造性**とは、それぞれ以下のように定義されます。

生産性：何かを行う際に効率で表す事象
創造性：何かを行う際に新しい価値を生み出す事象

リフレーミングを行うと図「生産性×創造性」において、**創造性（縦軸）**が上がります。

創造性を上げた後は、計画を具体化することで**生産性（横軸）**をより伸ばしていきます。

リフレーミングは次の5つの手順で行います。なお、これらの手順はすべて、創造性（縦軸）を上げるために行うものです。

①行き詰まった事象の核心（本質）を理解する

まずは**事象の現状**とその**核心（本質）**を理解します。何事も現状が分かっていないと先に進むことはできません。

例えば、本項の事例でも取り上げているヘアカット専門店「**QBハウス**」のケース（p.72）では、（主に男性の）理髪店の市場を見直します。そこに、顧客や従業

員が困っていることはないでしょうか。

②解体フレーミングを行う

解体フレーミングを行います。つまり、物事を具体化し、順序立てて分解します。

例えば、QBハウスを考える際、従来の理髪店の顧客が、サービスを受け終えるまでの一連の流れ（業務フロー）を具体的に確認してみましょう。そこから何か気づくことはないでしょうか。

③内容フレーミングや対抗フレーミングを行う

内容フレーミングや**対抗フレーミング**を行います。つまり、失敗した内容を振り返り、ゼロベースにしてまっさらな視点で見ます。そうすることで、過去の失敗から気づく機会を与えます。

例えば、QBハウスの場合は、従来の理髪店がダメな理由を振り返ります。

④その他の技法を行う

残りの技法（事前と事後フレーミング、アウト・フレーミング、類似フレーミング、決断フレーミング）を行います。

QBハウスについては本項の事例紹介（p.72）で詳しく説明しますが、新しいビジネス領域の軸を設けて、その競争のない空間で活動することを提案します。

⑤5つの視点を確認する

手順②〜④で何かひらめいた場合は、次の5つの点についても確認します。

(1) そのモデルは本当に一貫しているのか
(2) 現在と今後はどうなのか
(3) それは事実なのか、単なる自分の思い込みなのか
(4) それは静的（止まってること）なのか、動的（変わっていること）なのか
(5) 身振りや手振りを交えながら、気分を変えて発想してみる

なお、新たな視点をなかなか見つけ出せない場合は、「なぜ？」を5回繰り返しながら、客観的・俯瞰的に全体像を見て、別の視点を探していきます。

また、陥っている状況の対極を想定し「現在の方法で本当によいのか」をいくつも検証してみます。戦略の立案においては、他社と同じ戦略ではレッドオー

シャン（競合が多い市場）になるため、競合のいない軸を考えることで、ブルーオーシャン戦略にできないかを検討します。

 リフレーミングを単純化すると「事象や課題を分解すること」「事象や課題を抽象化すること」といえます。上記で解説したリフレーミングの手順を行うと、今現在自分が見ている視点が何のか、またそれを変えられるのかなどがわかってきます。

事例・参考例① QBハウス

ブルーオーシャン戦略とは、**視点を変えて「売れる仕組み作り」を行う戦略**であり、**新しいビジネス領域の軸を設け、その競争のない空間で活動すること**です。これは、リフレーミングの技法の1つ「**アウト・フレーミング**」です。

ここでは理髪店「**QBハウス**」の事例を紹介します。

QBハウスは、1996年創立の理髪店です。QBハウスは従来の理髪店とは異なり、時間を重視するために冗長性を省くように工夫されています。シャンプーや髭剃りなどを省き、カットのみにすることで所要時間を10分に短縮するとともに、低価格（1200円）を実現することで、時間のないビジネスパーソンから人気を集めています。

なお、10分で1,200円ということは、1時間あたり7,200円の売上になります。従来の理髪店が1時間で3,000 〜 4,000円であること踏まえると、時間当たりの単価は従来の理髪店よりも高くなります。

QBハウスの戦略は次のように理解できます。

1時間はかかる従来の理髪店に対して、
10分という短時間で行う新たな業態の理髪店

つまり「**時間という別の軸**」を設けること（**アウト・フレーミング**）で、従来の理髪店とは異なる市場を創造しました。

実際、QBハウス以前には「短時間」という領域に明確な競合はいませんでした（ブルーオーシャン）。そのため、その領域を欲するビジネスパーソン（仕事途中の休憩時間や帰り際にさっと寄ってスッキリしたい顧客）から多くの支持を得ることができ、現在でも広く利用されています。

さらに、QBハウスは**期待値をあえて下げています**。来店する顧客は10分の散髪

で自分が理想とする髪形になるとは思っておらず、髪が伸びたからスッキリしたいと思って来店していると考えられます(多くを望まない顧客が多い)。

図 | QBハウスの創造性(ブルーオーシャン戦略)

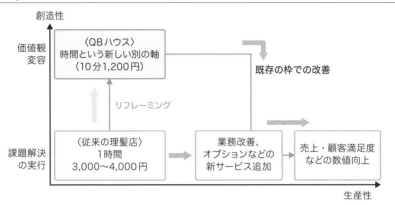

つまり、QBハウスは従来の理髪店とは異なり、低価格、短時間、高利便性、単サービス、予約不要の要素を揃えるなどして、ブルーオーシャン戦略の「差別化」と「低コスト化」を同時に実現することで、市場で優位性を築いていると考えられます。

事例・参考例② 産業技術総合研究所

産業技術総合研究所は、大手流通業(百貨店に類する業態)において「AI導入を加速し、さらに高次な目標・課題設定を行うためのツールの開発と実証実験」を行いました。

その際、大手流通業の接客業務におけるAIの利活用に向け、**サイバー**(バーチャル)と**フィジカル**(リアル店舗)をつなぐフィールドでの実証と、それらを通じた経営の高度化支援の両輪でAIの導入を進めました。

大手流通業の当初の目標は、AIの利活用であり、具体的には**顧客オペレーションを効率化してコストを下げ、長期的な売上獲得のために顧客満足を上げること**でした。

この目標がほぼ実現された後、同じことを求めると効果が限られます。そこで、次に何をするかを考える必要があります。

その際、今以上に売上や顧客満足を求めてもキリがないということになり、現状とは別のものを発想すること（**事前と事後フレーミング**）で、次の目標を再設定しました。それは、インクルーシブな社会（人間の多様性を尊重する社会）の実現に向けた永続的な目標設定です（下図参照）。

例えば、障害者と健常者が区別なく、共に買い物を楽しむ場にすることなどが含まれます。顧客にとっては、どこでも買える商品やサービスであっても、その店舗で購入することで自分が何かに貢献しているという意識も芽生えるため、その店舗で購入する意義が見出されます。

企業において売上・利益は外せませんが、もっと大きな視点の目標を設定することで、結果的に売上・利益の向上につなげることができます。

なお、この図では、売上目標を分解（数値目標の再定義）することが横軸になり、この枠組みに収まらない新たな目標を設定（ゴールを昇華）することが縦軸になります。

図 | **大手流通業の創造性の発想（事前と事後フレーミング）**

ゴール・リフレーミング
（＝ゴールと問題解決フレームを再定義する）

創造性 ・・・

ゴール2（目標）
昇華させて発想

ゴール2
ギャップ
課題②　業務棚卸・理解　データ収集・整備
現状　評価　AI導入

ゴール1（目標）
売上獲得・顧客満足

ゴール1
ギャップ
課題①　業務棚卸・理解　データ収集・整備
現状　評価　AI導入

数値目標の再定義は
横軸のままになる

フレーム内での問題解決（高度化、効率化等）

生産性

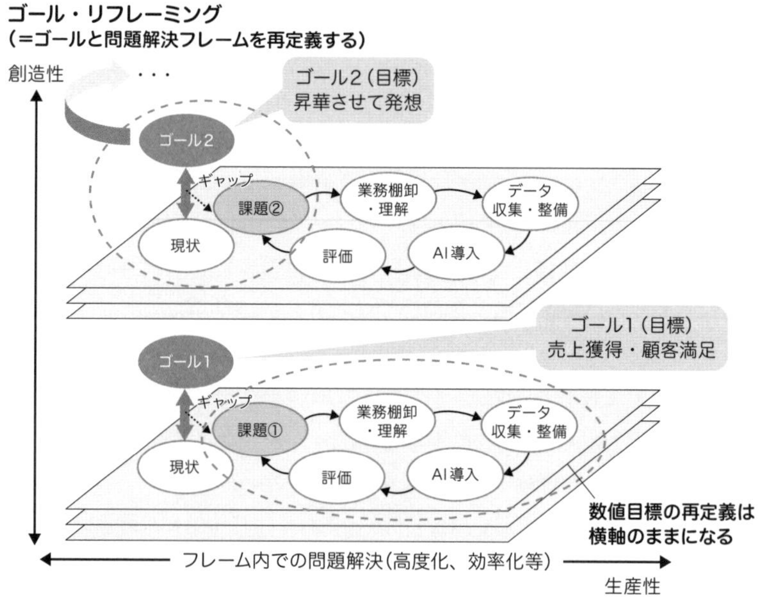

組み合わせて使えるフレームワーク

● ブレインストーミング（p.16）

　リフレーミングの7つの技法（視点）を用いる際に、**ブレインストーミング**を用いると、新しいアイデアを数多く創出できます。

■■ 参考文献・参照資料

安岡寛道ほか 著『デジタルマーケティング2.0 　～ AI×5G時代の新・顧客戦略～』日経BP、2020年

L.マイケル・ホール、ボビー・G.ボーデンハマー 著、ユール洋子 訳『NLPフレーム・チェンジ』春秋社、2009年

栗木契、水越康介、吉田満梨 著『マーケティング・リフレーミング』有斐閣、2012年

トーマス・ウェデル＝ウェデルボルグ 著『リフレーミングで問いを再定義せよ　そもそも解決すべきは本当にその問題なのか』ハーバード・ビジネス・レビュー、ダイヤモンド社、2018年

W・チャン・キム、レネ・モボルニュ 著『(新版)ブルーオーシャン戦略』ダイヤモンド社、2015年

09 アナロジー思考

Analogical Thinking

Tags 情報の発散　商品/製品・サービス企画　一人で使える
Origin ビジネスコンサルタントの細谷功氏が著書『アナロジー思考』で提唱

こんなときに
使える！ **▶ 斬新なアイデアを創出したい**

概要

　アナロジー思考とは、異なる2つ以上の事柄から「類似性」や「特徴」「機能」を抽象化によって見つけ出し、それらを「借りてくる」ことで新しいアイデアを創出する発想法です。

　アナロジー思考の強みは、抽象化することによって、まったく異なる分野から特徴や機能を借りてくるところにあります。

　ビジネスで新しいアイデアを創出する場合に、近い世界から成功事例を借りてくるとただの模倣（パクリ）になりますが、まったく別の世界から成功事例を借りてくれば、それは模倣ではなく**アイデア**になります。

　例えば下図のように、あるパン屋が他のパン屋から成功事例を借りてくると模倣になりますが、スポーツ興行の成功事例からその特徴を借りてくればアイデアになります。

図 ｜ 模倣とアイデアの違い

同じ・近い世界から「借りる」	全く違う世界から「借りる」
成功事例	成功事例
パン屋 A → 模倣 → パン屋 B	スポーツ → アイデア → パン屋
ベース　　　ターゲット	ベース　　　ターゲット

　ベース（特徴や機能を借りてくる元）と**ターゲット**（課題解決の対象）の距離が遠ければ遠いほど、斬新なアイデアを創出できる可能性が高まります。

　なお、アナロジー思考においては、抽象化された情報の共通点と相違点を適切に認識することが重要です。

　共通点が多すぎるとすべてのものごとが同じに見えてしまい、新しいアイデアは生まれません。

　一方、**共通点が少なすぎる**と、別の世界からアイデアを借りることを拒否している状態になり、やはり新しいアイデアは生まれないでしょう。

　具体的には、ベースとターゲットの特徴に**2〜3個程度の共通点**があることが望ましいです。

図 ｜ **共通点と相違点の適切な関係**

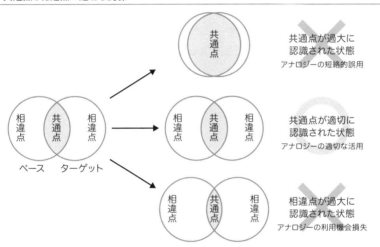

　また、共通点と相違点を確認する際は「**表面的類似**」ではなく、「**構造的類似**」に着目します。

　表面的類似とは属性レベル（わかりやすくいうと「見た目」や「声・音」など）が似ていることです。これに対して、構造的類似とは機能レベル（わかりやすくいうと「関係性」や「仕組み」など）が似ていることです。

　例えば、ネコとネコのぬいぐるみは、見た目や形状に似ている点が多いので「表面的類似である」といえます。

一方、ネコとロボット掃除機は、見た目はまったく異なりますが、家庭内での機能には似ている点が多いので「構造的類似である」といえます。

図 ｜ 表面的類似と構造的類似

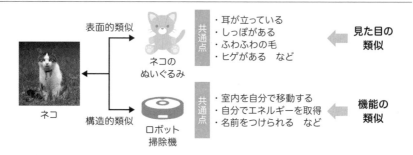

> **ここが ポイント！** 類似点を探すときには「表面的類似」ではなく「構造的類似」に着目する

▰ アナロジー思考に使える「抽象化」の方法

　抽象化とは、検討対象から注目すべき属性を抽出して、それ以外の属性はいったん捨てる方法です。

　抽象化には大きく分けて次の2つの方法があります。

表 ｜ 抽象化の方法

方法	説明
一般化	上位概念に置き換えていく方法。例えば、にんじん→野菜→植物のように、上位の分類に置き換えていくこと
単純化	余計なものをそぎ落とし、特徴のみを抽出する方法。例えば、にんじん→赤、にんじん→根菜、にんじん→畑で育てる、にんじん→カレーの材料など。目的によってさまざまな抽出が可能

なお、抽象化をする際は、抽象度を上げすぎないように注意してください。例えば「にんじん→野菜→植物→生物」まで抽象度を上げてしまうと、にんじんもネコも人も同じものとして扱われてしまいます。

> ここが
> ポイント！　**抽象化をする際は、抽象度を上げすぎないように注意する**

使い方

アナロジー思考では、以下のフレームワークを用いて各手順を実行します。

図 | アナロジー思考のフレームワーク

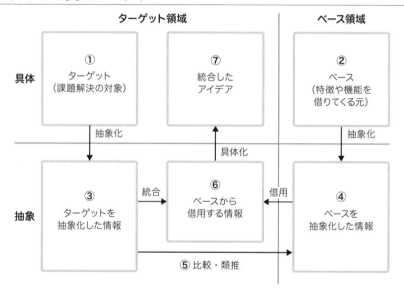

①ターゲットを選定する

ターゲット（課題解決の対象）を選定します。記載内容は具体的であるほどよいので、できるだけ具体的に記入します。

例）チェーン店ではない街のパン屋

②ベースを選定する

ベース（特徴や機能を借りてくる元）を選定します。可能な限りターゲットから距離のある分野の成功事例や先行事例を選定してください。選定に迷ったら、例えば「**自分が興味ある業態**」を選んでみるのもよいと思います。選定した内容はなるべく具体的に記載します。

例）球場での野球観戦

 「野球観戦」のみだとテレビ視聴やインターネット視聴も含まれるため、情報の抽象化が難しくなります。そのため、ここではより具体的に「球場での野球観戦」としています。

③ターゲットを抽象化する

手順①で選定したターゲットの注目すべき属性を抽象化します。
「町のパン屋」の例では、以下のように抽象化できます。

例）すべてのパンをお店で作る
- 多彩な商品を販売している
- 常連客が買いにくる
- 商品によって値段が異なる
- 自分で商品を選ぶ　など

④ベースを抽象化する

手順②で選定したベースの注目すべき属性を抽象化します。要領は手順③と同じです。
「球場での野球観戦」の例では、以下のように抽象化できます。

例）ライブ感や応援で選手との一体感を得る
- ファンが集まる
- 席の種類によって値段が異なる
- TV中継では映らない模様が見られる　など

⑤ベースの中から借用する属性を選ぶ

手順③と④で抽象化した情報を見比べて、共通点と相違点に分類し、ターゲットとベースが構造的類似の関係にあることを確認します。ここでは**共通点（構造的類似）が2つ以上あること**を確認します。

表 | 共通点と相違点

方法	説明
共通点	パン屋の「**常連が買いにくる**」と 野球観戦の「**ファンが集まる**」は、 「常連＝店や商品のファン」と考えれば、共通点になる パン屋の「**商品によって値段が異なる**」と 野球観戦の「**席の種類によって値段が異なる**」は、 球場の席は商品なので、共通点になる
相違点	【パン屋】 ・すべてのパンを店で作る ・多彩な商品を販売している ・自分で商品を選ぶ 【野球観戦】 ・ライブ感や応援で選手との一体感を得る ・TV中継では映らない模様が見られる

そのうえで、**ベースの相違点**の中から借用する属性を選択します。

例）ライブ感や応援で選手との一体感を得る

この例では上記の1つのみを借用しますが、複数の属性を借りてきても構いません。

共通点が2つ以上ない場合は、再度手順③と④を実施して、**多少強引にでも共通点を見つけてください。**

それでも共通点が見つからない場合はあきらめて、手順②の「**ベースを選定する**」からやり直してみましょう。

**ここが
ポイント!** **必ず2つ以上の共通点を見つける**

⑥解決策となるアイデアを考案する

手順⑤で決めた「**借用する属性**」とターゲットを組み合わせて、解決策となる
アイデアを考案します。ここでは「**ライブ感や応援で一体感を得るパン屋**」を実現
するアイデアを検討します。

　例）パンを作っている様子を中継配信する

　パン作りの大変さや面白さを解説つきで中継配信すれば、そのパン屋のファン
が増えるのではないでしょうか。そしてファンがパンを買いにきてくれれば、売
り上げを伸ばすことができます。

図 | **アナロジー思考を用いたパン屋のアイデア創出の過程**

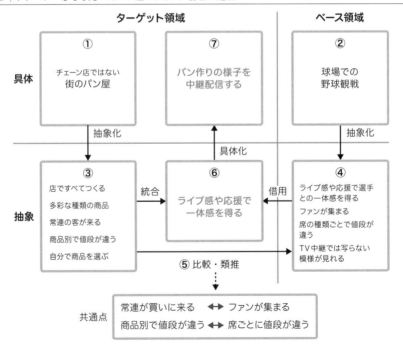

事例・参考例 廻る元禄寿司「回転寿司」

　今や日本だけでなく世界中に広がった「**回転寿司**」は、**元禄産業**の白石義明が昭和23年に開発しました。

　元禄寿司はもともと安くておいしいと評判の立ち食い寿司屋で、連日行列ができるほどでした。しかし、店が繁盛するにつれて人手不足が深刻になっていきます。

　その人手不足の解消と、さらなる効率化の実現方法で悩んでいた白石は、たまたま行ったビールの製造工場見学でベルトコンベアがビール瓶を運ぶ様子を目にします。

　このベルトコンベアがビール瓶を運ぶ様子を見て「**すし皿をベルトコンベアで廻す**」というアイデアが生まれました。「立ち食い寿司」をターゲット、「ベルトコンベア」をベースとして、この思考を紐解いてみましょう。

　ターゲットは「**立ち食い寿司の業務効率向上**」、ベースは「**ビール工場のベルトコンベア**」です。

ターゲットを抽象化する

　「**立ち食い寿司**」を抽象化します。立ち食い寿司は、寿司を大衆食へ回帰させることを目的に、安くてうまい寿司を提供している飲食店です。1つの料理の値段を下げる代わりに、客数を増やすことで利益を出しています。寿司は職人が握り、皿に載せて客前のカウンターへ都度持っていく形式です。

　当時は店の人気もあり仕事がとても忙しかったそうです。これらの内容を踏まえ、以下のように抽象化しました。

- 回転率重視
- 人が料理を調理
- 皿に載せて客へ出す
- 人への負担が大きい

ベースを抽象化する

　「**ビール工場のベルトコンベア**」を抽象化します。ビール工場の中では、大量のビール瓶がベルトコンベアに載せられて縦横無尽に移動しながら機械によってビールが注入されたり、王冠を被せられたりしながら出荷できるまで効率よく製

造されていきます。この様子を以下のように抽象化しました。

- 機械式
- 大量生産に対応
- 物を載せて自動で運ぶ
- 物が部屋の中を廻る

ベースの中から借用する属性を選ぶ

　ターゲットとベースの抽象化した内容を比較して、構造的類似の関係にあるのかを確認します。

　「**回転率重視**」と「**大量生産に対応**」は意味が近そうです。また、「**皿に載せて客へ出す**」と「**物を載せて運ぶ**」も類似の意味としてとらえることができます。これらの内容から「立ち食い寿司」と「ベルトコンベア」の関係性が構造的類似であることを確認できました。

図 ｜ アナロジー思考を用いた「回転寿司」のアイデア創出例

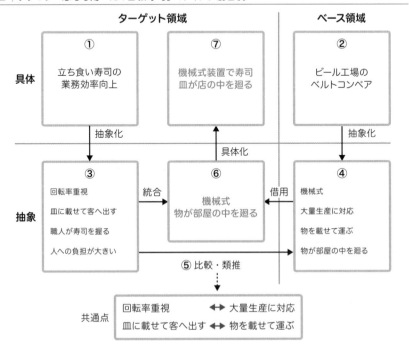

84

▨ 解決策となるアイデアを考案する

　借用する属性として「**機械式**」と「**物が部屋の中を廻る**」の2つを選択し、「**機械式装置で寿司皿が部屋の中を廻る**」というアイデアを創出しました。「物が部屋の中を廻る」の「物」を「寿司皿」に置き換え、「部屋」を「店」に置き換えました。また、寿司皿を人が廻していては人手不足の解消にならないので機械式で動かします。これで回転寿司のアイデアの完成です。

組み合わせて使えるフレームワーク

— KJ法（p.30）

　アナロジー思考でターゲットとベースの注目すべき属性の抽象化をする際に**KJ法**を使うと、情報の表層的な類似ではなく、**構造としての類似**を発見できます。

— 属性列挙法（p.52）

　属性列挙法を用いると、アナロジー思考で注目すべき属性を検討する際に、見た目だけでは気づかない属性を抽出できます。

📖 **参考文献・参照資料**
細谷功 著『アナロジー思考』東洋経済新報社、2011年

「どっちか」ではなく「どっちも」

10 トレード・オン思考

Trade-on Thinking

Tags 情報の発散　商品/製品・サービス企画　一人で使える
Origin 一般社団法人NELIS代表理事のピーター・D・ピーダーセンが考案

こんなときに使える!
相反する2つのニーズを両立させたい

概要

トレード・オン思考は、片方を満たすともう片方を満たせない、すなわちトレード・オフ関係だと思われる2つのニーズを両立させることができる新しいアイデアを創出する思考法です。

　トレード・オン思考の発案者であるピーター・D・ピーダーセンは「**企業の業績を伸ばすためには環境負荷はやむを得ない**」といった、企業発展と自然環境のト

図 | トレード・オンの概念

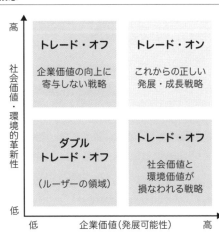

レード・オフを正当化するような社会への警鐘として、「**今後は企業発展と自然社会の両立をなさねばならない**」という社会の向かうべき方向を示すために「**トレード・オン**」という言葉を使っています。

このトレード・オンという概念（トレード・オフに見える関係を両方とも満たすこと）をアイデアの創出に応用したものがトレード・オン思考です。

世の中によくある製品やサービスはトレード・オフを内包しています。 トレード・オフを内包した製品・サービスとは、トレード・オフ曲線上に存在している製品です（下図を参照）。

具体的には「**要素Xを満たすが、要素Yを満たさない**」「**要素Yを満たすが、要素Xを満たさない**」あるいは「**要素Xも要素Yも満たさない**」ものになります。

図 | **トレード・オフ曲線とトレード・オン曲線**

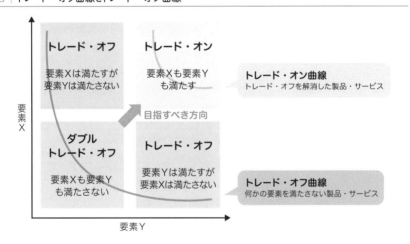

トレード・オン思考では、このトレード・オフを内包した状態を解消し、要素Xも要素Yも満たす**トレード・オン曲線上**に存在する製品・サービスを創出することを目標とします。

トレード・オンを実現した製品

実際にトレード・オンを実現した製品やサービスは私たちの身の回りにたくさんあります。

次ページの事例を見てもわかる通り、トレード・オン思考で創出された製品や

サービスはどれもが新しい価値によって利用者の生活様式を変えてしまう、つまり**破壊的イノベーション**を起こすものばかりです。

図 │ **トレード・オンを実現した製品・サービス例**

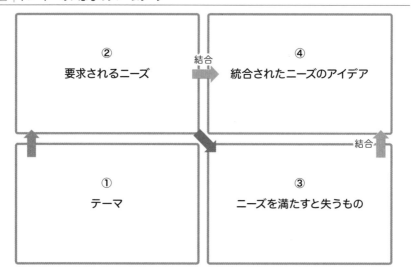

使い方

トレード・オン思考は、次のフレームワークを用いて実行します。

図 │ **トレード・オン思考のフレームワーク**

①テーマを決める

新たな価値を生み出したい、既存の製品やサービスを選定します。

例）壁掛けカレンダー

②「要求されるニーズ」を列挙する

手順①で決めたテーマに要求されるニーズを列挙します。ここでは「**壁掛けカレンダー**」に要求されるニーズを列挙してみます。

例）
- 壁掛けできる
- 見やすい
- 書き込める
- オシャレさ
- 月齢などの情報がわかる
- 捨てやすさ
- 買いやすい価格
- オリジナル性　など

③「ニーズを満たすと失うもの」を列挙する

手順②で列挙したニーズの中から1つを選び、**そのニーズを満たすことで失われること**（トレード・オフになるもの）を思いつく限り列挙します。慣れるまでは「**失うものを見つけやすそうなニーズ**」を選ぶのがよいでしょう。

ここでは「**壁掛けできる**」を満たすことで失われるものを列挙してみます。

例）壁のスペース
- フックが押しピンの場合、壁に穴が開く
- 気軽に場所を変えられない　など

④統合されたニーズのアイデアを創出する

手順②で選出したニーズと、手順③で列挙した「ニーズを満たすと失うもの」から1つ以上を選び、**両方を満たすことができるアイデア**を創出します。

ここでは「**壁掛けできるけど、壁のスペースを失わないカレンダー**」のアイデアを検討します。

例）見たいときだけ引き出せるロールスクリーン型のカレンダー

よいアイデアが思いつかない場合は、手順②で列挙した「**要求されるニーズ**」と、

手順③で列挙した「**ニーズを満たすと失うもの**」を並べて、「**○○だけど××しない（ならない）**」という文章にしてみましょう。これがアイデアのベースになります。

このベースを作成できれば、この文章を実現するための具体的な方法を考えることで、「**統合されたニーズのアイデア**」を創出できます。

図 | トレード・オン思考の検討例

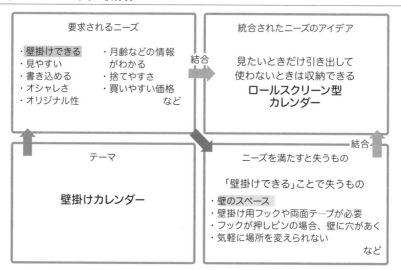

 いろいろと試行錯誤してもよいアイデアが思いつかない場合は、その組み合わせはいったん置いておき、別の「要求されるニーズ」や「ニーズを満たすと失うもの」に入れ替えて思考を再開するのもよいでしょう。

事例・参考例 花王「メリット THE MILD」

発売から50年以上の超ロングセラーを誇る**花王**のヘアケアブランド「メリット」の新製品として、最初から泡になっているシャンプー・コンディショナー「**メリット THE MILD**」が2021年に発売されました。

花王が定期的に実施している利用者の実態調査から「**ここ数年は、地肌や髪をやさしく洗いたいというニーズが高まっている**」ことが判明しました。一方で、実態としては「シャンプーの泡を立てるために、ゴシゴシして地肌に負担をかけている利用者が多い」こともわかりました。

この「**地肌や髪をやさしく洗いたい**」と「**泡立ちはほしい**」というトレード・オフの関係を解消したいと考えたことが「メリット THE MILD」の開発のきっかけに

なりました。

　この事例をトレード・オン思考のフレームワークに当てはめると、下図のようになります。

図 | 「メリット THE MILD」へのトレード・オン思考の適用

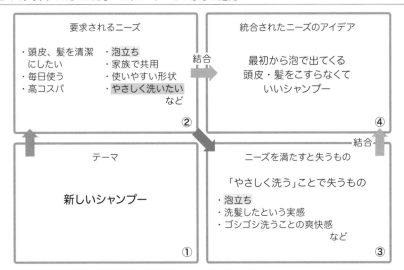

　新しいシャンプーに要求されるニーズの中にある「**やさしく洗いたい**」を満たすことで失うものを考えていきます。例えば「**洗髪したという実感**」「**ゴシゴシ洗うことの爽快感**」などが挙げられるでしょう。また、「**泡立ち**」も失うものの1つです。この「**やさしく洗いたい**」と「**泡立ち**」を両立させる方法として「**最初から泡で出てるシャンプー**」のアイデアを創出できます。

組み合わせて使えるフレームワーク

● マインドマップ（p.21）

　「要求されるニーズ」を列挙する際は、事前に**マインドマップ**を用いてテーマの全体像を描いておくと、ニーズの洗い出しが楽になります。

■■ 参考文献・参照資料
　　ピーター・D・ピーダーセン 著『レジリエント・カンパニー』東洋経済新報社、2015年
　　ピーター・D・ピーダーセン、竹林柾雄 著『SDGsビジネス戦略』日刊工業新聞社、2019年
　　PR TIMES「誕生から50年。超ロングセラーヘアケアブランド「メリット」が新提案する "泡で洗う" 「メリット THE MILD（ザ マイルド）」誕生秘話」（https://prtimes.jp/story/detail/YbvvLDf3AAb）

常識を破壊してアイデアを創出する

11 前提破壊

Break the Premise

Tags 情報の発散　商品/製品・サービス企画　一人で使える

Origin 元マサチューセッツ工科大学教授のマイケル・ハマーと、経営コンサルタントのジェイムズ・チャンピーが考案

こんなときに使える！ ▶ **前提を覆すような斬新なアイデアを創出したい**

概要

　前提破壊は、**現在起きている事象やすでにある商品・サービスの前提を覆して新しいアイデアを創出する発想法**です。

　みなさんはラーメンが好きでしょうか。ラーメン屋で注文をすると、店員が麺を茹で、盛り付けてすぐに食べられる状態で提供されます。

　では、このラーメンが提供されるシステムの1つ「**店員が麺を茹でる**」を覆して、「**麺を自分で茹でる**」システムに変更してみてはどうでしょうか。自分好みの硬さの麺を食べられるシステムは新しいかもしれません。

　このように、前提破壊では次ページの図に示すように、地上に見えている部分を見ながら、普段は見えていない地面の下の部分、つまり「**当たり前だと思っている部分**」に着目して、その土を別のものに入れ替える（＝破壊する）ことで、斬新なアイデアを創出します。

　この発想法は、よいアイデアがなかなか出ず、抜本的な発想の転換が必要なときに向いています。「**前提条件を疑う**」という行為が、破壊的イノベーションにつながるきっかけになります。

図 │ 前提破壊の着眼点

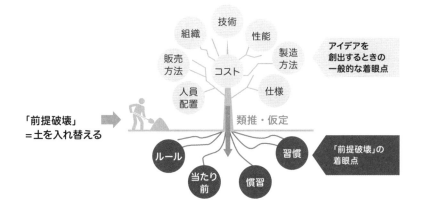

使い方

前提破壊では、下図のフレームワークを使います。

図 │ 前提破壊のフレームワーク

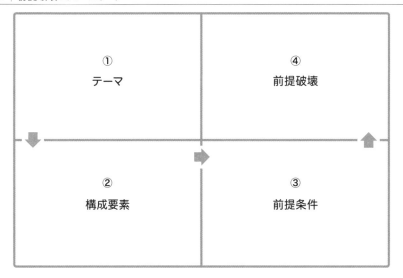

① テーマを決定する

まず、検討したいテーマを決めます。

> 例：歯磨き粉

② テーマの構成要素を記載する

収集した情報を参照しながら、**テーマの構成要素**を記載します。商品やサービスそのものを構成する要素だけでなく、利用者が持つイメージや普及率などのマーケティング情報も構成要素として記載します。

歯磨き粉の構成要素

- 形状（ペースト、ジェル）
- 成分（研磨剤、湿潤材、発泡剤、香味料、保存料）
- 保管容器（チューブ、ふた）
- 販売場所（薬局、スーパー、コンビニ、通販、病院）
- 目的（虫歯予防、口臭予防、ホワイトニング、気分転換）
- 使用機会（朝、昼、晩、食事後、人と会う前）
- 味（ミント、フルーツ）
- 使い方（歯磨き、研磨用、掃除用）

> **ここがポイント！　利用者が持つイメージや普及率なども構成要素として記載する**

> **Memo**　構成要素を記載するには、テーマに関する正確な情報が必要です。テーマを決定した後、構成要素を記載する前に、いったん情報収集を行ってもよいでしょう。

③ 前提条件を考える

手順②で記載した要素から1つを選びます。前提条件を思いつきそうな要素を選んでください。

選んだら、その要素が成り立つための前提やルールを考え、「③前提条件」の欄に記載します。ルールや慣習、当たり前と思っていることを可能な限り挙げて

ください。

「保管容器：チューブ」の前提条件

- 洗面台付近に置く
- 立つ
- 毎日使う
- 最後は中身が出しづらい
- 持ち歩く
- ラミネート型
- 歯ブラシとセット
- 水をはじく
- 使い終わったら捨てる
- 商品ごとにデザインが違う

 前提条件には「暗黙のルール」や「当たり前」と思われていることだけでなく、「無意識の行動」も含まれます。普段の行動を客観的に考察して、「いつもこうしている」という内容を記載するのもよいでしょう。

④ 前提破壊となるアイデアを考案する

手順③で記載した前提条件から1つを選び、その前提条件を破壊・反転することで新しい前提（観点、捉え方、ルールなど）のアイデアを考え、「④前提破壊」の欄に記載します。

「中身によってデザインが違う」を破壊するアイデア

- チューブのデザインを統一（キャップだけ違う）
- 外装を自分でデザインできる
- マイボトル型（都度充填式）

「**チューブのデザインを統一（キャップだけ違う）**」というアイデアはどうでしょうか。中身の違いはキャップだけで表現できます。

他にも「**外装を自分でデザインできる**」というアイデアも思いつきました。自分の好きなイラストや写真を選び、世界に1つだけのデザインを印刷した歯磨き粉が届くサービスも楽しそうです。

また、いっそチューブをやめてしまうのも面白いかもしれません。「**マイボトル**

型（都度充填式）」の歯磨き粉です。利用者は気に入ったデザインのマイボトルを買って店頭に持っていくと、専門のスタッフがボトルを洗浄して、好きな歯磨き粉をボトルへ充填してくれます。

図 | フレームワーク記入例（歯磨き粉）

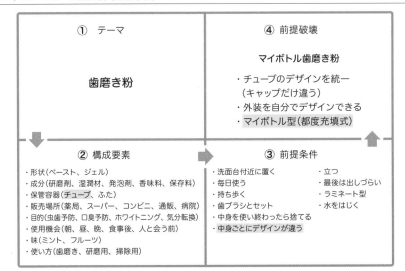

① テーマ

歯磨き粉

④ 前提破壊

マイボトル歯磨き粉

・チューブのデザインを統一
　（キャップだけ違う）
・外装を自分でデザインできる
・マイボトル型（都度充填式）

② 構成要素

・形状（ペースト、ジェル）
・成分（研磨剤、湿潤材、発泡剤、香味料、保存料）
・保管容器（チューブ、ふた）
・販売場所（薬局、スーパー、コンビニ、通販、病院）
・目的（虫歯予防、口臭予防、ホワイトニング、気分転換）
・使用機会（朝、昼、晩、食事後、人と会う前）
・味（ミント、フルーツ）
・使い方（歯磨き、研磨用、掃除用）

③ 前提条件

・洗面台付近に置く　　・立つ
・毎日使う　　　　　　・最後は出しづらい
・持ち歩く　　　　　　・ラミネート型
・歯ブラシとセット　　・水をはじく
・中身を使い終わったら捨てる
・中身ごとにデザインが違う

事例・参考例 パナソニック「アラウーノ」

2006年に**パナソニック**から発売されたトイレ「**アラウーノ**」は、有機ガラス製であり、さらに業界初の「全自動おそうじ機能」を搭載したことで、大きな驚きを与えました。

それまでは陶器製が一般的だった素材を有機ガラス製にしただけでなく、全自動おそうじ機能によってトイレ掃除の回数を大幅に減らすという、まさに業界の常識を打ち破る商品でした。

前提破壊のフレームワークを使って、アラウーノの発想プロセスを再現すると次ページの図のようになります。

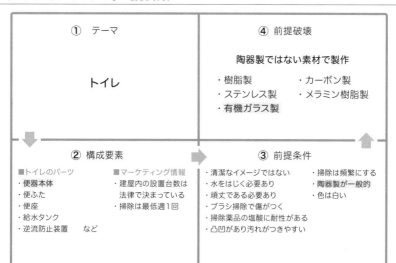

図 | パナソニック「アラウーノ」の前提破壊

① テーマ	④ 前提破壊
トイレ	**陶器製ではない素材で製作** ・樹脂製　　・カーボン製 ・ステンレス製　・メラミン樹脂製 ・有機ガラス製

② 構成要素	③ 前提条件
■トイレのパーツ　　■マーケティング情報 ・便器本体　　　・建屋内の設置台数は ・便ふた　　　　　法律で決まっている ・便座　　　　　・掃除は最低週1回 ・給水タンク ・逆流防止装置　など	・清潔なイメージではない　・掃除は頻繁にする ・水をはじく必要あり　　・陶器製が一般的 ・頑丈である必要あり　　・色は白い ・ブラシ掃除で傷がつく ・掃除薬品の塩酸に耐性がある ・凸凹があり汚れがつきやすい

①テーマを決定する

この事例のテーマは「**トイレ**」です。

②テーマの構成要素を記載する

トイレに関連する構成要素を記載します。「便座本体は陶器製」「ふたや便座は樹脂製」「建屋内の設置台数は法律で決まっている」「掃除は最低週1回」などが挙げられます。

③前提条件を考える

構成要素の中から「**便器本体**」を選択し、成り立たせている前提条件を考えます。これまでずっとトイレ本体は陶器製でした。理由は、便器に求められる「水をはじく」「頑丈である」「掃除薬品の塩酸に耐性がある」といった要件に最も適した素材が陶器だったからです。

一方で、陶器であるがゆえに「凹凸があって汚れがつきやすい」「ブラシ掃除で傷がつく」などのデメリットもありました。他にも「トイレは白」というイメージもあります。

このような「**トイレってこういうものだよね**」という常識や当たり前だと思っていることを「**③前提条件**」の欄に記載していきます。

④前提破壊となるアイデアを考案する

前提条件で挙げた情報を見ると、ほとんどが陶器製であることを前提にしているので、「**陶器製である**」という常識を破壊してみましょう。

便器に求められる機能である「水をはじく」「頑丈である」「掃除薬品の塩酸に耐性がある」を満たせれば、陶器以外の素材で製造してもよさそうです。

そうなると「樹脂製」「ステンレス製」「有機ガラス製」など、さまざまな素材の便器のアイデアが浮かびます。このアイデアを製造面や運用面などから調査・判断した結果「有機ガラス製」が選ばれます。

組み合わせて使えるフレームワーク

ブレインストーミング（p.16）

前提破壊の②〜④の各プロセスを行う際は、**ブレインストーミング**の手法を使って大量の情報を出すとよいでしょう。

KJ法（p.30）

前提破壊の②〜④の各プロセスに記載する情報は、**KJ法**を使用してまとめてから記載していくと、よいアイデアの創出へとつながります。

リフレーミング（p.68）

前提破壊を考える際に、アイデアが出ずに困ったら、**リフレーミング**の手法を使って強制的にアイデアを創出してみましょう。

■■ 参考文献・参照資料

マイケル・ハマー＆ジェイムズ・チャンピー 著、野中郁次郎 監訳『リエンジニアリング革命』日本経済新聞社、1993年

12 9Windows（9画面法）

9Windows

Tags 情報の発散　商品/製品・サービス企画　一人で使える
Origin —

**こんなときに
使える！** ▶ 質の高いアイデアを創出したい

概要

9Windows（9画面法）は、設定したテーマ（観察対象）を基準にして「**なぜその事象が発生しているのか**」「**今後どうなっていくのか**」ということを、環境的背景や技術的背景の変化を踏まえながら、質の高いアイデアを創出する分析手法です。テーマを取り巻く「要因」「背景となる環境」「利用する技術・サービス」と、その要因や背景から起こりうる「結果」を**時系列**に沿って考えます。

図 | **9Windowsの概念**

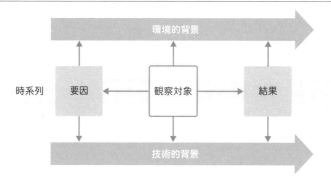

Memo 9Windowsは、旧ソビエト連邦で生まれた「TRIZ」という名前の課題解決理論の中の、特に課題設定・アイデア創出に秀でた発想法です。TRIZとは「発明的な問題解決の理論」のことで、ロシア語のTeoriya（理論）、Resheniya（解決）、Izobretatelskikh（発明）、Zadatch（問題）の頭文字をとって名付けられました。

9Windowsでは、下図に従い、各手順を実行します。

図 | **9Windowsで用いるフレームワーク**

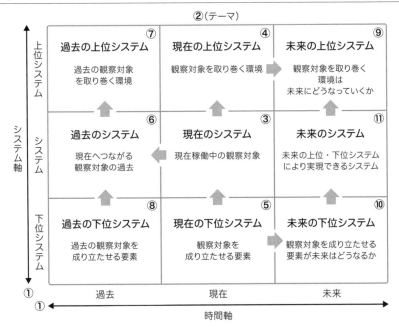

---

① 3×3マスを作成する

一枚の紙（あるいはPowerPointなどの1ページ）に、**3×3のマス**を描きます。続けて枠外の左側に「**システム軸**」の矢印を上下に伸ばして描き、上から順に「**上位システム**」「**システム**」「**下位システム**」を割り当てます。

また、枠外の下部に「**時間軸**」の矢印を左右に伸ばして描き、左から順に「**過去**」「**現在**」「**未来**」を割り当てます。

システムとは

システムとは「**要素の集まりとして世の中で機能しているもの**」です。自転車やパソコンなどの製品や、飲食提供や運送などのサービスも「システム」として扱います。

上位システムとは「**システムを取り巻く環境**」です。システムへ影響を与える存在や

環境を指します。システムが必要とされることになった背景だと考えてください。

　下位システムとは「システムを成り立たせる要素」です。システムが世の中で機能するために動いている技術やサービス、製品などのことです。

　例えば、近年普及してきた「電動自転車」を観察対象のシステムとして考えてみましょう。

図　｜　**電動自転車の上位・下位システム**

上位システム

観察対象
を取り巻く環境

・移動手段として自転車の
　需要が増大
・フードデリバリービジネスが
　拡大
・シェアサイクルが普及

システム

世の中で機能
しているもの

・電動自転車

下位システム

観察対象を成り
立たせる要素

・自転車の各種パーツ
・軽量電動モーター
・小型センサー
・制御ユニット
・高性能バッテリー

　電動自転車の**上位システム**は、電動自転車が必要とされている背景です。コロナ禍において密を避けるために移動手段として自転車の需要が増大したことや、フードデリバリービジネスが拡大したこと、シェアサイクルが普及したことなどが挙げられます。

　電動自転車の**下位システム**は、観察対象を成り立たせてする要素、つまり電動自転車に使われている技術や製品です。サドルやホイールなどの自転車パーツはもちろんのこと、走行をアシストする軽量電動モーター、それを制御するための装置や電力供給用のバッテリーなどが挙げられます。

なお、**現在・過去**の「上位システム」「下位システム」は、想像で記入するのではなく、**調査に基づいた事実**を記載してください。

　一方、**未来**の列に記載する内容は「過去」「現在」からつながる内容を記入します。発想の転換は必要ですが、飛躍した内容を記入すると、後からなぜその発想にいきついたのかわからなくなる可能性があるので注意してください。

② テーマを記入する

　3×3マスの上部に**テーマ（観察対象）**を記入します。「未来のシステム」の創出につながるようなタイトルにしましょう。

　例）次世代の携帯電話

③「現在のシステム」を記入する

　3×3マスの中心に、テーマに関する「**現在のシステム**」を記入します。「未来のシステム」につながる、基礎となる製品やサービスを選び、その特徴も簡単に記入しておきましょう。

　例）スマートフォン
- 無線で通話・通信できる小型パソコン
- アプリでさまざまな機能が使える

④「現在の上位システム」を調査する

　中央列の上部のマスに「**現在の上位システム**」（現在のシステムを取り巻く環境）を記入します。今現在、なぜそのシステムが必要になったのかを調査して記入します。

　例）スマートフォンが必要とされるようになった時代背景
- インターネットが生活の一部に
- スマートフォン専用のアプリやサービスが充実
- データの利活用が進む
- オンライン販売が主流に
- SNSが普及

⑤「現在の下位システム」を調査する

中央列の下部のマスに「現在の下位システム」（現在のシステムを成り立たせる要素）を記入します。今現在、そのシステムに関係する技術やサービス、製品などを調査して記入します。

例）スマートフォンを成り立たせる要素
- 高速通信システム
- 高精細液晶パネル
- 高性能デジタルカメラ
- 高性能OS、超小型センサー
- 各種アプリ、クラウド、AI

⑥「過去のシステム」を調査する

左列の中央のマスに、「現在のシステム」へとつながる「過去のシステム」を調査して記入します。「現在のシステム」を基準として、1～2世代前のシステムを選びましょう。

例）フィーチャーフォン
- どこでも通話できる無線電話機
- 1人1台以上の所有が一般的

⑦「過去の上位システム」を調査する

左列の上部のマスに「過去の上位システム」（過去のシステムを取り巻く環境）を記入します。手順④と同様に、どのような環境から「過去のシステム」が必要になり、普及したのか調査してください。

調査で得られた情報の中から、④の内容につながるものを選びます。

例）フィーチャーフォンが必要とされるようになった時代背景
- バブル経済とその終焉
- ビジネスのグローバル化
- 集団重視から個人重視へ
- パソコンやインターネットの普及によるビジネススピードの加速

⑧「過去の下位システム」を調査する

　左列の下部のマスに「**過去の下位システム**」（過去のシステムを成り立たせる要素）を記入します。手順⑤と同様に「過去のシステム」にはどのような技術やサービス、製品が利用されていたかを調査します。

　例）フィーチャーフォンを成り立たせる要素
- 無線通話システム
- 小型液晶パネル
- 小型デジタルカメラ
- フィーチャーフォン専用Webサイト
- ストラップ、着メロ

⑨「未来の上位システム」を予測する

　右列の上部のマスに、「過去の上位システム」と「現在の上位システム」から予測される「**未来の上位システム**」（未来のシステムを取り巻く環境）を記入します。

　未来はどのような環境になり、また、どのような課題が発生するのかを予測します。予測する未来は「過去のシステム」でさかのぼった分と同程度、先の未来です。例では20 〜 30年程度の過去を調査したので、20 〜 30年程度の未来を予測します。

　例）20 〜 30年後はどのような世の中になるか
- あらゆる製品やサービスが自分専用にカスタマイズできる
- 携帯端末がないと生活できなくなる
- AIがサイバー攻撃をしてくる
- 日常生活でロボットが活躍

⑩「未来の下位システム」を予測する

　右列の下部のマスに「過去の下位システム」と「現在の下位システム」から予測される「**未来の下位システム**」（未来のシステムを成り立たせる要素）を記入します。

　過去から現在へ至る技術やサービス、製品の移り変わりを踏まえ、未来の技術や職業はどのように発展していくのか予測しましょう。こちらも手順⑨と同様に、過去にさかのぼった分と同程度先の未来にある技術や職業を予測します。

例）20 ～ 30年後に普及している技術やサービス、製品

- 超高速無線通信システム
- クラウドシステムの大容量化
- 映像の3D再生
- ステルス化されたセンサー類
- 自分専用の高性能AI

⑪「未来のシステム」を考案する

　右列の中央のマスに、**「未来の上位システム」に記入した課題の解決策となる製品**
やサービスのアイデアを記入します。考案するアイデアは必ず「未来の技術」を活
用したものにしてください。

図 | **9Windowsを用いた未来のシステム**

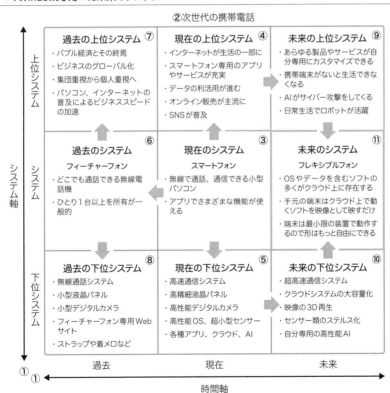

②次世代の携帯電話

	過去の上位システム ⑦	現在の上位システム ④	未来の上位システム ⑨
上位システム	・バブル経済とその終焉 ・ビジネスのグローバル化 ・集団重視から個人重視へ ・パソコン、インターネットの普及によるビジネススピードの加速	・インターネットが生活の一部に ・スマートフォン専用のアプリやサービスが充実 ・データの利活用が進む ・オンライン販売が主流に ・SNSが普及	・あらゆる製品やサービスが自分専用にカスタマイズできる ・携帯端末がないと生活できなくなる ・AIがサイバー攻撃をしてくる ・日常生活でロボットが活躍
	過去のシステム ⑥ フィーチャーフォン	現在のシステム ③ スマートフォン	未来のシステム ⑪ フレキシブルフォン
システム	・どこでも通話できる無線電話機 ・ひとり1台以上を所有が一般的	・無線で通話、通信できる小型パソコン ・アプリでさまざまな機能が使える	・OSやデータを含むソフトの多くがクラウド上に存在する ・手元の端末はクラウド上で動くソフトを映像として映すだけ ・端末は最小限の装置で動作するので形はもっと自由にできる
	過去の下位システム ⑧	現在の下位システム ⑤	未来の下位システム ⑩
下位システム	・無線通話システム ・小型液晶パネル ・小型デジタルカメラ ・フィーチャーフォン専用Webサイト ・ストラップや着メロなど	・高速通信システム ・高精細液晶パネル ・高性能デジタルカメラ ・高性能OS、超小型センサー ・各種アプリ、クラウド、AI	・超高速通信システム ・クラウドシステムの大容量化 ・映像の3D再生 ・センサー類のステルス化 ・自分専用の高性能AI

システム軸

① ①

過去　　　　現在　　　　未来

時間軸

105

例) フレキシブルフォン

- OSやデータを含むソフトの多くがクラウド上に存在する
- 手元の端末はクラウド上で動くソフトを映像として映すだけ
- 端末は最小限の装置で動作するので形はもっと自由にできる

なお、各マスへ記入する内容は文字でも構いませんし、イラストでも構いません。イラストを活用するとチームメンバーや第三者とイメージを共有しやすくなります。

> ここが
> ポイント!
>
> **考案するアイデアは必ず「未来の技術」を活用したものにする**

事例・参考例　HIS ホテルグループ「変なホテル」

2015年7月に1号店が開業した「**変なホテル**」は、ロボットがスタッフとして受付や清掃などを行う世界初のロボットホテルとしてギネスブックに登録されています。

「変なホテル」は、HIS創業者でありハウステンボスの社長である澤田秀雄が発足した「スマートホテルプロジェクト」をきっかけに誕生した、「**変わり続けることを約束するホテル**」をコンセプトに持ち、「滞在時の快適性」と「世界最高水準の生産性」の両立を実現しているローコストホテルです。

「変なホテル」のアイデアが創出されるまでのプロセスを「9windows」で再現してみましょう。p.109の図を見ながら読み進めてください。

① 3 × 3 マスを作成する

3×3マスを作成し、基準となる「現在」に「2012年頃」を設定します。スマートホテルプロジェクトの正確な発足時期は不明ですが、澤田秀雄は2013年のインタビューでロボットを活用したスマートホテルについて言及しているので、前年にはプロジェクトを開始していたでしょう。

② テーマを記入する

テーマは「スマートホテルプロジェクト」とします。

③「現在のシステム」を記入する

2012年頃の日本のホテルとします。この頃は訪日外国人に対応するために、サービスもグローバル対応がより一層求められるようになってきました。

④「現在の上位システム」を調査する

2012年頃は景気後退とともに労働環境の改善が求められていました。また、ホテルで清掃ロボットが使われはじめたことや、LCC（格安航空会社）の台頭も重要な情報です。

⑤「現在の下位システム」を調査する

2012年頃はスマートフォンの普及により、アプリを使ったホテル検索や通訳などが行われるようになってきました。宿泊予約・管理などもIT化が進展してきます。一方で、基本的な接客や清掃は人が行っているという点は重要な情報です。

⑥「過去のシステム」を調査する

手順③で記入した「**グローバル化しつつあるホテル**」と比較するため、過去のシステムは「**国内旅行向けのサービスが中心だった頃のホテル**」にします。

図 ｜ HISホテルグループ「変なホテル」

出所 「変なホテル公式予約サイト」(https://www.hennnahotel.com/)

107

⑦「過去の上位システム」を調査する

以前の国内旅行向けホテル業を取り巻く環境は、国内は団体旅行が縮小して個人旅行へシフトしていることなどが調査によって確認できます。

また、外資系ホテルの国内進出の加速や国内出生数が減少している点も、現在へつながる情報です。

⑧「過去の下位システム」を調査する

ホテル業界を支える構成要素を調査すると、マーケティングへの投資拡大がはじまったことや、増加が見込まれる訪日外国人の取り込みを目的として、施設の大型化と客室数の増加が行われていたことが明らかになりました。

⑨「未来の上位システム」を予測する

手順④と⑦を踏まえ、未来の上位システムを予測します。

2012年に減少した訪日外国人の数も、政府の方針により再度増加すると考えます。一方、LCCの利用拡大にともない、低予算旅行の需要は増えるでしょう。また、人口減により労働人口も減っていき、労働環境の改善も図らねばなりません。そのためにも、ITやロボットの活用により人の仕事を代替する仕組みが必要となります。

⑩「未来の下位システム」を予測する

手順⑤と⑧を踏まえて、未来の下位システムを予測します。

IT技術の進化やスマートフォンのさらなる普及により、サービスのデジタル化が広まっていくでしょう。また、清掃ロボットがより進化し、人の仕事を代替ができる高性能ロボットも開発されていくと考えられます。

⑪「未来のシステム」を考案する

手順⑨と⑩の内容を踏まえ、「未来のシステム」を考案します。

低予算旅行の拡大に伴い、ローコスト型の宿泊施設の需要が高まるでしょう。現在と同等以上の快適性を提供しながらも収益を得るためには、生産性の向上も求められます。これを実現するのが高性能ロボットです。受付や客室への荷物運搬、客室清掃など、人間の仕事を可能な限りロボット化することで生産性を向上できます。

図 │ 「変なホテル」への9Windowsの適用

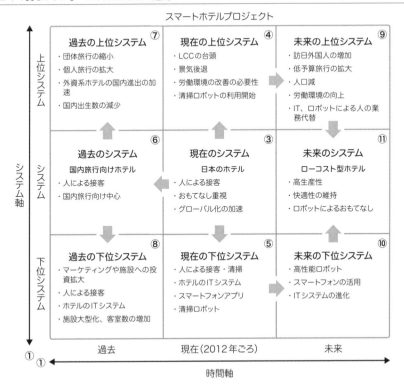

スマートホテルプロジェクト

過去の上位システム ⑦
・団体旅行の縮小
・個人旅行の拡大
・外資系ホテルの国内進出の加速
・国内出生数の減少

現在の上位システム ④
・LCCの台頭
・景気後退
・労働環境の改善の必要性
・清掃ロボットの利用開始

未来の上位システム ⑨
・訪日外国人の増加
・低予算旅行の拡大
・人口減
・労働環境の向上
・IT、ロボットによる人の業務代替

過去のシステム ⑥
国内旅行向けホテル
・人による接客
・国内旅行向け中心

現在のシステム ③
日本のホテル
・人による接客
・おもてなし重視
・グローバル化の加速

未来のシステム ⑪
ローコスト型ホテル
・高生産性
・快適性の維持
・ロボットによるおもてなし

過去の下位システム ⑧
・マーケティングや施設への投資拡大
・人による接客
・ホテルのITシステム
・施設大型化、客室数の増加

現在の下位システム ⑤
・人による接客・清掃
・ホテルのITシステム
・スマートフォンアプリ
・清掃ロボット

未来の下位システム ⑩
・高性能ロボット
・スマートフォンの活用
・ITシステムの進化

上位システム / システム / 下位システム — システム軸

過去　　現在（2012年ごろ）　　未来 — 時間軸 ①

組み合わせて使えるフレームワーク

● マインドマップ（p.21）

　「現在の上位・下位システム」（手順④〜⑤）を記載する際には、**マインドマップ**を使い、現在のシステムに関連する環境や要素をイメージ化してみると、情報の整理がしやすくなるでしょう。

● シナリオ・プランニング（p.110）

　「未来を考える」という点では**シナリオ・プランニング**と相性が良いでしょう。9Windowsを使用して創出したアイデアに、シナリオ・プランニングを適用することでアイデアの実現性が深まります。

■■ 参考文献
高木芳徳 著『トリーズの9画面法』ディスカヴァー・トゥエンティワン、2021年

13 シナリオ・プランニング

Scenario Planning

Tags 情報の発散　経営環境の理解　組織で使える
Origin ロイヤル・ダッチ・シェルが1960年代に事業計画策定に取り入れ

こんなときに使える！ 未来シナリオから商品・サービスを創造したい

概要

シナリオ・プランニングとは、**想定される未来のシナリオを描き、そこから逆算して考えるための発想法**です。この発想法は主に、自社の戦略を立案したり、新しい商品やサービスを開発したりするために使用されます。

シナリオ・プランニングが重視される背景には、現代社会が不確実性（VUCA）の高い時代となり、これまでのような「現状の延長線上」で考える未来に確信が持てなくなっていることがあります。

そのため、**想定される複数の未来を描き、どのような状況になったとしても対応できるように、事業戦略の方向性をモニタリングしながら備える**という考え方や姿勢が重要となっています。

シナリオ・プランニングはもともと、アメリカやシンガポール、イギリス、フランスといった多くの国の政府機関において、国家的な長期戦略を策定するために活用されてきました。

それをビジネスに活用したのは、オイルショックの危機をうまく乗り切った石油会社シェルです。シェルは1960年代からシナリオ・プランニングの考え方を採用しており、未来の社会状況を見通し、「1970年代に石油の価格が上がる」というシナリオを想定していました。

実際に石油が高騰して需要が下がる中、他の競合企業は石油供給の過剰設備に苦しみましたが、シェルは速やかに危機に対応することができ、結果的には、オ

イルショックを契機としてグローバルトップブランドへと躍進しました。

シナリオ・プランニングは、データに基づく予測と創造的なストーリーテリングの要素を組み合わせて行います。作成したシナリオをもとに、顧客一人一人のストーリーを想定して、未来にどのような商品やサービスが求められるかを検討します。

使い方

シナリオ・プランニングにはいくつかの手法がありますが、本項では代表的なフレームワークである「2×2メソッド」でシナリオを描く方法を解説します。

図 | **2×2メソッドのフレームワーク**

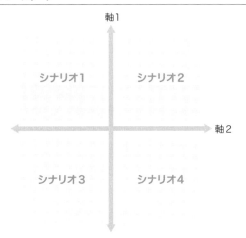

2×2メソッドでは以下の手順でシナリオを描きます。

①自社の事業に関わる課題を設定する
②情報を収集する
③未来を動かす「ドライバー」を整理する
④未来を左右する「分かれ道」となる要因を特定する
⑤複数のシナリオを描き、優先順位を付ける

出所 ウッディー・ウェイド 著『シナリオ・プランニング』(2013)

① 自社の事業に関わる課題を設定する

　ここではインドの小売業界を想定した事例を用いて具体的な使い方を解説していきます。

　先述したように、シナリオ・プランニングは、自社の戦略を立案したり、新しい商品・サービスを開発したりする際に使用するため、最初に「自社の事業に関わる課題」を明確にしておくことが必要です。例えば、インドでの小売改革に事業として取り組む場合は「インドの生活水準の変化が、小売業界にどのように影響するか」といったことが挙げられます。

② 情報を収集する

　自社の事業に関わる課題を設定したら、関連する情報を収集します。

　この手順で重要なのは「起こるであろうことに関する統計データ（未来事象）」だけを収集するのではなく、「起こるかもしれない未来の兆し（未来予兆）」についても収集することです。

　未来予兆とは、異なる業界で起きている技術革新に関する情報や、未来の顧客となる世代の考え方や生活習慣に関する情報などです。自社の業界情報だけでなく、社会で起きていることを幅広く収集し、その未来の兆しが影響を与えるかもしれないというマインドセットを持つことが重要です。

　インドの小売業界を想定した例では下表のようになります。

表 │ 未来事象と未来予兆の違い（インドの小売業界を想定した例）

データ種類	具体例
未来事象	・人口増 ・核家族の増加 ・5G の普及
未来予兆	・アパレル業界での外資企業の販路拡大 ・オンラインマーケットプレイスの進化 ・スマートシティ・インフラの進捗

　なぜ、未来事象だけではなく、未来予兆も収集する必要があるのかというと、未来事象だけを収集してしまうと、想定内の未来しか描けなくなるためです。

シナリオ・プランニングの目的は、想定外の未来が起きたときにも対応できるように備えることなので、「**起こる可能性は低いかもしれないけれど、起きた場合に大きな影響を与える情報**」（未来予兆）も併せて収集することで、現在の延長線上では想定できない未来も描きます。

> **ここがポイント！**
> 「**未来の兆しが自社に影響を与えるかもしれない**」というマインドセットを持つことが重要

③ 未来を動かす「ドライバー」を整理する

多方面にわたって情報を収集したら、その中から調査対象の未来に影響を与える「ドライバー」を検討して図に整理します。**ドライバー**とは、要素・要因のことです。

下図は「**インドの生活水準の変化を想定して、小売業界での自社のシナリオを描く**」場合の例を整理したものです。

図 ｜ ドライバー（影響する要因）の例

政治的要因：政治・制度の変化
・Make in India(現地生産)
・外資小売企業への出資制限の緩和
・付加価値税などの税制改革
・都市部の再開発の進捗

社会的要因：人口・家族の変化
・若年人口の成長
・都市型核家族の増加
・食文化の欧米化
・シェアハウスに住む若者の増加

経済的要因：経済構造の変化
・経済成長(GDPの成長)
・可処分所得の向上
・消費財の浸透
・外資企業の販路拡大
・小売店舗の地価・賃料の上昇

技術的要因：技術の進化
・インターネットの普及
・5Gの普及
・サプライチェーンの発展
・オンラインマーケットプレイスの進化
・スマートシティ・インフラの進捗

 Memo ドライバーを特定する際は上記のように外部環境要因の4項目（政治的、社会的、経済的、技術的）にグループ分けをして検討するとよいでしょう。

特定したドライバーを「インパクトの大きさ」と「不確実性」の2つの視点で分類し、各グループの中から未来を左右する「分かれ道」になるような要因を選んで軸を作ります。

1つめのインパクトの大きさとは「そのことが起きた場合に自社の未来に与える影響の大きさ」です。2つめの不確実性とは「未来に実際にその事象が起こる可能性」です。

シナリオ作成の目的は「起こるかもしれない未来に備えること」なので、起こる可能性が低くとも、起こった場合に影響が大きい未来を想定しておくことが必要です。

図 | インパクトの大きさと不確実性によるドライバーの分類

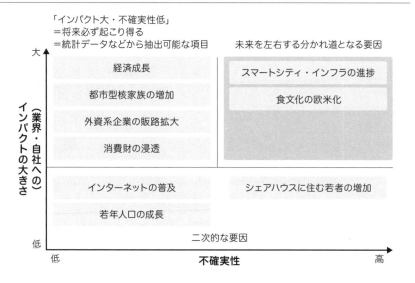

上図の「インパクトが大きい・不確実性が低い」（象限の左上）に配置されたドライバーに注目してください。

上記の例では「経済成長」「都市型核家族の増加」「外資系企業の販路拡大」「消費財の浸透」の4つです。ここに入る項目は検討時点では「近い将来、確実に起こる要素」とみなされたものです。これ以外にも、左上の象限に整理する項目は、その時点で「不確実性が低い」場合でも、将来的に「インパクトが大きい・不確実性が高い」（分かれ道となる要因）へと変化する可能性があるかどうかを想定しながら議論することが重要です。

⑤ 複数のシナリオを描き、優先順位を付ける

手順④で整理した4象限の中で右上に位置する「**インパクトが大きい・不確実性が高い**」に配置された項目の中から2項目を選び、新たにそれらを軸にした図を作ります。

例えば、インドの小売業界の事例では「スマートシティ・インフラの進捗」と「食文化の欧米化」の2項目を軸にした図を作ります。

図　｜　インドの小売業界を想定したシナリオの例

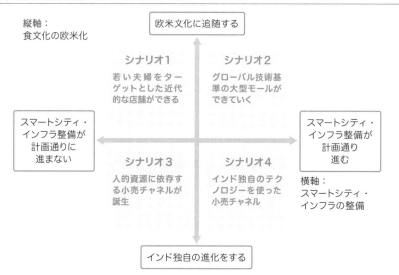

縦軸：
食文化の欧米化

欧米文化に追随する

シナリオ1
若い夫婦をターゲットとした近代的な店舗ができる

シナリオ2
グローバル技術基準の大型モールができていく

スマートシティ・インフラ整備が計画通りに進まない

スマートシティ・インフラ整備が計画通り進む

シナリオ3
人的資源に依存する小売チャネルが誕生

シナリオ4
インド独自のテクノロジーを使った小売チャネル

横軸：
スマートシティ・インフラの整備

インド独自の進化をする

軸として選んだ2項目に沿って未来を想定し、自社がどのシナリオに沿って戦略を検討するのかを決めます。

上図では、**シナリオ1**を「**スマートシティ・インフラの進捗は計画通りに進まないが、食文化の欧米化は進む**」とします。この場合は以下のようなことを想定できます。

大型の商業施設は建設されないが、食の欧米化が進むとされる若い世代（夫婦）をターゲットとした店舗はできるだろう

シナリオ2は「**スマートシティ・インフラの進捗と食文化の欧米化の両方が進む**」とします。この場合は、次のようなことを想定できます。

通信技術を活用した大型のモールが建設され、食品購入や外食に変化が起こるだろう

　このように、それぞれの象限ごとに、求められる商品やサービスのあり方が異なります。発生確率が高そうなシナリオや、自社の強みが生かせるシナリオを選んで検討するとよいでしょう。

事例・参考例　世界新聞協会

　世界新聞協会は、各国の新聞社が所属するグローバルな組織です。新聞はニュースを発信するメディアとして、顧客から絶対的な信頼を得ていましたが、インターネットやSNSなどの多様なメディアが発展するのに伴い、その地位が相対的に弱くなっていました。

　そのような状況に危機感を持っていた協会は、2008年に未来の新聞業界がどのように変わり、世界新聞協会としてどのように備えるべきかを検討するためにシナリオ・プランニングを行いました。

　そして、未来のトレンドを牽引する**66のドライバー**を特定しました。具体的には以下のようなものが挙げられました。

- 収益モデルの変化
- 新しいメディアの普及
- マルチメディア戦略
- ターゲット読者の細分化
- ユーザー発コンテンツの出現
- コンテンツの重要度向上
- 位置情報と連動したニュースの配信　など

　その中から未来を左右する「分かれ道」になるような要因（重要なドライバー）として「**ターゲット読者の細分化**」と「**新しいメディアの普及**」の2つを軸に設定しました。

　そのうえで、それぞれの事象に該当する4つのシナリオを描きました。

図 | 世界新聞協会のシナリオ

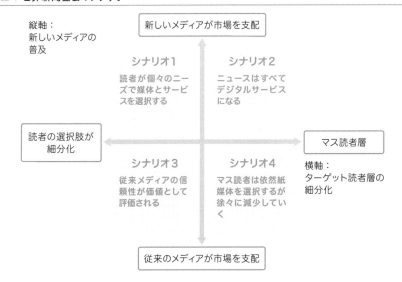

縦軸：
新しいメディアの
普及

新しいメディアが市場を支配

シナリオ1
読者が個々のニーズで媒体とサービスを選択する

シナリオ2
ニュースはすべてデジタルサービスになる

読者の選択肢が
細分化

マス読者層

シナリオ3
従来メディアの信頼性が価値として評価される

シナリオ4
マス読者は依然紙媒体を選択するが徐々に減少していく

横軸：
ターゲット読者層の
細分化

従来のメディアが市場を支配

　デジタル化によって誕生した「新しいメディアが市場を支配」し「読者の選択肢が細分化」するシナリオ1では、オンラインメディアが主流となり、新聞のような印刷物は絶滅の危機におかれると予想されます。このシナリオでは、読者は携帯デバイスを用いて、いつでも、どこからでも、自分のニーズにあったニュースを選択的に読むことができるため、読者の選択肢が細分化されるという未来が描かれました。

　シナリオ2は、すべてのニュースがインターネットに移行し、オンラインが主流になるという予想です。つまり、インターネット以前は紙媒体を読んでいたマス読者層の全員がデジタル媒体に移行するという大胆なシナリオです。このシナリオでは、シナリオ1のように「個々の読者がニュースや媒体を選ぶ」のではなく、すべての読者がデジタルニュースを利用するというシナリオです。

　シナリオ3は、インターネットと従来のメディアが共存して読者の選択肢が細分化しながらも、新聞は伝統と信頼によってニュースメディアとしての絶対的な位置を保ち続ける状況を想定しています。ここではむしろインターネットによる玉石混交の情報が入り混じる状況だからこそ、従来のメディアが重要度を増していくというシナリオです。

　シナリオ4は、新聞の発行部数は少しずつ減少していくが、マス読者は依然と

して紙媒体を選択するため、根強く生き残るという予測です。

　世界新聞協会は、2008年時点でこのようなシナリオを描き、未来の市場変化に備えました。実際には、新しいメディアの発展は想定よりも早いスピードで実現し、紙媒体による新聞の発行部数は減少しました。しかし、各新聞社がコンテンツのオンライン化を進めていたこともあり、現在でも既存メディアは破壊されずにニュースメディアとして一定のポジションを維持しています。

組み合わせて使えるフレームワーク

エスノグラフィ（p.132）

　シナリオを策定する際に**エスノグラフィ**を活用して先端的な顧客の行動を観察することで、未来の生活様式やニーズについての仮説を立てることができます。

ペルソナ（p.156）

　シナリオの中の典型的な顧客像として「**ペルソナ**」を作成しておくと、調査の方向性を決めやすくなります。

■■ 参考文献・参照資料

ウッディー・ウェイド 著、野村恭彦 訳『シナリオ・プランニング　未来を描き、創造する』英治出版、2013年

日本総合研究所・未来デザインラボ 著『「未来洞察」の教科書』KADOKAWA、2016年

一橋ビジネスレビュー 著『未来洞察と経営』東洋経済新報社、2019年

14 デザイン思考

Design Thinking

Tags 定性的データ　商品/製品・サービス企画　チームで使える
Origin アメリカのデザインコンサルティングファームIDEOのティム・ブラウンが提唱

こんなときに使える！ ## 顧客の課題を解決したい

概要

デザイン思考は、デザイナーが何かを生み出す際に辿る思考や制作プロセスを、ビジネスパーソン向けに体系化した創造法です。

　デザイン思考では「人々が生活の中で何を欲し、何を必要とするか」を起点とする人間中心のアプローチでアイデアを検討します。顧客が望んでいる機能、または望んでいない機能を抽出したり、製品やサービスを通じた経験自体を設計したりします。

　この手法が注目されたのは、アメリカのデザイン・コンサルティングファームIDEOのティム・ブラウンが、2008年にハーバード・ビジネス・レビューに寄稿した「Design Thinking」という論文がきっかけです。

　その後、同社のコンサルタントらが、スタンフォード大学のデザインスクールと共同で、既存のビジネスを見直し、革新させるためのワークショップを行いながら洗練したことで、創造法として世界に広がっていきました。

　ここでのデザインとは「設計」という意味であり、「リサーチから抽出した課題を、製品やサービスを用いていかに解決していくか」が構想のスタートになります。

> **ここがポイント！** **デザイン思考では「人々が生活の中で何を欲し、何を必要とするか」を起点にしてアイデアを検討する**

使い方

　ここでは、スタンフォード大学のハッソ・プラットナー・デザイン研究所が考案したデザイン思考の5つの要素を紹介します。このフレームワークでは、顧客の行動観察やインタビューから得た情報を元にして、人間中心でニーズや課題を考えて検証します。

図 ｜ デザイン思考の5つの要素

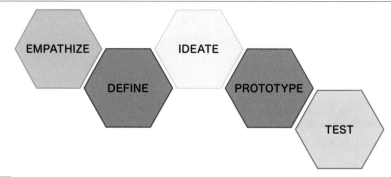

出所 スタンフォード大学 ハッソ・プラットナー・デザイン研究所

表 ｜ デザイン思考の5つの要素

要素	解説
①EMPATHIZE 共感	製品やサービスを使用する顧客が「何を好み、何を嫌うのか」「隠れたニーズがどこにあるのか」を観察して、顧客の行動に共感する
②DEFINE 課題の設定	顧客への共感から、現実の中で何が課題かを設定する
③IDEATE アイデア創造	顧客の課題を解決するためのアイデアを出す
④PROTOTYPE プロトタイプ試作	顧客の課題を解決する新しいコンセプトが見えてきたら、それを可視化し、テストするためのプロトタイプを制作する
⑤TEST 検証	対象となる顧客にプロトタイプを試してもらったり、テストマーケティングを行ったりして検証する

 ④プロトタイプ試作において最も大切なことは、作成したプロトタイプやそのコンセプトに固執しないことです。この点には十分に注意してください。

120

デザイン思考のスタート地点

このように、デザイン思考のスタート地点は「**顧客の観察と、行動や感情への共感**」ですが、この段階で個人的な思い込みが入らないように注意をすることが必要です。そのためにも、**エスノグラフィ**（p.132）や**UXリサーチ**（p.180）など、観察データを客観的に収集する方法を組み合わせるといいでしょう。

試行錯誤を繰り返す

デザイン思考の大きな特徴の1つに、フレームワークの5つの要素を直線的にたどるのではなく、**⑤検証**から、**①共感**や**②課題の設定**へ戻ったり、**④プロトタイプ試作**から、**③アイデア創造**へ戻ったりと、前の段階に戻ってやり直ししたり、5つの要素を順不同で行ったりと、試行錯誤を繰り返す点が挙げられます。

下図に描かれた線は、5つの要素を行ったりきたりしながら、思考と検証を繰り返すイメージを示しています。

図 | **要素間を行き来して試行錯誤を繰り返すイメージ**

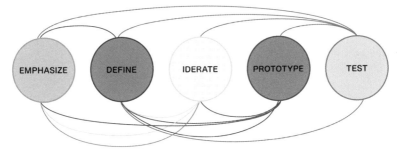

出所 スタンフォード大学ハッソ・プラットナー・デザイン研究所のフレームワークを参照し、筆者が加筆して作成

上図のように、各要素間を直線的に進めるのではなく、思考を巡らせたり、手を動かしてプロトタイプを作ったりしながら、何度も行き来して改良を重ねることが、デザイナーの思考法だといわれています。

> **ここが
> ポイント！**　**デザイン思考では、試行錯誤を繰り返す**

イギリスの**ダイソン**が開発した「**ほこりを溜める紙パックが不要の掃除機**」は、競合他社に比べて高価格であるにも関わらず、世界中で大きなシェアを獲得しています。

開発者のジェームス・ダイソンが最初にサイクロン方式の掃除機「G-Force」を作るきっかけになったのは、普段使っていた掃除機の吸引力がすぐに弱くなってしまうことに疑問を抱いたからです（**①共感**）。

調べてみると、ほこりを溜めるための紙パックや掃除機内のフィルターが目詰まりを起こしていることがわかりました（**②課題の設定**）。

解決策を検討している際に、製材工場で木材の破片屑を取り除く遠心分離式の装置を見たダイソンは、その仕組みを掃除機に応用できないかと考えました（**③アイデア創造**）。ダイソンがその後、5年間で5,127台の試作品を作ったのは有名なエピソードです（**④プロトタイプ試作**）。

プロトタイプ試作とテストを繰り返し（**⑤検証**）、完成した掃除機が最初に発売されたのは、1986年です。それからもダイソンは、扇風機や加湿器など、日用家電を使う上での課題解決から斬新な製品を生み出し続けています。ダイソン社の掃除機の開発プロセスをまとめると、下図のようになります。

図 | **ダイソン・サイクロンクリーナーの開発プロセス**

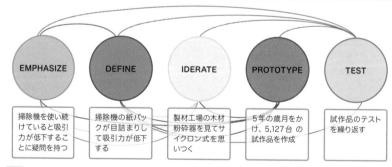

出所 スタンフォード大学 ハッソ・プラットナー・デザイン研究所のフレームワークを参照し、筆者が加筆して作成

IDEOが製品開発に加わった事例の1つに、**P&G**が発売している歯磨きチューブの改善があります。今では、ワンタッチで開けるのが当たり前の歯磨きチュー

ブですが、90年代まではペットボトルの蓋のように回しながら開けるものが主流でした。ねじ式のキャップには以下のような使い勝手の悪さがありました。

- 出しすぎたペーストが固まってキャップが開かなくなる
- キャップを紛失して閉められなくなる

IDEOが複数のプロトタイプを作って検証したところ、ワンタッチタイプのキャップでは、顧客が今までのようにねじを回して開けようとしてしまい、上手く使えないことが発見されました。

そこで開発されたのが「**一度だけひねれば開閉できるキャップ**」です。この顧客リサーチや、プロトタイプ制作、テストから言えることは「**人には従来の行動の慣習があるため、理屈上は正しくても、使い慣れていないものには不便さを感じる**」ということです。P&Gはまず、一回だけひねるキャップの歯磨きチューブを発売し、その後、段階的に現在のようなワンタッチのキャップに改善していきました。

図 | **P&Gの歯磨きチューブの開発プロセス**

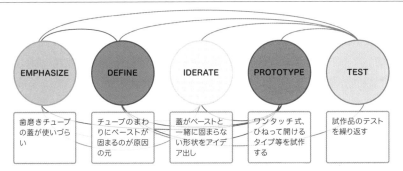

出所 スタンフォード大学　ハッソ・プラットナー・デザイン研究所のフレームワークを参照し筆者が加筆して作成

📖📖 **参考文献・参照資料**

トム・ケリー、ジョナサン・リットマン 著、鈴木主税、秀岡尚子 訳『発想する会社！ ―世界最高のデザイン・ファームIDEOに学ぶイノベーションの技法』早川書房、2002年

デイヴィッド・ケリー、トム・ケリー 著、千葉敏生 訳『クリエイティブ・マインドセット　想像力・好奇心・勇気が目覚める驚異の思考法』日経BP、2014年

D・A・ノーマン 著、岡本明、安村通晃、伊賀聡一郎、野島久雄 訳『誰のためのデザイン？　増補・改訂版　―認知科学者のデザイン原論』新曜社、2015年

ティム・ブラウン 著、千葉敏生 訳『デザイン思考が世界を変える［アップデート版］：イノベーションを導く新しい考え方』早川書房、2019年

佐宗邦威 著『世界のトップデザインスクールが教える　デザイン思考の授業』日経BP、2020年

15 アート思考

Tags 情報の発散　商品/製品・サービス企画　一人で使える
Origin ―

> **こんなときに使える！** ▶ **顧客に新しいコンセプトを提案したい**

概要

アート思考は、先述した「デザイン思考」(p.119) と対になる思考法です。

デザイン思考は、常に「顧客」を出発点として課題を発見し、顧客を観察することでその解決を試みていく思考法です。

一方、アート思考は、課題解決を設計するのではなく、**顧客や市場に対して「このようなものが必要である」というコンセプトを生み出す思考法**です。

アート思考やデザイン思考を研究している、京都産業大学の森永泰史教授は、アートについて「一般的には、普遍的な美を追求する作業であるかのように考えられているが、20世紀以降はそのような方向性に加え、コンセプトを追求するというもう1つの方向性が生まれてきた」と述べ、アート思考は「**コンセプトを追求する現代アートの立ち位置に近い**」(森永, 2021) としています。

> **ここがポイント！** **アート思考は「このようなものが必要である」というコンセプトを生み出す思考法**

一例として、日本の自動車メーカー・マツダのカーデザインのプロセスをアート思考で分析した一橋大学の延岡健太郎教授らは、アート思考とデザイン思考の違いを次ページの表のように整理しています。

表 | アート思考とデザイン思考の違い

項目	アート思考	デザイン思考
目的	クリエイターの思想・感情・信念・哲学を表現する（新たな顧客ニーズの提案）	必要な機能を開発する（顧客ニーズへの対応）
テクノロジー	マス・クラフツマンシップ（手作りの本物志向）	マス・カスタマイゼーション（コストの効率化とIT化の推進）
プロセス	・自分の哲学を実現しようとする（無限に試行錯誤をする）・絶対的なものを追求するがゆえに、簡単には妥協しない	顧客に喜んでもらおうとする（顧客が満足することがゴール）
価値	より根源的な、特別な、象徴的な、本物の、そして精神的な価値を追求する（Throsby, 2001）	短期的に経済的・社会的価値を追求する

出所 Nobeoka, K., & Kimura, M. (2016, September). Art Thinking beyond design thinking Mazda design：Car as art. In 2016 Portland International Conference on Management of Engineering and Technology (PICMET) (pp. 2499-2514). IEEE.を参照し、筆者が翻訳をして作成

使い方

　アート思考のプロセスの一例として、フランスのESCP ビジネススクールのシルビアン・ビュロー准教授が開発したフレームワークを紹介します。このフレームワークでは、アーティストが作品を制作する際の思考を6段階に分けて整理しています。

図 | アート思考の6段階のプロセス

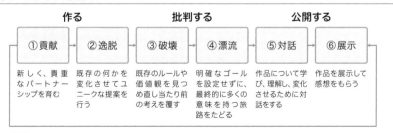

出所 ESCP Business School「Can Business be a form of Art ?」を参照し、筆者が翻訳して作成

プロセス	説明
①貢献	「これから行うことが何を生み出すか」「何をゴールとするか」などは考慮せず、新しく、貴重なパートナーシップを育むプロセス。 別の言い方をすると、既存の枠にはまらない創造的なアイデアを生み出すために、チームメンバーとの信頼を構築するために尽力するプロセス
②逸脱	決まり切った考え方から外れるために、既存の何かを変化させながらユニークな提案を行うプロセス。 このとき、まったくの「無」の状況から新しいコンセプトを生み出すのではなく、固定観念や常識といった「すでにある概念」を疑い、入れ替えるような試行を行う
③破壊	②逸脱のプロセスで出てきたアイデアやコンセプトに、既存のルールや固定観念、当たり前の考え方が含まれていないかを再検討し、あえて大胆に常識的な思考を壊していくプロセス
④漂流	いったんゴールを忘れて、環境を変えたり、新しいパートナーを探したりするプロセス。 このプロセスでは、①貢献～③破壊の過程で生み出した「既存の枠に捉われていないアイデア」について、チーム内の議論で批判することも許容される
⑤対話	チームメンバー同士で議論し、生み出してきたアイデアに修正を加えて変化させるプロセス
⑥展示	生み出したアイデアを公開して、感想や批評を受けるプロセス。ビジネスの場合は、展示会などに出品し、来訪者の声に耳を傾けるとよい。意見や批評を元に①貢献に戻り、プロセスを繰り返す

　デザイン思考とは異なり、**アート思考には、解決すべき明確な課題やゴールはありません**。今まで当たり前だと思っていたことを疑い、気づいていなかった問題や課題を掘り起こす思考法です。

　なお、アート思考では、アーティストのような「**自分自身の内発的な動機付け**」が出発点となるため、アイデアを実現する際は、そのコンセプトを多くの人に理解してもらえるかや、組織に受け入れてもらえるかが課題になります。

> ここが
> ポイント！
>
> **アート思考には、解決すべき明確な課題やゴールは存在しない**

事例・参考例 マツダ「魂動」

自動車メーカーの**マツダ**は、2010年から日本デザインの本質を表現したコンセプトモデル・カー「**魂動〜 Soul of Motion**」を世界に向けて発表しています。

図 | 「魂動〜 Soul of Motion」を体現したデザインコンセプトカー「マツダ靭（SHINARI）」

出所 MAZDA NEWSROOM「2010年9月3日：マツダ、「動き」を表現した新デザインテーマ"魂動（こどう）−Soul of Motion"を発表」(https://newsroom.mazda.com/ja/publicity/release/2010/201009/100903a.html)

この「魂動」モデルを生み出したのはデザイナーの前田育夫で、2009年にマツダのデザイン部門トップに就任しています。前田はプロジェクトメンバーにデザインのコンセプトとして「**Less is More**」というようなシンプルさを追求したものや、「**凛と艶と動**」というような日本古来の精神性を打ち出しました（①貢献）。

魂動デザインは、日本の工芸美術品から着想を得ており、美しい曲線や、陶磁器のような複雑な色調に独創性があります（②逸脱・③破壊）。

また、前田のコンセプトを実現するために、粘土造形家、インテリアデザイナー、塗装職人といった熟練の専門家がプロジェクトチームに集い、細かなすり合わせを重ねて、デザインの原型、内装、色調を決めていきました（④漂流）。

他にも「魂動〜 Soul of Motion」を体現する運転体験を創り出すために、エンジン、トランスミッション、サスペンションをすべて特製で開発しました（⑤対話）。

完成したコンセプトカーは、2010年のロサンゼルス・モーターショーのワールド・プレミアで「**MAZDA靭（SHINARI）**」として発表されました（⑥展示）。

「魂動〜 Soul of Motion」の開発プロセスを分析した一橋大学の延岡らは、成功のポイントとして次の3つを挙げています。

1. 強いリーダーシップとコンセプト
2. マス・クラフツマンシップ（手作りの本物志向）
3. エンジニアのサポート

　この事例をビュロー准教授のフレームワークを用いて解釈すると、下図のようになります。

図　マツダ「魂動〜 Soul of Motion」の6段階プロセス

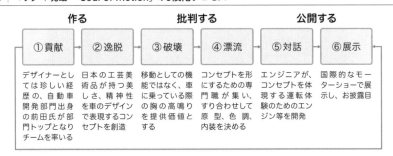

「Less is More」とは、ドイツ出身の著名建築家ミース・ファン・デル・ローエ（1886 〜 1869）が提唱した家づくりについての考え方です。
「より少ないほうが、より豊かである」という言葉は、20世紀前半に主流だった華美なヨーロッパ様式の建築デザインに対抗し、不要な装飾を削ぎ落とした機能美を象徴しています。

組み合わせて使えるフレームワーク

リフレーミング（p.68）

　リフレーミングとデザイン思考を組み合わせることで、固定観念を外したり、視点を変えたりすることができます。

シナリオ・プランニング（p.110）

　シナリオ・プランニングを用いると、発想の起点として、今は把握できていない問題を見つけることができます。

参考文献・参照資料

森永泰史 著『デザイン、アート、イノベーション —経営学から見たデザイン思考、デザイン・ドリブン・イノベーション、アート思考、デザイン態度 —』同文舘出版、2021年
エイミー・ウィテカー 著、不二淑子 訳、電通京都ビジネスアクセラレーションセンター 編『アートシンキング　未知の領域が生まれるビジネス思考術』ハーパーコリンズ・ジャパン、2020年
ESCP Business School「Can Business be a form of Art ?」（2021年4月2日配信）（https://www.escp-impact-entrepreneurship.eu/can-business-be-a-form-of-art/）
Nobeoka, K., & Kimura, M. (2016, September). Art Thinking beyond design thinking Mazda design: Car as art. In 2016 Portland International Conference on Management of Engineering and Technology (PICMET) (pp. 2499-2514). IEEE.

第2章

ニーズを見つける

　本章では、自社製品やサービスの顧客ニーズや顧客体験を言語化・可視化する際に有効となる**リサーチ**や**課題発見**のフレームワークを紹介します。アイデアなどを創出した後は、顧客視点でアイデアを深めたり、顧客ニーズを確認したりしながら、具体的な商品・サービスの設計を行います。

　なお、**リサーチ・課題発見において活用できるフレームワークは多様なので、目的に合わせて適切な手法を選択することが重要**です。本章では、アイデア段階のものを、具体的な商品やサービスへと具現化していくプロセスで活用できるフレームワークを紹介します。

ⓘ 本章で紹介するフレームワーク

リサーチ・課題発見のためのフレームワークは、マーケティングやビジネスモデルが複雑化する時代の流れの中で常に進化しています。

本章では「エスノグラフィ」や「アンケート調査」のような、長年活用され続けている基本的なものから、「デジタル・エスノグラフィ」のような、近年注目されているものまで、幅広く掲載しています。

アイデアを発見するための探索的なリサーチ方法

アイデアを発見するための探索的なリサーチ方法として、仮説を持たずに対象者の行動を観察する「**エスノグラフィ**」と、オンラインのビックデータを活用して行う「**デジタル・エスノグラフィ**」を紹介します。

ターゲットを深く理解するリサーチ方法

ターゲットを深く理解するリサーチ方法として、顧客が潜在的に求めている機能や価値を設定する「**ジョブ理論**」や、典型的な顧客を描いて顧客戦略を的確に策定するための「**ペルソナ**」を紹介します。

アイデアを商品・サービスへ具現化していく際のリサーチ方法

アイデアを商品・サービスへ具現化していく際のリサーチ方法として、顧客とともに新商品・新サービスのアイデアを創る「**コミュニティ共創法**」や、顧客と商品・サービスとの関係を時間展開に沿って整理する「**カスタマー・ジャーニー・マップ**」を紹介します。

顧客の意識や行動を把握する手法

顧客の意識や行動を把握することや、**アイデアなどに対する顧客の反応を理解する手法**として、現在でも日常的に活用されている「**アンケート調査**」を紹介します。また、デジタル化するビジネスモデルの中では、顧客の体験を評価・検証する「**UXリサーチ**」が重要となっています。

本章で解説するリサーチ・課題発見のフレームワークの位置付けは、次の図の通りです。これらのフレームワークを活用して、商品やサービスを具現化していきましょう。

図 ┃ リサーチ・課題発見のフレームワークの位置付け

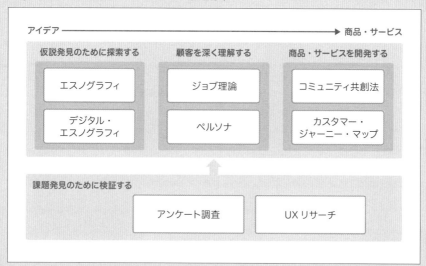

無意識にとっている行動の背景を探る

16 エスノグラフィ

Ethnography

Tags 定性的データ　経営環境の理解　チームで使える
Origin 文化人類学や民俗学で伝統的に行われてきた行動観察・記録法

こんなときに使える! 消費者の潜在的な欲求を見つけたい

概要

エスノグラフィとは、仮説を持たずに対象となる消費者を観察し、消費者が無意識にとっている行動の背景にある動機を考察することで、消費者の言語化されていない潜在的欲求を調査する手法です。

もともとは民族研究や文化人類学などの領域で活用されたもので、研究対象の民族の中に入り込み、人間の生活様式や行動を観察する手法として利用されていました。

エスノグラフィの日本における実践は、ハーバード大学のエズラ・F・ヴォーゲル教授が日本に住み込んで行った日本人の観察研究が有名です。その成果は1979 年に発行された『**ジャパン・アズ・ナンバーワン**』の中で、日本人の高い学習意欲や規律を守る行動が日本の高度成長の原動力であることを解き明かしたことにつながります。

近年、エスノグラフィがビジネス、マーケティング、デザインの分野においても幅広く活用されている背景には、商品の機能的な差別化が難しく、かつ潜在的なニーズを発見して革新的な商品を開発したい、という企業の切実なニーズがあるからです。

なお、エスノグラフィというと難しく聞こえるかもしれませんが、対象となる消費者を「仮説を持たずに観察する」フィールドワークは、自分一人でもはじめることができます。また、街や店頭における行動観察は、マーケティング担当者としては、消費者を理解するためにとても重要なことです。

使い方

エスノグラフィは、以下の5つのステップで実行します。

表 | エスノグラフィの5つのステップ

ステップ	説明
①対象者の選定	**調査の対象者**を選定する。エスノグラフィでは、ボリューム層のユーザーではなく、アーリーアダプターやエクストリームユーザーを選定する
②場面の決定	調査を実施する**場面**や**シーン**を決定する
③行動の観察	対象者の日常（普段と同じ環境で、自然と行っている行動）を観察する
④観察結果のまとめ	観察結果をまとめる。このとき、**観察**と**解釈**を明確に分けてまとめることが重要
⑤課題の発見・仮説の立案	一人一人の観察結果に目を通す時間を十分にとり、気づいたことなどをメモに取る

出所 IDEO Insight for Innovationをもとに筆者作成

① 対象者の選定

最初に、**調査の対象者**を選定します。一般の調査では、ユーザーの声としての代表性を重視して、ボリューム層をターゲットとしますが、エスノグラフィでは「**アーリーアダプター**」や「**エクストリームユーザー**」を重視します。

▋アーリーアダプターとエクストリームユーザー

アーリーアダプターとは、新しい商品やサービスを積極的に採用する先進性を持ち、かつ商品を推奨するような行動をとる「オピニオン・リーダー」としての影響力を持っている消費者です。新しい商品やサービスを構想する際には、この層の考え方や行動を観察することが重要であるといわれています。

エクストリームユーザーとは、極端な使い方をする消費者です。この層を観察することで、想定していなかった商品の使用方法を理解でき、その結果、多くの人にも共通する潜在的なニーズを発見することができます。

133

例えば、スマートフォンの調査の場合、メインユーザーとなる20代、30代といった層ではなく、60代、70代といったスマートフォンを使いこなせていない高齢者（エクストリームユーザー）を対象者とすることで、**高齢者以外の幅広いユーザーが普段意識していない便利な使い方や機能**を発見できる可能性があります。

図 | **エスノグラフィ対象者となるエクストリームユーザー**

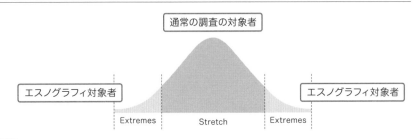

出所 IDEO

　アカデミックなシーンで活用されるエスノグラフィは、対象者の集団に数カ月から数年滞在して生活様式を探ることがありますが、ビジネスのシーンにおいては、長期的に滞在することは不可能です。そのため「**①対象者の選定**」と次項で解説する「**②場面の決定**」が非常に重要です。

　ビジネスシーンでエスノグラフィを行う際は、**8〜10名**の対象者を選定することが多いです。観察の目的ごとに条件を細かく設定して、複数の対象者を選定してください。

エスノグラフィでは、通常調査会社を通じて、対象者を特定したり、リクルートしたりすることが多いですが、予算上の理由などでそういったことが難しい場合は、友人・知人を観察したり、街に出て対象者を見つけて観察したりすることも有効です。

② 場面の決定

　次に、**調査を実施する場面**を決定します。

　対象者が商品・サービスを使用している場面を理解したい場合は、**自宅**を訪問します。

　または、商品を購入している場面を観察したい場合は、**店頭**で商品を選択する様子を観察します。

③ 行動の観察

　行動を観察する際は、**対象者の日常**（普段と同じ環境で、自然と行っている行動）を観察することが重要です。**無意識に行っている行動**を観察することで、その行動の背景にある**意識**や**価値観**を考察することができます。

　また、自宅を訪問する際は、実際に使用しているシーンや、商品を保管している場所なども見せてもらいます。例えば、スキンケア商品のエスノグラフィ調査の場合、いつも化粧をするリビングルームだけではなく、一部の商品が保管されている寝室やバスルームを見せてもらうことで、「**なぜこの場所で、この商品を使っているのか**」という問いが生まれ、それが新しい発見につながる場合があります。

　同様に、店頭で商品を購入している場面を観察したい場合は、買い物に同行させてもらいます。または、買い物している様子を第三者に**動画撮影**してもらい、その様子を観察します。**商品を選択している様子を観察することで対象者が何をチェックし、どのような視点や基準で商品を選択しているのか**を理解できます。

行動の観察時の注意点

　エスノグラフィの目的は「**仮説を持たずに行動を観察することで、対象者自身も意識していない行動や行動の背景になる価値観の仮説を発見すること**」です。そのため行動を観察する際は「**先入観を持たずに対象者を観察すること**」がとても重要です。

　商品開発者やマーケティング担当者はその商品カテゴリーについてよく理解していると思っていることが多く、先入観を持って行動を観察する傾向があります。しかし、エスノグラフィでは、現場のリアリティを大切にします。対象者の行動に少しでも違和感を覚えたら注意深く観察し、疑問があればインタビューで深掘りします。

④ 観察結果のまとめ

　対象者一人一人の観察結果は、生活スタイルや価値観、行動として記録します。記録には、対象者の写真や基本属性に加えて、**どのような行動をとっていたのか、どのような言葉で表現していたのか**などを、見聞きした通り忠実に再現して記述します。

　結果をまとめる際に重要なのは「**観察**」と「**解釈**」を区別することです。

観察：実際に現場で目にした事実

解釈：目にした行動の説明となることを、観察者が分析すること

つまり、解釈に正解はありません。そのため、記録する際は、観察と解釈を明確に分けてまとめることが重要です。

ここが
ポイント！　　**観察と解釈を区別する**

---

⑤ 課題の発見・仮説の立案

　エスノグラフィの観察結果はワークショップなどを通じてチームに共有します。ワークショップでは、十分に時間を取って、一人一人の観察結果に目を通し、気づいたことなどをメモに取ります。

　そして、そのメモを共有し、対象者がなぜそのような行動をとっているのかの解釈をしていきます。**手順④**で書き留めてある自分の解釈を共有し、また他の人の解釈を聞くことで、より深い解釈につながったり、新しい発見をしたりすることができます。

　そのうえで、**既存商品の課題を特定し、新しい商品の仮説やアイデアを創っていきます**。

ここが
ポイント！　　**ワークショップでは、十分に時間を取って、一人一人の観察結果に目を通す**

事例・参考例① **LG「DUALWash」**

　家電企業の多くがエスノグラフィを活用していますが、韓国ブランドの**LG**もエスノグラフィを活用して革新的な商品を多数販売しています。

　LGの洗濯機「DUALWash」には、メインの洗濯機の下に、2つめの小さい洗濯機がついており、これらを同時に利用できます。例えば、メインの大きい洗濯機

で通常の洋服などを洗い、2つめの小さな洗濯機で下着などを分けて洗うことができます。

このアイデアは、海外のエスノグラフィ調査によって「**多くの人が下着を手洗いしている**」、その背景には「**他のものと一緒に洗いたくない**」という気持ちがあるという発見から開発されました。

図 | LG「DUALWash」

出所 LG DUALWash Stream (https://www.lg.com/jp/laundry/washing-machines/dulw18h3wj/)

事例・参考例② バンク・オブ・アメリカ「Keep the Change」

サービス業において、エスノグラフィから画期的なサービスが生まれた例としては、**バンク・オブ・アメリカの「Keep the Change（お釣り貯金）」**が有名です。

このサービスは、**消費者がデビットカードで買い物をした際に1ドル以下の金額を切り上げて口座から引き落とし、差額を自動的に預金口座に振り込むというサービス**です。

バンク・オブ・アメリカは当時、子育て世代の女性を対象として、新規の貯金口座を開いてもらうためのサービス開発を検討していました。そして、ターゲットとなる消費者のお金に関する意識や買い物行動を観察するため、アメリカの主要3都市でスーパーマーケットにおける、エスノグラフィ調査を実施しました。

そのエスノグラフィ調査とインタビューから気がついたこととして、次のよう

なことがありました。

- 多くの人が大まかに計算している
- 買い物の際、小銭の受け渡しが面倒なので、お釣りを受け取らない人が多い
- 多くの母親は家計が苦しいが、意思が弱いために貯金ができていない

　そこで、バンク・オブ・アメリカは「**大まかに計算する人が多い**」という行動特性と、「**貯金がなかなかできない**」というニーズに応えるために新サービス「**Keep the Change（お釣り貯金）**」を開発しました。

　バンク・オブ・アメリカはこのサービスを導入してから1年で250万人の新規顧客を獲得しました。この事例はエスノグラフィの成果例として広く知られています。

組み合わせて使えるフレームワーク

デジタル・エスノグラフィ (p.139)

　デジタル・エスノグラフィを用いると、本格的なエスノグラフィを実施する前に、調査の方向性や仮説を手軽に検討することができます。

ジョブ理論（p.148）

　ジョブ理論とエスノグラフィの観察結果とを組み合わせると、観察対象の顧客ニーズをより深く探索して整理することができます。

アンケート調査（p.172）

　アンケート調査を行うと、消費者のニーズを把握したり、アイデア・コンセプトに対する消費者の反応を理解したりすることができます。

　また、エスノグラフィの観察結果とアンケート調査の結果とを組み合わせることで、観察対象の顧客インサイトを定量的に検証できます。

■■ 参考文献・参照資料
藤田結子、北村文 著『現代エスノグラフィー：新しいフィールドワークの理論と実践』新曜社、2013年
佐藤郁哉 著『フィールドワークの技法』新曜社、2002年
トム・ケリー、ジョナサン・リットマン 著、鈴木主税、秀岡尚子 訳『発想する会社！ ―世界最高のデザイン・ファームIDEOに学ぶイノベーションの技法』早川書房、2002年

「消費者の声」から答えを導き出す

17 デジタル・エスノグラフィ

Digital Ethnography

Tags 定性的データ　経営環境の理解　チームで使える
Origin 2000年後半から、マーケティング実務の世界で広く普及

こんなときに使える！ 消費者の隠れた意識や行動実態を明らかにしたい

概要

デジタル・エスノグラフィとは、前項で紹介した「**エスノグラフィ**」(p.132) で用いる観察手法を、**オンラインで入手できるデータを活用して行う手法**です。「**オンライン・フィールドワーク**」と呼ばれることもあります。

なお、デジタルとは、連続するアナログに対して、離散した量を意味する言葉です。この離散した量・値であるデータ（オンライン上に散在）を観察し、潜在的欲求を調査する手法がデジタル・エスノグラフィです。

デジタル・エスノグラフィは、インターネット環境の発展に伴って多くの消費者（広義には生活者全般）が自身のデータや意見をインターネット上に蓄積するようになった2000年後半から、マーケティング実務の世界で広く利用されるようになりました。

実際、オンライン上には消費者の声や行動に関するデータが多く存在しているため、それらのデータを解析することで、「**消費者の隠れた意識や行動実態**」を明らかにすることが可能になっています。

利用可能なデータの具体例としては、以下が挙げられます。

① 検索データ　　　　　　　　④ Webサイトの閲覧データ

② SNSへの投稿記事　　　　　⑤ 購買データ

③ 消費者レビュー　　　　　　⑥ その他のクチコミや記事情報

これらのデータを用いたデジタル・エスノグラフィと、**アンケート調査**（p.172）
との違いは次の通りです。

- アンケート調査　　　　　：事前に設定された調査項目をもとに調査を実施する
- デジタル・エスノグラフィ：実際の生活の中で、自然に発生した発言や行動
　　　　　　　　　　　　　　（無意識の行動）のデータを分析する

使い方

一般的なエスノグラフィで行う次の3つのステップは、デジタル・エスノグラ
フィにおいては、それぞれ以下のようになります。

表｜エスノグラフィとデジタル・エスノグラフィのステップの関係

エスノグラフィのステップ	デジタル・エスノグラフィでの解釈
①対象者の選定	使用するデータを決定した時点で、対象者と行動した場面を特定できる
②場面の決定	
③行動の観察	デジタルデータであるため、収集・閲覧・分析した時点で行動の観察も行うことになる

※エスノグラフィの各ステップの詳細については、p.133を参照してください。ステップ④、⑤は同様のため省略

デジタル・エスノグラフィにおいては分析対象のデータを決定し、収集した時
点で多くのステップが完了するため、**一般的なエスノグラフィよりも素早く行うことが
できます**。

デジタル・エスノグラフィで使用するデータの種類とツール

デジタル・エスノグラフィで使用するツールは、**分析対象のデータの種類**に
よって異なります。

どのデータ、どのプラットフォームを分析するべきかは、デジタル・エスノグ
ラフィの目的（対象となる消費者の意識・行動）によって変わります。

例えば、広く世の中全般の傾向を知りたい場合は「**検索データ**」が向いていま
す。一方で、特定のグループのニーズを探りたい場合は、そのような人が集まる
コミュニティやプラットフォームのデータを参照する必要があります。

データの種類	データが示すものと使用するツール
① 検索データ	• 特定のテーマに対する消費者の興味・関心度合い • 世の中のトレンド **使用するツール例** • Google トレンド • X (Twitter) の検索データ
② SNSへの投稿記事	• ライフスタイルの内容 • 消費者が興味・関心のある領域に対する意見や感想 **使用するツール例** • 動画の投稿情報（ライブ配信も含む） • Facebook や Instagram への投稿数・反応数 • Pinterest への投稿数
③ 消費者レビュー	• 特定の商品のニーズ、満足度、不満点、購買理由など • 商品の改善ポイント **使用するツール例** • Amazon の商品レビュー • @ Cosme の商品レビュー
④ Webサイトの閲覧データ	• 反応のよいコンテンツ • 消費者の関心ごと **使用するツール例** • Google Analytics • Tweet Deck
⑤ 購買データ	• 購買履歴 • 売れ筋データ **使用するツール例** • POS データ • ポイント会員データ
⑥ その他のクチコミや記事情報	• ブログの内容 • 消費者のコメント記載情報 など **使用するツール例** • 各種ブログ • 企業サイトの「よくある質問」(FAQ) など

① 検索データ

誰もが気軽に活用できるのが、**インターネット上の検索データ**です。

検索データは、**特定のテーマに対する消費者の興味・関心度合いを示すもの**であり、**世の中全体のトレンド（消費者の需要の反映）を示すもの**でもあります。

Googleが無償提供しているWebツール「**Googleトレンド**」を使うと、特定のキーワードの**検索回数の推移**を確認できます（最大で5つのキーワードを比較可能）。検索回数の推移を見れば、そのキーワードが「どの程度人気なのか」「どのタイミングでトレンドに火がついたのか」などの確認（量的な検証）ができます。

一方で、調査対象のキーワードが「どのような文脈で語られているのか」「なぜ人気なのか」などを確認したい場合は「**X（Twitter）の検索データ**」を分析することが有効です。

例えば、Googleトレンドを見ることで「リモートワーク」「免疫」「ビタミン」「ビタミンD」が、コロナ禍で一気に伸びたことを確認できます。

また、その後も風邪が流行る冬の時期には「ビタミン」「ビタミンD」が上昇していることや、長引くコロナで「免疫」が緩やかに上昇していることが確認できます。

図 | **Googleトレンドによる検索データ**

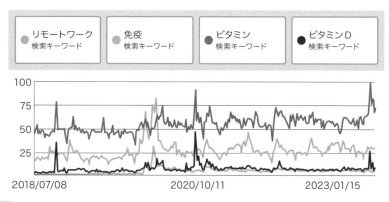

出所 Googleトレンド

この「免疫」を向上させるために消費者が行っていることや、新しいトレンドを把握するには**X（Twitter）**の検索データを分析することが有効です。

例えば「**コロナ　免疫　ビタミン**」で検索すると、多くの人が魚やきのこ、キクラゲ、にんじんなどの免疫力を高める食材や調理法について投稿していることが確認できます。

このように、**消費者の声をヒントにして新しい商品開発のアイデアを考えることも有効**でしょう。

◢ ② SNS への投稿記事

消費者が実際に行っていることや新しいトレンドを**写真や画像**で調べたい場合は、InstagramやFacebook、PinterestなどのSNSへの**投稿記事**を確認することも有効です。もちろん投稿されている文字情報（テキスト）も有益ですが、写真や画像のほうが具体的に洞察できます。

また、最近は**動画**の投稿も増えています。「**消費者の行動を観察する**」ためには、動画を確認することも有益です。

図 | SNSの画像検索

出所 Instagram、およびPinterestの検索結果

> ここが
> ポイント！
> **SNSへの投稿記事を見ると、消費者が実際に
> 行っていることや新しいトレンドを確認できる**

◢ ③ 消費者レビュー

Amazonなどの大手ECサイトに蓄積されている膨大な数の**消費者レビュー**は、デジタル・エスノグラフィにおいては大変有益なデータになります。

消費者レビューでは、それぞれの商品に対して星の数で評価を付け、さらに文字情報（テキスト）で商品の良かった点や悪かった点、使用感、アフターサービスの内容など、さまざまな評価を行っています。

そのため、これらのデータを収集・分析することで、各商品に対する「消費者の感想」を観察できます。

ここがポイント！ **消費者レビューを見ると、各商品に対する「消費者の感想」を確認できる**

近年では、消費者レビューの良し悪しで商品の売れ行きが大きく変わってしまうため、初期ユーザーに高評価を付けてもらうとする企業も存在します。例えば、高評価を付けてもらう代わりに、商品代金相当のクーポンを提供することもあります。デジタル・エスノグラフィを行う際は、こういった雑音となるデータを排除する必要があります。

④ Web サイトの閲覧データ

自社でWebサイトを保有・運用している場合は、自社サイトの閲覧データを分析することをお勧めします。

Googleが無償提供している分析ツール「Google Analytics」を活用することで、「どんな検索キーワードでサイトにきたのか」「どのコンテンツをクリックしているのか」「サイト内でどのような行動をとったのか」などを確認できます。

これらのデータを分析することで、消費者が何に興味・関心を持ってサイトを閲覧しているのか、また、どの記事やコンテンツがよく見られているのかなどを客観的に把握できます。

このような分析によって、消費者の興味・関心に沿った商品・サービス開発、広告などのプロモーションの内容を最適化していくことが可能になります。

ここがポイント！ **Webサイトの閲覧データを見ると、消費者が何に興味・関心を持ってサイトを閲覧しているのかを確認できる**

⑤ 購買データ

デジタル・エスノグラフィを行ううえでは、**商品の購買データ（POSデータ）** も重要です。商品を販売している店舗にあるPOSシステムの記録データを見れば、各商品がいつ・どこで・いくらで売れたのかなどを確認できます。

最近では、**ポイント会員証**の導入などによって、**購入者の詳細データ**（年齢・性別・過去の購入履歴）を管理できるシステム（ID-POSデータ）の導入も進んでいます。

これらの購買データを分析することで、そのエリアのその時間帯における売れ筋や平常時の売上などを把握することが可能になり、消費者のエリアや店舗特性に応じた品揃えの最適化が可能になります。

⑥ その他のクチコミや記載情報

デジタル・エスノグラフィでは、上記の各データに加えて、以下の文字情報やデータも活用できます。

- 商品の売上ランキング（期間別、分類別など）
- 評価データ（☆による5段階評価など）
- よくある質問（FAQ）
- 個人ブログ

これらのデータを収集・分析することで、消費者の行動内容や商品に抱くイメージなどを観察できます。そして、それらを分析すれば、製品・サービスの開発や、広告戦略の立案などに活用できます。

事例・参考例① グリコ「パワープロダクションシリーズ」

「おいしさと健康」を企業理念とする**江崎グリコ**は「健康にいいから毎日食べたい・飲みたい」と思える商品を生み出すことをミッションとしています。そして、**ヤフー**と共同で、検索データなどのビックデータを新商品の開発につなげる取り組みを行っています。

具体的には、検索キーワードとして消費者が「ダイエット」とともに検索している「栄養素X」に注目して商品開発を進めていきました。江崎グリコは、検索

データを分析する中で、特定の栄養素をキーワードとした検索が増加傾向にあることに気づきました。また、同時検索キーワードとして「ダイエット」「女性」「筋トレ」が多いことから、女性にもプロテイン商品のニーズがあることを発見しました（従来はプロテイン商品を購入するのは、男性が多かった）。

このように、固定観念を覆すターゲット顧客像が浮かび上がってきたことで、女性も飲みやすいプロテイン商品「**パワープロダクションシリーズ**」の開発が進められました。

図 ｜ グリコ「パワープロダクションシリーズ」

出所 グリコパワープロダクション「マックスロードホエイプロテイン＜ストロベリー味＞1.0kg／3.5kg」
（http://www.powerproduction.jp/products/maxload_sb/）

以上のように、デジタル・エスノグラフィの手法を用いて検索データを解析することで、新しいターゲットセグメントの存在を発見し、そこから新しい商品やプロモーションの仕方を検討することが可能になります。

事例・参考例② アンカー「モバイルバッテリー」

デジタル関連商品を開発・販売する**Anker Innovations**（グループ本社、アンカー）は、2013年に設立されたスタートアップ企業です。創業からわずか9年で時価総額9000億円超の大企業へと成長しました。

電子機器という在庫を持つハードウェア企業でありながら、急成長できた理由はAmazonというプラットフォームを活用したことに加え、**消費者の声や評価（消費者レビュー）、および顧客データを徹底的に活用したから**だといわれています。

アンカーは創業時から「**顧客となる消費者の声を商品に取り入れる姿勢**」を持っており、Amazonの消費者評価や消費者レビューを新商品開発や既存商品の改善に活かしています。

　具体的には、週に1回、Amazonのカスタマーレビューデータを中国深圳にある品質管理部門に送り、詳細な分析を行っています。分析の際、特に重視しているのが「ネガティブレビュー」と呼ばれる星が3つ以下の評価です。低評価のレビューを随時確認し、クレームの元になっている商品の問題や原因を突き止め、次世代の商品開発に活かしています。

組み合わせて使えるフレームワーク

● ジョブ理論（p.148）

　デジタル・エスノグラフィの結果と**ジョブ理論**を組み合わせると、抽出した顧客ニーズをより深く探索し、整理することができます。

● アンケート調査（p.172）

　デジタル・エスノグラフィで定性的な仮説を立てた後で、**アンケート調査**で顧客インサイトを定量的に検証すると、ターゲットユーザーの隠れた意識や行動実態をより深く把握できます。

📚 **参考文献・参照資料**

博報堂生活総合研究所 著『デジノグラフィ インサイト発見のためのビッグデータ分析』宣伝会議、2021年
村山幹朗、芹澤連 著『顧客体験マーケティング 顧客の変化を読み解いて「売れる」を再現する』インプレス、2020年

人は誰しも「片付けるべきジョブ」を持っている

18 ジョブ理論

Jobs to Be Done

Tags 定性的データ　商品/製品・サービス企画　チームで使える
Origin 「イノベーションのジレンマ」で有名なハーバード・ビジネス・スクールのクレイトン・M・クリステンセン教授が提唱

こんなときに使える！ 顧客が本当に必要としているものを考案したい

概要

ジョブ理論とは、「人は誰しも片付けるべきジョブ（用事）」があり、そのジョブを片付けるために商品・サービスを購入している（雇っている：Hire）と考える理論です。

この理論で重要なのは、商品開発やサービス開発の際に、商品そのものや機能から考えるのではなく、**顧客のジョブ**（顧客が生活の中で成し遂げたいこと）から考えるということです。

この「**顧客のジョブ**」という視点で考えると、「**競合**」という概念も大きく変わります。

例えば、よい「ペン」のアイデアを考える場合、従来の考え方では「ペン」の競合は鉛筆、シャープペン、マジックペンなど、紙に書くものと考えるかもしれません。しかし、顧客のジョブが「**大事なことを忘れないようにメモすること**」だと考えると、スマートフォンやパソコンも競合商品になります。

このように「**顧客のジョブ**」という視点で競合を設定すると、従来の手に持って紙に書く「ペン」という概念では想像できなかった新しい商品のアイデアにつなげることができます。

ジョブ理論のフレームワーク

ジョブ理論のフレームワークは「**機能的価値**」と「**情緒的価値**」に分けられ、情緒価値の中に「**個人的**」なものと「**社会的**」なものが含まれます。

148

顧客のジョブ		

機能的価値	情緒的価値	
	個人的(Personal)	社会的(Social)

　機能的価値とは、**機能として満たすべき価値**であり、日常生活の中で顧客が感じる不満を解決することで評価されます。例えば、ランニングをしながら音楽を聞きたいというニーズに対して、軽量でストレージの大きなMP3プレイヤーを開発することは、機能による解決です。

　情緒的価値とは、**顧客が抱く不安や悩みに対して、感情的・感覚的な解決を与えることを価値とするもの**であり、個人的な側面と社会的な側面を持っています。

　個人的なものは「**顧客の感情や気分がどのように改善されるのか**」に関わり、**社会的**なものは「**顧客が他者からどのように認識されるのか**」に関わります。

　例えば、Appleが2001年にリリースしたデジタル音楽プレイヤー「iPod」は、広告で商品機能を一切説明せず、流行の音楽とともにリズムを取るカジュアルな若者のシルエットのグラフィックだけでその価値を伝えました。Appleが顧客に伝えたのは「**音楽が日常に溶け込んでいるユーザー**」という社会的な印象であり、実際にこの商品はそうした社会的集団の一員に見なされたいという顧客に支持されました。

使い方

　ジョブ理論では、顧客を観察しながら、顧客のジョブとその解決策がもたらす「機能的価値」「情緒的価値」を考えるのですが、**顧客自身が「自分の片付けるべきジョブ」を認知していないことが往々としてあります。**

　そのため、**エスノグラフィ**(p.132)や**デプスインタビュー**(対象者と1対1で行うインタビュー)などを活用して、顧客も気づいていないインサイト(感情や想い)を探索することからはじめるとよいでしょう。

① 調査目的の明確化

　調査をするにあたり、まずは「誰の、どんなジョブを解決する必要があるのか」 を明確にします。

　例えば、書籍『ジョブ理論　イノベーションを予測可能にする消費のメカニズム』（クレイトン・M・クリステンセン著）の中で紹介されている事例では「**長距離ドライバーが早朝のマクドナルドで、マックシェイクをよく買うのはなぜか**」という具体的な対象者を設定して調査を行っています。

② 仮説を作るための観察

　対象者が既存商品を使ってどのようにジョブを片付けているのかを、**顧客が商品やサービスを使う場面に同行して観察する**などして仮説を立てます。その際、以下の3つの視点で検討します。

- どのようなときに：When
- どのような動機で：Why
- 何を行っているのか：What

　この**When、Why、What**で考えると、対象者がなぜその行動をとるのかを具体的に観察することができます。例えば、早朝のマクドナルドでマックシェイクを購入するドライバーは、夜通し運転した朝に（when）、眠気をまぎらわせる目的で（why）、飲み切るのに時間のかかるマックシェイクを運転しながら飲む（what）という行動が、調査によって判明しました。

ここが ポイント！　**対象者の行動を、When、Why、Whatで考える**

③ 対象者の面接インタビュー

対象者の行動を観察した後で、対象者に面談インタビューを行い、「**その行動をとっている状況が、行動の動機にどのように関わっているのか**」をヒアリングします。それによって、既存の商品やサービスに対する不満や制約などを調査することができます。

マックシェイクを購入するドライバーの例では、実際にドライバーに面談インタビューをしてみると、以下のようなことが判明しました。

> マックシェイクは、飲みはじめは固まっていてなかなか吸い込めないため、眠気を醒ましながら空腹を満たすことができる

これらの状況から、ドライバーが一般的に朝食で選ばれているドーナツやバナナではなく、マックシェイクを好んで購入している理由が浮き上がってきました。

既存の商品やサービスに対する不満を調査する

 新しいジョブであっても、多くの人が求めるジョブでなければ商品化してもヒットは望めません。対象者の観察やインタビュー調査を行った後に、**アンケート調査**（p.172）を行うなどして、ニーズが一般的なものであるのか確認すると無駄がありません。

④ ジョブストーリーの作成

対象者の行動観察とインタビューに基づいて、**ジョブストーリー**（対象者が商品を通して目的を果たす行動）を作成します。

ジョブストーリーを作成する際は、**手順②**で紹介した「どのようなときに（when）」「どのような動機で（why）」「何を行っているのか（what）」を改めて整理します。

次のような問いを想定して考えていくと、まとまりやすくなります。

- 顧客のジョブ（片付けるべき用事）は何か
- 既存商品はどのような解決策を提示しているか
- 既存の商品では解決できていない領域はあるか
- 顧客がジョブを果たす際に避けたいと思っていることはあったか
- 顧客が編み出した既存商品の驚くべき使い方は何かあったか。

⑤ 解決策

対象者の行動から、**既存の商品や方法では叶えられていない顧客のジョブ**を片付ける「**機能的価値**」と「**情緒的価値**」をフレームワークに記入します。

ここでは提供する価値を言語化することが重要です。新しいアイデアがどのようにして顧客のジョブを解決するのかを確認します。

事例・参考例① P&G「Swiffer」

P&Gは「パンテーン」（ヘアケア）や「パンパース」（紙おむつ）、「ファブリーズ」（消臭剤）といった、それぞれのカテゴリーリーダーになるようなブランドを多く有する世界的な消費財メーカーです。またP&Gは、先端的なマーケティング手法をとっていることでも有名です。

「Swiffer」は、フローリングの床を掃除するモップで、1999年に発売されました。当時は非常に画期的な商品で、その開発にはジョブ理論が適用されました。

開発チームは当初、モップではなく「床用の洗剤」を検討していました。どのような洗剤がよいかを検討していく中で、プロジェクトメンバーが「**そもそもよい洗剤を使って何をしたいのか**」と疑問に持ったことがはじまりでした。

そして、ターゲット顧客が求めているのは、「洗剤」ではなく「**きれいな床**」だという発想の転換があり、「床をきれいにする方法」を提供しようと考えました。

当時、床掃除に使用する道具は「スポンジ」もしくは、棒の先に布が付いた「布モップ」が主流でした。しかしどちらの手段でも、顧客は床掃除をする際、汚れたスポンジやモップをバケツで頻繁に洗う必要があり、その水もすぐ汚れて雑菌が繁殖するなど、衛生的ではありませんでした。

P&Gは家庭を訪問して行ったインタビュー調査から、主婦の「**衛生的に床をきれいにしたい**」というジョブを発見し、**使い捨ての吸収モップヘッド**を開発しました。また、主婦がウェットティッシュでほこり汚れを拭き取る様子を見て、静電シートで埃を吸収できるようにしました。それが「Swiffer」です。

図 | P&G「Swiffer」

出所 P&G「Swiffer」(https://www.swiffer.com/en-us/)

図 | Swifferのジョブ理論

顧客のジョブ	衛生的に床をきれいにする

機能的価値	情緒的価値	
	個人的(Personal)	社会的(Social)
使い捨てのモップパッド	● 取り外す際に手が汚れない ● 汚れたモップを室内に置かなくていい	● 家庭内を衛生的に保つデキる主婦 ● 先進的なツールを使っている人

　「**衛生的に床をきれいにする**」というジョブに対して、「**使い捨てのモップパッド**」という機能的価値を付加することで、「汚れた水でパッドを洗う必要がない」「パッドに菌が繁殖しない」「室内を衛生的に保つ」ことが実現されます。

　また、個人的な情緒的価値としては「取り外す際に手が汚れない」「汚れたモップを室内に置かなくていい」といったことが挙げられます。

社会的な情緒的価値としては「家庭内を衛生的に保つデキる主婦」であることや「先進的なツールを使っている人」であるといった評価があります

マース「スニッカーズ」

「**スニッカーズ**」は、アメリカの**マース**が製造・販売する、キャラメルとピーナツをミルクチョコレートで包んだチョコレートバー(スナック菓子)です。スニッカーズはコンパクトな形状にかかわらず1本248カロリーと、食べ応えがあり、携帯性にも優れているため、外出先で小腹がすいたときに食べるのに最適です。

図 | マース「スニッカーズ」

出所 SNICKERS 商品情報(https://www.snickers.jp/product.html)

スニッカーズは、世界で2000億円を超えるロングセラーのヒット商品ですが、その背景には顧客の普遍的な「ジョブ」があります。スニッカーズは、顧客の「チョコレート菓子を食べたい」というニーズに応えるだけではなく、「**午後4時に食べて、夕食までにしっかり腹持ちする**」というジョブに応えています。

顧客のジョブ	午後4時に食べて、夕食までしっかり腹持ちする

機能的価値

- 腹持ちのよいスナック
- 外出先でも携帯しやすく、食べやすいバータイプ

情緒的価値

個人的(Personal)	社会的(Social)
・手軽で美味しい	・スタイリッシュ ・新しい習慣を先取り

組み合わせて使えるフレームワーク

エスノグラフィ（p.132）

エスノグラフィの手法を用いて、仮説を持たずに消費者を観察することで、潜在的なニーズを理解することができます。P&Gなど、マーケティングに優れた会社では、本質的かつ普遍的なジョブの発見をするために、調査対象者の自宅に訪問し、エスノグラフィによる調査を積極的に行っています。

アンケート調査（p.172）

アンケート調査を行うと、顧客のニーズを把握したり、アイデア・コンセプトに対する顧客の反応を理解したりできます。アンケート調査の結果を用いることで、顧客のジョブやニーズの大きさを検証できます。

ペルソナ（p.156）

ペルソナの手法を用いて顧客を具体化することで、特定のジョブを持つ顧客に対する戦略をより的確に策定できます。

参考文献・参照資料

クレイトン・M・クリステンセン、ダディ・ホール、カレン・ディロン、ディビット・S・ダンカン 著、依田光江 訳『ジョブ理論　イノベーションを予測可能にする消費のメカニズム』ハーパーコリンズ・ジャパン、2017年

クレイトン・M・クリステンセン、ダディ・ホール、カレン・ディロン、ディビット・S・ダンカン 著『Jobs to Be Done：顧客のニーズを見極めよ』ハーバード・ビジネス・レビュー、2020年4月号、ダイヤモンド社、2017年

19 ペルソナ

Persona

Tags 定性的データ　商品/製品・サービス企画　チームで使える
Origin 広告業界で行われたターゲットマーケティングで用いられる手法

こんなときに使える！ **ターゲット像を明確にしたい**

概要

　ペルソナとは、企業のマーケティング活動において、<u>商品・サービスのターゲットを想定する際に描く「典型的なユーザー像」</u>のことです。

　類似用語である「ターゲット」との違いは、ターゲットは「**20代女性で、○○な行動をし、○○な価値観を持つ人たち**」のように対象を集団で捉えるのに対して、ペルソナでは**一人の典型的なユーザー像**を描きます。その人のライフスタイル、価値観、ニーズ、使用ブランドなどを多面的に捉えることで、ユーザー像を深く理解します。

　また、それをチームメンバー全体で共有することで、リアルなユーザー像に対する**一貫した戦略**を描きます。

ペルソナの構成要素

　ペルソナを検討する際のフレームワークとして決まった項目はありませんが、具体的な人物として想像できるように、名前、性別、年齢、職業、収入、家族構成などの属性項目は必ず設定します。

　また、これらに加えて、価値観、1日の時間の使い方、当カテゴリーへのニーズ、使用ブランド、メディア接触など、マーケティングに必要となる要素も盛り込みます。

図｜ペルソナの主な構成要素

ペルソナ	価値観	カテゴリー特有の情報
写真 名前	●大切にしている価値観 ●性格、パーソナリティ ●時間の使い方 　今後増やしたい時間 　今後減らしたい時間	●使用ブランド ●購入理由 ●支持理由 ●使用金額、使用頻度 ●接触メディア
年齢、性別 職業、収入 家族構成		

ペルソナは商品開発やサービス設計の起点となる、非常に重要なマーケティングの手法です。そのため、チームメンバーでしっかりと議論して、全員が納得できるリアルな人物像を描くことが重要です。一人の実在する人間のように生き生きと想像できるか、またチームメンバーが共感をもって、このターゲットが喜ぶ商品・サービスを作りたいと思えるかが重要です。

ここが
ポイント！　**ペルソナは商品開発やサービス設計の起点となる、非常に重要なマーケティングの手法**

使い方

ペルソナは、以下の手順に沿って作成します。

表 | ペルソナの作成手順

手順	具体的内容
① 利用目的の設定	• ペルソナを使用する目的を検討する
② 調査データの参照	• ターゲットとなる顧客やユーザーにインタビューを行う • 参照可能な既存データ、公開情報、レポートなどを確認する
③ 構成要素の言語化	• 手順②で得た情報を、人物像を構成する要素として言語化する
④ ペルソナの検証と設定	• ターゲット像に違和感がないかを調査し、チームメンバー内で情報共有して議論する • 検証した構成要素から人物像を設定する

① 利用目的の設定

ペルソナを使用する**目的**を設定し、そのうえで、どのようなペルソナを作成するかを決めます。ペルソナには大きく次の2つのパターンがあります。

- 1つの商品に対する具体的な1人のターゲットを設定
- 広範囲で展開する商品を設計するために複数のターゲットを設定

このように、商品やサービスの内容によって**作成するペルソナの目的や数**が異なります。ペルソナの構成要素は同じですが、市場全体を捉えたい場合は、多様なニーズを検証するために複数のペルソナを設定します。

② 調査データの参照

ペルソナを作成する際は、ターゲットとなる顧客やユーザーに**インタビュー**を行うなどして、調査を進めます。

インタビューなどの独自調査が難しい場合は、参照可能な既存データや公開情報、レポートなどを探して確認します。

Memo 参照すべきデータが何もない場合は、ターゲットになりそうな身近な人を思い浮かべながら、その人の属性や価値観、行動特性を想像してください。

③ 構成要素の言語化

インタビューや公開情報などからある程度データを収集できたら、それらを構成要素として具体的に言語化します。

例えば、インタビューから「**買い物のときにいろいろ見て、結局買わないことも多い**」という証言が得られたとしたら、構成情報として「**確信をもたないと買い物をしない**」など、顧客の思考や行動を言語化します。

言語化しておくと、次のステップでチームメンバーとディスカッションしたり、調査で検証したりする際に役立ちます。

④ ペルソナの検証と設定

要素を言語化したら、チームメンバーでディスカッションを行ったり、メンバーの周囲に存在するターゲットに近い人の特徴などを共有したりしながら、ユーザー像を描いていきます。

情報が足りないと感じる場合は、ここで追加調査を行ってもよいでしょう。必要なデータを追加して、**1人の人物像として違和感のないペルソナ**を設定してください。

事例・参考例 Soup Stock Tokyo

Soup Stock Tokyoは、三菱商事の社内ベンチャーとして1999年に創業した、「食べるスープ」をコンセプトとしたスープ専門店です。創業のきっかけは、女性が一人で気軽に入れるファーストフード店がなかったことに着目をして、安心・安全で美味しい食事をゆっくりと食べられる空間を提供したいという思いでした（**利用目的の設定**）。

Soup Stock Tokyoは事業開発にあたって、都心で働く女性のライフスタイル調査を行い、「**秋野つゆ**」というペルソナを設定しました。

秋野つゆは、都会で働く女性です。食の好みは、フォアグラのような高級素材よりも、レバ焼きのように安くても良い素材、美味しいものを好みます。趣味は水泳で、通っているジムのプールでは平泳ぎではなく、クロールで豪快に泳ぐタ

イプです。これらの内容から、快活な性格で、忙しい日常の中でも身の丈で健康に気をつかっている女性像が浮かびます(**調査データの参照・構成要素の言語化**)。

図 | Soup Stock Tokyoのペルソナ像

ペルソナ

37歳、女性
キャリアウーマン
都心在住、独身
月収35万円

価値観
● シンプルでセンスのいいものを求める
● 装飾性よりも栄養価などの機能性を求める

性格
● 社交的だが自分の時間も大切にしたい

時間の使い方
● 人生を楽しみたい、家事に多く時間を使いたくない

カテゴリー特有の情報
● 外食費用
月に 40,000 円

● ランチにかける金額
平均 1,100 円

● 1回あたりの利用金額
スープ 630 円

● 支持理由
栄養たっぷりのスープ
センスのいい器

出所 リスティングプラスのホームページを参照し、筆者が一部修正

Soup Stock Tokyoは、この秋野つゆのペルソナから、彼女が食べたいメニューは何か、店舗の立地はどこがよいか、デザインはどうあるべきかなどを具体的に検討していきました。

その結果、提供するメニューは、化学調味料や保存料に頼らず、素材本来の美味しさを楽しめる「**食べるスープ**」というコンセプトが明確になりました。

また店の立地は、ペルソナである秋野つゆがよく利用しそうだと想定される場所から、オフィス街か、駅近の店舗に決定し、インテリアについては、機能的でありながらセンスがよく、女性一人でも入りやすい店構えに決定しました(**ペルソナの検証と設定**)。ここから、カウンターで、女性一人でもスープを楽しむことができる店が開発されました。

秋野つゆのペルソナを見ると、飲食業には関係がなさそうな項目も含まれています。しかし、このように細かく、具体的に設定することで、「**この味は秋野つゆっぽいか**」「**この店舗立地、秋野つゆは好きだろうか**」という視点で議論を進めることができます。

組み合わせて使えるフレームワーク

● エスノグラフィ（p.132）

   エスノグラフィを用いて、仮説を持たずにターゲットを観察すると、潜在的なニーズを理解するできます。

● パレート分析（ABC分析）（p.229）、RFM分析（p.235）

   自社の顧客をもとにしてペルソナを作成する際は、事前に**パレート分析（ABC分析）**や**RFM分析**を行って、自社の売り上げに最も貢献するターゲットセグメントを特定しておきます。そのうえで、その中からペルソナを策定することが有効です

📖 **参考文献・参照資料**

   ジョン・S・ブルーイット、タマラ・アドリン 著、秋本芳伸、岡田泰子、ラリス資子 訳『ペルソナ戦略 ―マーケティング、製品開発、デザインを顧客志向にする』ダイヤモンド社、2007年
   クレイトン・M・クリステンセン 著『Jobs To Be Done』Harvard Business Review、2016年 (邦題『Jobs to Be Done：顧客のニーズを見極めよ』DIAMONDハーバード・ビジネス・レビュー)
   「ペルソナマーケティングの成功事例と設定方法」(2018年5月1日配信) Listing+Magazine https://ppc-master.jp/labo/2018/05/persona_marketing.html
   「「クールドラフト」ヒットの裏にペルソナあり」(2009年7月15日配信) 日経クロステックhttps://xtech.nikkei.com/it/article/JIREI/20090713/333696/

お客さんといっしょに作る

20 コミュニティ共創法

Co-creation Marketing

Tags 定性的データ　商品/製品・サービス企画　チームで使える
Origin ミシガン大学ビジネススクール教授のC・K・プラハラードが提唱

こんなときに使える！ ▶ **顧客の声やアイデアを商品・サービスに反映したい**

概要

　コミュニティ共創法は、<u>顧客（ユーザー）とともに新商品や新サービスを開発する手法</u>です。一般的な例としては、次のようなケースがあります。

- 自社のWebサイト上で顧客に商品化してほしいものを募り、それをもとにして開発担当者が検討を進める
- 商品開発の途中で、顧客に複数の案を提示して投票してもらい、意見を反映する

　日本では、**無印良品**の商品開発が、顧客の意見を反映する共創型の開発手法の代表例としてよく取り上げられます。

　インターネットが普及する以前は、企業が顧客の声を拾う主な手法は「**カスタマーセンターでの電話による顧客の声の収集**」でしたが、2000年以降は自社のSNSグループ（Facebookなど）や、Webサイトなどから顧客の声を収集できるようになり、商品やサービスに顧客の声を反映することが容易になりました。それに伴って、新商品の開発プロセスに顧客を巻き込む「**コミュニティ共創法**」が発展してきました。

　「**共創**」という言葉は、ミシガン大学ビジネススクール教授のC・K・プラハラードが著書『価値共創の未来へ──顧客と企業のCo‐Creation』（2004年、武田ランダムハウスジャパン）の中で「<u>顧客と一緒になって価値を生み出さなければ企業は競争に生き残れない</u>」と説いたことからはじまっています。

「**コミュニティ**」という言葉は、マーケティングの巨匠フィリップ・コトラーが、デジタル時代の新しいマーケティングコンセプトを示した著書『コトラーのマーケティング4.0　スマートフォン時代の究極法則』(2017年、朝日新聞出版)の中でその重要性を示し、注目が集まっています。

デジタル時代では、顧客は、企業から一方的に発信されるメッセージだけではなく、友人やSNS上のコミュニティなどからも影響を受けるため、企業側においては、**顧客に商品や企業自体のファンになってもらうために、ファン意識を醸成するコミュニティをどうのように設計するかが重要になる**と言われています。

使い方

コミュニティ共創法の実施方法は、大きく分けて次の2種類があります。

- 自社のプラットフォームに顧客を囲い込んで実施する方法
- ターゲットとなる顧客が存在する大手プラットフォームと連携して実施する方法

表 | **コミュニティ共創法の実施方法の違い**

	自社のプラットフォーム	外部のプラットフォーム
目的	・顧客の声を新商品開発に活かす ・初期の商品モニターとして、改善点や意見を収集する ・商品のパッケージデザインや広告プロモーションのアイデアを共に創る ・既存サービスを改良する	・市場の顧客ニーズを理解して新商品を開発する ・新規顧客を獲得するための商品アイデアを広く募集する ・広告、キャンペーンのためのクチコミの核としてターゲットを募集する
手段	・自社のWebサイトやSNSなどで新商品の開発に興味のある人や顧客を募集する ・商品のロイヤルカスタマー[※1]やファンを募集してコミュニティを創る	・プラットフォームに参加している顧客からアイデアを募集する ・ターゲットと同様のニーズを持つ人を商品モニターとして囲い込む

※1 ロイヤルカスタマーとは、企業やブランド、商品、サービスに愛着や信頼を持って、継続的に利用している顧客です。他社商品が値引きをしても安易に乗り換えをしない傾向があり、また商品を知人に口コミすることや、推奨するという特徴もあります。

インターネットを活用して顧客の声を集める際は、調査目的に応じてプラットフォームを選択します。

例えば、「自社の顧客の声を商品開発に活かしたい」「既存の商品・サービスの改良点を一緒に探りたい」といった、**既存商品やサービスの改善、改良、発展を目的**にする場合は、**自社のプラットフォーム**を活用して、顧客を募集する方法が適しています。

一方、「市場の顧客ニーズを理解して新商品を開発したい」「新規顧客を獲得するための商品アイデアを広く募集したい」といった、**新商品やサービスの開発や、自社が獲得できていない顧客層の新規開拓が目的**の場合は、ターゲットとなる顧客が存在する**外部のプラットフォーム**と連携することが有効です

外部のプラットフォームの例としては、食の分野では「**クックパッド**」、美容の分野では「**アットコスメ**」などが挙げられます。特定の分野で膨大な顧客を持つプラットフォームには、調査に活用できるデータが蓄積されているため、ターゲット設定や対象者の募集の際に有効なアプローチが可能です。

コミュニティ共創法で新商品のアイデアを創り出す際は「**どのような人をコミュニティメンバーにするか**」がとても重要です。

例えば、既存商品のバリエーションを増やしたいと考えている際には、ニッチなターゲット層の意見を聞くことで意外なニーズを見つけることができます。

また、自社の社員でも気づかないような新商品アイデアを発掘したい場合は、商品の熱烈なファンの意見を聞くことが有効です。

 コミュニティ共創法を継続するには、参加者のモチベーションを保つことが重要です。そのため、参加者に対して目的と期間を明確に設定する必要があります。

事例・参考例① カルビー「じゃがりこ」

カルビーは多くのヒット商品を有する食品メーカーですが、**顧客の意見を新商品開発に活かすコミュニティ共創型の企業としても有名**であり、商品ごとにコミュニティを用意しています。

例えば、「じゃがりこ」の会員制ファンコミュニティ「**あつまれ！とびだせ！じゃがり校**」[*2] や、「堅あげポテト」のコミュニティ「**堅あげポテト 応援部**」などがあります。「じゃがりこ」は1995年に発売されたスナック菓子で、当時からファンとのコミュニケーションを大切にしていました。2007年に誕生した会員制ファンサイト「じゃがり校」は、14年間も続いた息の長い共創型コミュニティとなりました。

「じゃがり校」のコンセプトは学校です。そのため4月に新年度がはじまり、1年

かけて1つの商品を、参加している顧客と社員とが一緒に創ります。

例えば、4月に生徒（顧客）に対して新しい味（フレーバー）を募集すると、1000を超えるアイデアが投稿されます。そこから「**商品コンセプト**」「**味**」「**パッケージ**」「**キャッチフレーズ**」「**プロモーション**」などの商品作りを、生徒とカルビーの開発担当者やマーケティング担当者が共に進めていきます。

生徒である会員顧客にとっては、アイデアを出した商品に対して思い入れが強くなるため、共同開発した商品は年間でもトップの売上を記録する結果となることが多いです。顧客と共同開発された「アスパラベーコン味」や「ガリバタ醤油味」は発売とともにヒット商品になりました。

※2「あつまれ！ とびだせ！ じゃがり校」のWebサイトの運用は2021年に終了し、公式SNSに機能を移行しています。

事例・参考例② ミツカン「金のつぶ」

クックパッドは、1998年のサービス開始以来、月間5,000万人以上が訪れる日本最大の料理レシピ検索サイトです。クックパッドは顧客にレシピ投稿・検索・閲覧機能を提供しながら、複数のメーカーに自社商品を活用したレシピコンテストの開催や、新商品開発の意見募集サービスを提供しています。

調味料メーカーの**ミツカン**が2008年9月に発売した「**金のつぶ　大絶賛納豆絶品しょうがたれ3P**」は、クックパッド上で行ったレシピコンテストで268作品の中から選ばれたタレを使った商品です。

ミツカンは他にも、同社の主力商品である「お酢」「めんつゆ」「ぽん酢しょうゆ」を使って塩分を抑えた「**ほど塩レシピ**」を、クックパッドと共同で開発しています。またそのレシピを掲載した書籍も発売しています。

組み合わせて使えるフレームワーク

● アンケート調査（p.172）
コミュニティ共創法において、顧客のニーズを把握したり、アイデアに対する顧客の反応を理解したりする際に、**アンケート調査**を活用できます。

📖 参考文献・参照資料

フィリップ・コトラー、ヘルマワン・カルタジャヤ、イワン・セティアワン 著、恩蔵直人 監訳、藤井清美 訳『コトラーのマーケティング4.0　スマートフォン時代の究極法則』朝日新聞出版、 2017年
C・K・プラハラード、ベンカト・ラマスワミ 著、有賀裕子 訳『価値共創の未来へ ― 顧客と企業のCo-Creation』武田ランダムハウスジャパン、2004年

「顧客の旅」をデザインする

21 カスタマー・ジャーニー・マップ

Customer Journey Map

Tags 情報の記録・整理　商品/製品・サービス企画　チームで使える
Origin アメリカのUXコンサルティング・ファームAdaptive Pathが手掛けた事例から発展

こんなときに
使える！
顧客の「意思決定」を可視化したい

概要

　カスタマー・ジャーニーとは、顧客が製品を知り、購入、利用してリピートをする一連の体験を「**旅（ジャーニー）**」に例えた用語です。

　カスタマー・ジャーニー・マップとは、カスタマー・ジャーニーの体験プロセスに関わるタッチポイントや、行動、思考、感情などを**時間軸**に沿って可視化し、顧客の意思決定を検討する手法です。

　この手法を用いると、**顧客がどのようなニーズや思考に基づいて自社の製品やサービスを利用しているか**を可視化しながら、次の点について検討することができます。

- 顧客の目的は何か（本当に果たしたいことは何か）
- 自社の製品やサービスがその目的達成の橋渡しになっているか
- なっていないとしたら何を改善すべきか　など。

使い方

　カスタマー・ジャーニー・マップは、次の手順で作成します。

① ペルソナを設定する

　最初に、ターゲットとなる顧客の行動観察（エスノグラフィ：p.132）やインタビューなどの定性的なリサーチを行い、分析対象の製品・サービスの**ペルソナ**（典

型的な顧客像：p.156）を設定します。

　なお、ペルソナの設計があいまいだと、各手順での行動や思考の幅が広くなりすぎて、顧客が製品やサービスを利用する時間軸での行動の流れを作りづらくなるため、自社のマーケティング調査データを用いるなどして、**できるだけ具体的に設定してください**。

② ゴールを設定する

　ペルソナを設定したら、次に**ゴール**を設定します。ゴールとは、製品やサービスのKPIです。具体的には「**1回の購入**」「**リピート購入**」「**知人に勧める**」などになります。なお、ゴールが「1回の購入」なのか、「リピート購入」なのかによって、顧客行動に対するアプローチは大きく変わります。

③ カスタマー・ジャーニー・マップを記入する

　ペルソナとゴールを設定したら、カスタマー・ジャーニー・マップの各項目を記入していきます。

　なお、昨今では、カスタマー・ジャーニー・マップの記述方法として多様なものが見られますが、本項ではカスタマー・ジャーニー・マップの基本といわれている、アメリカのUXコンサルティング・ファーム**Adaptive Path**が2000年代に提唱した「**Experience Mapping**」をベースとした手法を紹介します。

167

① 行動の指針

（ペルソナの
ニーズを
満たす基準、
原則）

カスタマージャーニー

②ステージ

③サービス

④行動

ジャーニー
の流れ

⑤思考

⑥感情

定性的な
インサイト

⑦経験

定量的な
情報

機会

発見した
改善点

出所 Chris Risdon "Anatomy of an Experience Map" Center Center Inc.を参照・翻訳して筆者作成

表 │ カスタマー・ジャーニー・マップの各項目

項目	説明
①行動の指針	設定したペルソナ（典型的な顧客像）の行動のもととなる**ニーズ**を記入する
②ステージ	顧客が自社製品やサービスと接点を持ち、**行動する段階**を記入する。例えば「製品を知る（認知）」「情報検索をする（探索）」「比較をする」というように、ゴールに至るまでに顧客が取る行動のステップを記入する
③サービス	自社が提供する**サービス**を記入する
④行動	行動観察やインタビュー調査から明らかになった「時間経過に沿って顧客が取る行動」を記入する。例えば「Web で検索をする」「コールセンターに電話をかける」など

168

⑤思考	行動を行う際に顧客が考えることを記入する。例えば「今購入したら最速でいつ配達になるだろう」「一番安いのはいくらだろう」など
⑥感情	各ステージの行動をとっている際に「顧客が感じていること」を記入する。例えば「知らなかった製品を見てワクワクする」「口コミに悪い意見があって不安」など
⑦経験	カスタマー・ジャーニー・マップのプロセスごとに顧客アンケートを実施して、「満足度」「使いやすさ」といった製品やサービスの利用経験の評価を定量的データとして書き込む。この項目から、気づいていない改善点を見出す
⑧機会	各項目を整理した際に発見した「サービスを充実させる要素」や「見直したほうがよい機能」などをまとめる

事例・参考例①　レイル・ヨーロッパ

　レイル・ヨーロッパ（Rail Europe）は、ヨーロッパ中の鉄道を、一括で検索・予約できる旅行手配サービスです。国や運営会社が異なるそれぞれの鉄道サイトを調べる手間を省くことが、顧客への提供価値です。

　レイル・ヨーロッパのカスタマー・ジャーニー・マップでは、インターネットと電話を組み合わせたサービスをまとめています。

　例えば、顧客が最初に取る「**旅の情報を集める**」行動の段階では、自社のサイト検索だけではなく、旅行専用ブログや、友人との会話など多様な手段を組み合わせて情報収集をしていることがわかります。その目的は「**最も簡単に旅行できる方法は何か**」「**最も安い組み合わせは何か**」などを知るためです。

　顧客の行動や思考を可視化すると次のような施策が必要であることが把握できます。

- 特定の目的に関してはSNSを使ってエンゲージメントを作ることが可能
- 顧客がサービス利用の前後で変更することを想定したサービスが必要

　カスタマー・ジャーニー・マップを作成する際は、ステージごとに顧客の利用体験に関するアンケートを実施して定量データを取得し、**サービスの改善点**を発見することが重要です。

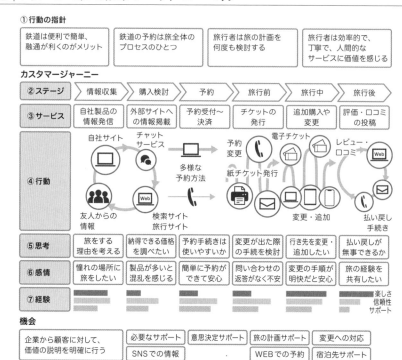

① 行動の指針

| 鉄道は便利で簡単、融通が利くのがメリット | 鉄道の予約は旅全体のプロセスのひとつ | 旅行者は旅の計画を何度も検討する | 旅行者は効率的で、丁寧で、人間的なサービスに価値を感じる |

カスタマージャーニー

② ステージ	情報収集	購入検討	予約	旅行前	旅行中	旅行後
③ サービス	自社製品の情報発信	外部サイトへの情報掲載	予約受付〜決済	チケットの発行	追加購入や変更	評価・口コミの投稿

④ 行動

自社サイト　チャットサービス　予約変更　電子チケット　レビュー・口コミ

多様な予約方法　紙チケット発行

友人からの情報　検索サイト 旅行サイト　変更・追加　払い戻し手続き

⑤ 思考	旅をする理由を考える	納得できる価格を調べたい	予約手続きは使いやすいか	変更が出た際の手続きを検討	行き先を変更・追加したい	払い戻しが無事できるか
⑥ 感情	憧れの場所に旅をしたい	製品が多いと混乱を感じる	簡単に予約ができて安心	問い合わせの返答がなく不安	変更の手順が明快だと安心	旅の経験を共有したい
⑦ 経験						楽しさ 信頼性 サポート

機会

企業から顧客に対して、価値の説明を明確に行う	必要なサポート	意思決定サポート	旅の計画サポート	変更への対応
	SNSでの情報		WEBでの予約	宿泊先サポート

出所 Chris Risdon "Anatomy of an Experience Map" Center Center Inc. を筆者が参照・翻訳したうえで一部改変して作成

事例・参考例② OfferBox

　2012年創業の「**OfferBox**」は、就活生が企業を選んでエントリーをするこれまでのやり方とは逆に、「企業が学生の情報をサーチしてコンタクトを取る」というオファー型の新卒就職サービスです。

　サービス開始時から学生、採用企業ともに登録数を伸ばし、学生は20万人以上、企業は11,400社がサービスを利用しています（2023年時点）。

　このサービスのペルソナを就活中の大学生とすると、カスタマー・ジャーニー・マップでは次ページの図のようになります。

　従来の就活情報サイトは提供される情報が多いため、就活生自身が「**自分に合った企業**」を検討しながら探すことが困難でした。

　また、内定獲得の焦りから、多数の企業にエントリーする傾向があり、その結果、自己PRに一般的な内容のものを書きがちでした。

OfferBoxでは採用のミスマッチを減らす施策として、学生の個性が見えるプロフィールのひな型を提供し、企業が直接コンタクトできる接点を提供することで納得できる就活を支援しています。

図 | OfferBoxのカスタマー・ジャーニー・マップ

行動の指針	就活学生に必要な情報を提供する			企業と学生の接点作り		適切なマッチングが価値	
ステージ	就活情報を集める	自己分析をする	エントリーシートを作る	企業説明会	企業へのエントリー	面接	採用
Office Box	登録企業紹介 / 自己分析、企業研究セミナー		プロフィールフォーマット提供	企業からのオファー連絡	採用担当者との連絡	就活コラムなどで情報や経験者の声を提供	
行動	●企業HPを検索する ●大学の求人情報を調査する ●就活サービスのHP検索	●就活本を参照 ●講義やセミナーを利用	●就活サイト、企業HPで情報調査	●就活サイトで情報調査 ●企業説明会に複数参加	●就活サイト、企業HPから応募	●採用者の口コミブログ ●SNSでの情報検索	
思考	●なるべくいい条件の企業を探す ●自分に合った企業を探す	●自己分析で独自性が見つけづらい	●情報が多すぎて整理が難しい	●できるだけ沢山の企業に応募しなければ	●採用された先輩の経験を参考にしたい ●同じ企業を受けている学生の情報を知りたい		
感情	●ブラック企業は避けたい ●どんな企業が自分に合っているか分からず不安	●自分にPR材料がないような気がして不安	●自分は内定が取れないのではという焦り	●この苦労は報われるのだろうか	●合格するためのマニュアルは自分らしくないような気がする ●面接が怖い		
経験	●情報量(就職に関する情報量が多すぎる) ●マッチング(提供情報が個々の就活生や企業の個性に対応しづらい)						

自社の機会と理念

●学生が企業を選ぶのは難しい ●企業側とのミスマッチを解消する必要がある ●マッチングの改善が必要	●企業側の視点も用いた自己PR作成の支援が必要	●学生が記入しやすいプロフィールフォーマットの提供	●企業採用者から直接、学生にコンタクトできる接点の提供 ●学生が連絡を取り合うかを選択できる安心	●事前にコミュニケーションを取ることで採用のミスマッチを減らす ●学生の個性を活かす

出所 筆者作成

組み合わせて使えるフレームワーク

● エスノグラフィ（p.132）、アンケート調査（p.172）

カスタマー・ジャーニー・マップを作成する際は、**エスノグラフィ**を利用して顧客調査を丁寧に行ってペルソナを構築することが重要です。また、**アンケート調査**を行ってサービスの使いやすさや、価格に対する評価、満足度などを定量的に把握することも重要です。

参考文献・参照資料

Chris Risdon(2012) "Anatomy of an Experience Map" Center Centre Inc
https://articles.centercentre.com/experience_map/

22 アンケート調査

Questionary Research

Tags 定量的データ　経営環境の理解　チームで使える
Origin ―

こんなときに使える！ 顧客の想いやニーズを直接聞いて明らかにしたい

概要

　アンケート調査とは、**質問文や質問項目を作成して、対象者からの回答を集計する調査方法**です。この方法は、顧客（消費者など）の意識や行動、ニーズを把握することや、アイデア、コンセプトに対する顧客の反応を理解するうえで不可欠です。

　マーケティング実務の世界では、伝統的に郵送調査、ホームユース調査、会場調査などで対象者からの回答を得ていました。現在ではWeb調査が主流になっています。

郵送調査（自宅郵送）

郵送調査（自宅郵送）とは、**自宅にアンケート票を郵送し、対象者から回答を得る方法**です。この方法は主に、顧客や世帯の**意識調査**や**実態（事実）調査**のために実施します。郵送調査は以下の場合に適した方法です。

- アンケート回答者を、調査対象（ターゲット）の属性と合致させたい場合
- 選ばれた一部の対象者の回答が、調査対象（ターゲット）の回答として偏りなく反映されている必要がある場合
- 高齢者などオンラインでの回答が得られにくい場合

会場調査

会場調査とは、**アンケートの対象者を会場に招待して回答を得る方法**です。対象者を事前に募って会場に招待する場合と、街頭などで募る場合があります。会場調査は以下の場合に適した方法です。

- 商品コンセプトの評価、商品のモックアップ調査、商品の味評価のような、実際に対象物に触れる必要がある場合
- 全員に同じ条件（温度や使用方法など）で試してもらいたい場合

ホームユーステスト（HUT：Home Use Test）

ホームユーステスト（HUT）とは、**商品を自宅に送付、または調査員が設置をして、対象者に数日間に渡って使用してもらったうえで、商品評価を得る方法**です。この方法は主に、商品のテスト（香り、質感、使用感、効果など）のために実施します。HUTは以下の場合に適した方法です。

- 商品を自宅での普段の生活と同じ状況で使用してもらいたい場合
- 商品の使用条件（温度や使用方法など）に厳密な管理が不要の場合
- 化粧品のような、連続使用後の効果を回答してもらいたい場合

Web調査

Web調査とは、**事前にWebサイトに質問文・質問項目を設定し、オンラインパネルメンバーから回答を得る方法**です。インターネットが普及した現在では、この方法がさまざまな目的で広く利用されています。

173

- 顧客の意識調査
- 顧客の行動調査
- カテゴリーニーズ調査
- ブランドイメージ調査
- 商品コンセプトの評価
- 短期間で調査回答を得たい場合　など

 現在はWeb調査が主流ですが、他の調査方法も利用されています。調査目的によって適切な手法を選択することが重要です。

調査段階ごとのポイント

　アンケート調査は、事業構想段階や商品開発段階といった、段階ごとに最適な方法で行うのがよいとされています。一例として、下図では、新商品の開発段階別に適したアンケート調査の手法を紹介します。

図 | **新商品の開発における主なアンケート調査タイプ**

出所 筆者作成

　アンケート調査を実施する際は次の3つのポイントに留意してください。

① アイデア出しの段階で顧客のインサイトやニーズを捉える

　新商品や新サービス、ビジネスプランなどのアイデアを出す初期の段階で「**そのアイデアが顧客のインサイト（感情や想い）を捉えているか、またニーズに合致しているか**」を調査することが大切です。

　この段階では、顧客の実態把握のための**U＆A調査**（Usage and Attitude：使用実態と態度）を行い、顧客のライフスタイルや購買行動を理解するとよいでしょう。

② 具体的な商品プランの検討段階で顧客の嗜好をつかむ

ビジネスプランや、商品・サービス開発を具体的に進める段階では、**マーケティングの4Pに沿ってアンケート調査を重ねていきます**。そうすることで、現実的な企画の輪郭を描くことができます。

プランニングや開発の段階に応じて、顧客が好む商品の色や形などの特徴（Product）、購入してもよいと考える価格帯（Price）、顧客が接しているメディアを活用したプロモーション（Promotion）、日常的に商品やサービスを購入している販路（Place）などの調査を行うといいでしょう。

③ アンケートを設計する際は事前に調査仮説を立てる

アンケートを設計する際は事前に「調査仮説」を立てることが重要です。

調査仮説とは、**アンケート調査で証明したい「課題に対する仮説」**です。調査仮説がないと、どのような調査項目を立てるべきかが不明確になるため、調査項目が膨大になりますし、また調査後に「**必要なデータがない**」といったことが起こる可能性も高まります。

例えば、U&A調査では、顧客の生活や行動についてどれだけ鋭い視点で、かつ網羅的に仮説を検討したかによって、アンケート調査の有用性が大きく異なります。

アイデア出し段階のアンケート調査では「**どのような結果を得られたら、そのアイデアやコンセプトを進めるか**」といった条件や基準値を決めておくとよいでしょう。

ここが
ポイント！
**アンケートを設計する際は、
事前に「調査仮説」を立てる**

調査会社には過去の調査結果を蓄積したデータベースが存在し、これまでの調査結果から今回の結果がどのような評価に該当するかを見極めるための基準値があります。そのため「**その基準値を超えれば、成功確率が上がると判断する**」ということも可能なので、データベースを保有する調査会社に依頼することも有効でしょう。

アンケート調査の設計方法

アンケート調査を設計する際は、事前に次の4つの項目について検討するとよいでしょう。

① 調査目的

まずは、**調査目的**（調査によって明らかにすべきこと）を明確にします。基準値がある場合は「〇〇という指標で、〇〇以上」といった具体的な値も設定します。

> 例 ターゲットグループが購入の際に何を重視するかを明確にする

> 例 複数のコンセプト案の中で、ターゲット顧客の評価が高い案を選定し、支持理由や改善点を明確にする

② 調査対象者

調査対象者を検討します。**サンプルの規模**と**サンプルの属性**をそれぞれ決定します。

サンプルの規模

サンプルの規模とは、**調査対象者の数**です。アンケート調査の分析結果が有効といえる最小単位（人数やグループなど）で決定する必要があります。

なお、サンプルの規模は、アンケートを実施した際に生じる誤差が許容範囲とみなされる回答者数を満たすことが重要です。調査対象が大規模であるほど、アンケート回答者は多数必要になります。

サンプルの属性

サンプルの属性とは、**性別や年齢、地域、職業、年収といった、アンケート調査対象者のプロフィールのこと**です。アンケート調査は基本的に「**セールスターゲットとなる属性の人たち**」を母集団として調査を行います。

なお、ブランドイメージなど、個別の商品やブランドに関する調査を実施する場合は、性別や年齢といった属性ではなく、**特定のブランドユーザーや特定のニーズを持つ人たち**を調査対象者に設定することもあります。

アンケート調査は、サンプリングによる調査のため「**母集団と同じ構成比であれば市場を反映している**」と考えられます。そのため、日本のような高齢化が進む国で全国民を対象とする調査を設計する際は、人口比率に従って高齢者層の割合を多くすることがあります。ただし、このような場合でも、年代を均等に割り当てて各世代の意見を広く聴取するケースも多々あります。どちらの方法を採用すべきかは、アンケート調査の目的によって異なるので注意してください。

③ 調査地域

調査地域とは、**アンケート調査を実施する場所**です。例えば、日本全国で行うのか、首都圏のみで行うのかということです。

どの地域で実施すべきかは、調査の目的によって変わります。なお、全国区のビジネスや商品・サービスについて調査をする場合、日本全国で調査をするのではなく、**首都圏のみ、または首都圏と関西圏のみで実施することが多い**です。地域サービスなどは、特定の地域を対象に調査を設計します。

④ 調査項目

調査項目は、調査の目的に応じて作成します。

例えば、新商品に関するアンケート調査であれば、備えてほしい機能の種類や、複数のデザイン画像を提示して選択してもらうといいでしょう。購入したい価格については単独価格でもいいですし、「○○円～○○円」のように幅を持たせて、複数の項目を作ってもいいでしょう。

質問の記載順序に留意する

調査項目を作成する際は「質問の記載順序」に留意することが必要です。

一般的には、**抽象度の高い、または大きい概念の質問を先に記載し、個別具体的な質問をその後に記載します**。

例えば、飲料の調査であれば、飲料カテゴリの購入頻度など、カテゴリに関する項目を先に記載してから、個別のブランドの認知や購入経験などを記載するようにします。他にも、アイデアやコンセプトを評価する調査では、**先に記載した質問が、後ろの回答に影響を与えないように注意する必要があります**（特定のアイデアについてポジティブな情報であるなど）。

アンケート結果を、ビジネスプランや商品・サービス開発の意思決定に活用できる客観性の高いデータとするためには、アンケート調査の実施方法や調査項目に注意する必要があります。調査対象者の選び方が、自社に有利な結果をもたらすようになっていないか、調査項目の文章や順番が結果に影響を与えていないかに注意してください。

事例・参考例① セブンイレブン「金の食パン」

　セブンイレブンは、日本で売上ナンバーワンのコンビニエンスストアとして、数多くの商品を販売しています。中でも「**セブンプレミアム**」は、良質・高価格を打ち出した収益率の高いプレイベートブランド商品です。

　コンビニエンスストアで高価格帯のプライベートブランド商品を販売するにあたって、**セブンイレブンは商品開発の段階ごとにアンケート調査を実施して仮説検証を繰り返しました**。

　例えば、セブンプレミアム商品の1つである「**金の食パン**」は、1斤250円という、食パンとしては高価格に属する商品です。

　セブンイレブンはまず、「パンのマーケットがどのようになっているのか」を調査し（実態調査）、顧客ニーズを把握しました。日本のパンマーケットは、食パンのような主食系のパンと菓子パンとがあり、その規模は半々です。ところが顧客への購買実態調査の結果、「**セブンイレブンでは食パンのシェアが著しく低い**」ことが判明しました。工夫をすればもっと売れるはずだという仮説を元に、食パンをセブンプレミアムの戦略商品とすることに決定しました。

　次に、プレミアムな食パンが顧客に受け入れられるかという仮説を検証するにあたっては、大規模なアンケート調査（「生活者1万人アンケート調査」野村総合研究所が毎年実施）で検証しました。そこで顧客のニーズが「**値段が高くとも品質のいいもの、おいしいものを購入したい**」という志向に移っていることがわかり、開発を進める判断をしました。

　新商品ができあがった段階では、セブンイレブンの商品開発のための会員組織「プレミアムライフ向上委員会」に登録している200人の顧客に対して商品テストを行いました。「金の食パン」と「競合の食パン」を家庭に届けて評価を得る**ホームユーステスト（HUT）**を実施し、対象者の7割から「金の食パン」のほうがおいしいという回答を得て、新商品が店頭に並ぶことになりました。

事例・参考例② カプコン「バイオハザードヴィレッジ」

アンケート調査は**サービス企画**でも実施されます。

カプコンが2021年5月に発売した「**バイオハザードヴィレッジ**」では、発売前に日本・海外を含む「**商品モニターテスト**」(実際に調査対象者にゲームをプレイしてもらうテスト)に加えて、広告プロモーションの効果を検証するためのアンケート調査と、発売後のアンケート調査を実施しました。

発売前の商品モニターテストは、アンケート調査に同意してくれたゲームユーザーを対象に、発売前にゲームを体験してもらうものです。

「**バイオハザードヴィレッジ**」では、発売前に2回の調査を実施しました。1回目はロサンゼルス、ニューヨーク、フランクフルト、香港、日本で大規模な調査を行いました。その際、対象者から収集した意見をもとに商品を改善して、2回目の調査を行いました。

「バイオハザードヴィレッジ」のコンセプトは「死にもの狂いのサバイバルホラー」です。プレイヤーは次から次へ起こることに対して、必死に対応し、走り回り、射撃を繰り返すというゲーム体験を提供します。顧客調査でそのコンセプトは評価されたものの、商品モニターテストでは「考える余地がない」という回答がありました。この調査結果を受けて、カプコンはゲームの内容を一部作り変えて発売し、記録的な大ヒットを達成しました。

組み合わせて使えるフレームワーク

エスノグラフィ (p.132)、**デジタル・エスノグラフィ** (p.139)

エスノグラフィを用いると、顧客(消費者など)の潜在的なニーズを理解できます。そのため、アンケート調査の仮説を立てる際に、エスノグラフィの結果を活用できます。また、**デジタル・エスノグラフィ**を用いると、アンケート調査の方向性や仮説を検討することができます。

ジョブ理論 (p.148)

アンケート調査の結果と**ジョブ理論**を組み合わせると、顧客ニーズを深く探索して、整理することができます

参考文献・参照資料

中野崇 著『マーケティングリサーチとデータ分析の基本』すばる舎、2018年
博報堂生活総合研究所 著『生活者の平成30年史　データでよむ価値観の変化』日本経済新聞出版社、2019年

23

顧客は何を思い、何を感じているのか

UXリサーチ

UX Research

Tags 情報の記録・整理　商品/製品・サービス企画　チームで使える
Origin ―

こんなときに
使える！ **顧客の「体験」を製品開発に活かしたい**

概要

UX（User Experience）は、デジタルビジネスが次々と誕生した2000年代に注目されるようになったキーワードです。

最初にUXという言葉を用いたのは、認知学者であり、Appleのフェローも務めたアメリカのドナルド・ノーマン氏です。

ISO（国際標準化機構）の定義などを踏まえると、UXとは以下のように定義できます。

図 │ **UXの定義**

- UX とは、ユーザーがシステムや製品、サービスを使ったときの知覚や反応
  （例：感情、好み、知覚、快適さ、行動、達成感など）

- ユーザーの知覚や反応は「使用前」「使用中」「使用後」のそれぞれで起こる

- UX は、システムや製品、サービス以外からも生じる
  （例：ブランドイメージ、機能、使った際の動き、サポート機能など）

- UX は、ユーザーの利用状況や、身体的な状態からも生じる
  （例：過去の体験、態度、スキル、能力、性格など）

出所 ISO 9241-210:2019, Ergonomics of human-system interaction-Part 210: Human-centred design for
interactive systems
(https://www.iso.org/obp/ui/#iso:std:iso:9241:-210:ed-2:v1:en.)

UXリサーチのアプローチ

UXリサーチには、**定量調査**と**定性調査**の両方のアプローチがあります。

例えば、Webサービスの定量的なUXリサーチならば、顧客であるユーザーがページのどの部分を重点的に見ているかをヒートマップで可視化したり、クリックされやすいバナーとそうではないバナーを数量的に比較したりして課題を検討します。

一方、定性的なUXリサーチでは、顧客行動の観察やインタビューを通して、サービス利用時の感情や満足・不満足を調査して課題を検討します。

IT企業はもとより、製造業や金融業といった多くのビジネスがデジタル化し、アプリなどを通じて顧客と接点を作っていく中で、UXリサーチの重要性が増しています。

> **ここが ポイント！**　**UXリサーチには、定量調査と定性調査の両方の アプローチがある**

使い方

顧客であるユーザーが製品やサービスを使用することで得る体験は、使用前・使用中・使用後を通して継続的に起こることから、**UXリサーチも時間経過に沿って行う必要があります**。

具体的には、UXリサーチは次の3つの段階を意識して行います。

- 製品やサービスの企画段階
- 実際にリリースし、利用している段階
- 改善段階

企画段階では、インタビューや**アンケート調査**（p.172）を行って**ユーザーの潜在ニーズ**を探ります。製品やサービスを使う際の「**感覚や感情**」といった経験がユーザーの意思決定に大きく関わる製品は、ユーザーが何を求めていて、何に不満を感じているのかを理解することが出発点になります。また、リリース前に試作品を使ってもらい、使用感を調査する「**ユーザービリティ・テスト**」も行います。

実際にリリースし、利用している段階では、**サービスの改善点**を発見するために
リサーチを行います。継続的にインタビューやアンケート調査を行って使い勝手
の良し悪しを把握し、「どの段階で離脱が増えるのか」などを、実際のデータを
用いて検証します。このとき、ライトユーザーやヘビーユーザーといった**ペルソ
ナ**（p.156）を設定して、具体的に検証すると現実的な改善点が見えやすくなりま
す。

　改善段階では、データを可視化した**サービスブループリント**（p.224）を用いて、ユー
ザーの利用頻度や売り上げにインパクトを与える改善点を定量的に検証します。

UXリサーチでは、アナリティクスデータなどを活用すると、利用頻度や利用時
間、離脱ポイントなどを把握しやすいため、定期的にデータ検証を行うといい
でしょう

図 ｜ **UXリサーチの流れと手法**

事例・参考例① メルペイ「eKYC」

　売り手と買い手の両方が消費者になる**C2Cサービス**では、アプリやプラット
フォームの使い勝手の良し悪しが利用顧客の数を左右します。

　そこで**メルペイ**では、専門のリサーチャーがプロダクトマネージャーやプロダ
クトデザイナーを支援し、毎週のように顧客へのインタビューを行い、使用性や
顧客行動を調査しています。

　2019年に提供が開始されたオンラインの本人確認サービス「**eKYC**」（KYC：
Know Your Consumer）は、スマートフォンのカメラで本人確認証明書と本人写
真を撮影することで、決済サービスの登録を行うサービスです。2018年11月に法
律が改正されてオンラインのみでの本人確認が可能になった直後から、メルペイ
は開発を開始し、半年後にリリースしました。

図 | eKYCを開発する際のUXリサーチ

2018年11月	2019年1月	2019年3月	2019年4月
● 違法な送金を防止する犯罪収益移転防止法が改正される ● 対面または書面による本人確認に加え、オンライン上での確認が可能になる	● プロトタイプを作成し検証を重ねる	● 開発段階で、ユーザーが実際に使った時の感覚や感情を調査するリサーチと改善を繰り返す	● サービスリリース リリース後もユーザーのスマホで調査を継続

ユーザー調査(14週間)　ユーザー調査継続

プロトタイプ・テスト　ユーザビリティ・テスト(毎週)

ユーザー調査結果の分析

出所 松薗美帆「メルペイが実践する「アジャイルUXリサーチ」とは」を参照して筆者作成

　メルペイのeKYCでは、ユーザーが本人確認書類を片手で持ち、もう一方の手でスマートフォンを持ち、自分の顔を同じ画面に収めて画像を撮影します。その際、本人の画像を立体的に把握するために、アプリに表示される指示にしたがって顔の角度を変えたり、確認書類の面を変えたりする必要がありました。

　メルペイは、リリース前の14週間にわたり、56人のユーザーに画像撮影を行ってもらうことで、以下の点を明らかにするUXリサーチを行いました。

- 本人認証をスムーズに行うことができるか
- スムーズに行えない場合、どのような点がわかりづらいか

　上記のようなUXリサーチを繰り返すことで、リリース直前までに完了率を向上させました。精度の高いサービスをリリースするには、この事例のように、短期間でUXリサーチを繰り返す「**アジャイル・UXリサーチ**」が有効です。

図 | メルペイのeKYC

1 顧客の顔と免許証を確認

自分のスマホで撮影する

2 本人情報を入力

姓	山田
名	太郎
姓カナ	ヤマダ
名カナ	タロウ

名前、住所などを入力

出所 メルペイ「スマホ決済サービス「メルペイ」オンラインで完了する本人確認(eKYC)を導入、加盟店での購入代金の後払いサービス「メルペイあと払い」も開始」
(https://jp.merpay.com/news/2019/04/ekyc_postpay/)を参照して筆者作成

　動画配信サービスで世界最大の顧客規模を誇る**Netflix**は、サービスを開始した2007年から、UXリサーチの手法を用いて、Webサイト上の顧客行動データの可視化や分析を行い、顧客体験を改善し続けています。

　例えば、作品ラインナップに表示される画像には複数の種類が用意され、ユーザーによってどのような画像が選ばれやすいかを調査する「ABテスト」を行って、より好まれるものを採用しています。

　また、作品選択の際にどのようなキーワードが入力されるか、検索とレコメンドのどちらがより多く使われるかといったデータを収集・活用し、AIによるレコメンデーション・エンジンを構築しています。

　Netflixを使用する顧客のおよそ75％がレコメンデーションから次に観る作品を選んでいると同社は発表しています。

組み合わせて使えるフレームワーク

エスノグラフィ（p.132）

　UXリサーチのプロセスにある「プロトタイプ検証」を行う際は、**エスノグラフィ**の手法を用いてその製品やサービスを実際にユーザーに使ってもらうことで、隠れた課題を見つけることができます。

デジタル・エスノグラフィ（p.139）

　新規サービスを開発する際や、利用されているサービスを改善する際に、**デジタル・エスノグラフィ**を行うと、顧客の消費行動をより明確に把握できます。

📚 参考文献・参照資料

松薗美帆、草野孔希 著『はじめてのUXリサーチ　ユーザーとともに価値あるサービスを作り続けるために』翔泳社、2021年

Jaime Levy 著、安藤幸央・長尾高弘 訳『UX戦略　―ユーザー体験から考えるプロダクト作り』オライリー・ジャパン、2016年

松薗美帆 (2020)「メルペイが実践する「アジャイルUXリサーチ」とは」(https://uxmilk.jp/86816)

第 **3** 章

（ 分析・検証する ）

　本章では、分析や検証を効果的に実施するための手法を紹介します。

　アイデアなどを創出した後、もしくはリサーチして課題を発見した後は、そこで得た「**一次情報**」、および他から得た「**二次情報**」をもとにしてさまざまな分析や検証を行い、それらを「**使える情報**」にしていく必要があります。

　なお、高度な分析や検証を効率よく実施するためには、さまざまな手法を理解しておく必要があります。例えば「**アイデアなどをもとに課題をわかりやすくする手法**」や「**課題を分析したうえで戦略策定や施策立案を行う手法**」を理解しておく必要があるでしょう。

ⓘ 本章で紹介するフレームワーク

　分析や検証を行うための手法は、世の中に数多く存在します。本章では、その中でも特に役立つ11個を掲載しています。この11個の中には、本書独自の手法として、いくつかの手法を統合したものや新たな使い方を提案しているものもあります。

事業戦略を策定するための分析・検証

　事業戦略を策定するための分析・検証には「PEST＋5フォース分析」（外部環境分析）や「バリューチェーン×VRIO分析」（内部環境分析）を用います。これらの分析から、自社の強み（S：Strength）や弱み（W：Weakness）、機会（O：Opportunity）や脅威（T：Threat）を導き出します。

　また、SWOTがすべて出揃うと「クロスSWOT分析」で戦略の方向性（S×O、S×T、W×O、W×T）を導き出すことができます。

機能（マーケティング）戦略を策定するための分析・検証

　機能（マーケティング）戦略を策定するための分析・検証には「STP＋4P分析」を用います。

　また、顧客との関係を深めるための顧客心理や行動を分析する手法である「消費者の意思決定プロセス分析」や、顧客のサービス購買体験を分析する手法である「サービスブループリント」も活用できます。

　他にも、商品・サービスや顧客を定量的に分析・検証し、注力する領域を導き出すことができる「パレート分析（ABC分析）」や「RFM分析」も、機能（マーケティング）戦略の策定時に役立つ手法です。

論理展開のための分析・検証（課題整理・概算・優先順位）

　問題や課題を論理的に整理する際は「ロジックツリー」を用います。

　また、該当する領域の市場規模を概算する際は「フェルミ推定」を用います。

　さらに、方向性などの要素がいくつか列挙された際は、定性的な情報から各々の"大/中/小"を位置付け、優先順位を付ける「効果×実現性分析」も有効です。

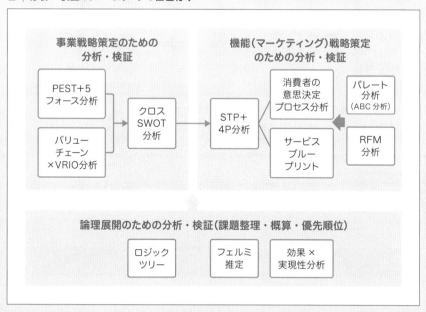

外部環境を見る方法

24 PEST＋5フォース分析

PEST & Porter's Five Forces Analysis

Tags 情報の記録・整理　経営環境の理解　組織で使える
Origin PEST分析：マーケティング分野の第一人者フィリップ・コトラーが考案
5フォース分析：アメリカの経営学者マイケル・E・ポーターが考案

こんなときに使える！ 外部環境を抜け漏れなく分析したい

概要

　ここで紹介する**PEST＋5フォース分析**とは、元々は個別に考案された「**PEST分析**」と「**5フォース分析**」の2つの分析手法を組み合わせたものです。この分析手法を用いると、**外部環境を抜け漏れなく分析**できます。

　PEST分析とは、外部環境をマクロ的な（より大きな）視点で分析する手法です。「PEST」の4文字はそれぞれ、**政治**（Politics）・**経済**（Economy）・**社会**（Society）・**技術**（Technology）の頭文字です。この4つの視点から、外部環境に潜む自社にプラスやマイナスのインパクトを与える要因を整理し、影響度を評価します。

図｜PEST分析

Politics：政治的要因
主に政治的な事象や法規制などが、業界に大きな変化をもたらす可能性を分析

Economy：経済的要因
主に景気や物価変動による業界の価格変化などについて分析

Technology：技術的要因
主に関連する技術や製品の普及状況などが、業界に変化をもたらす可能性を分析

Society：社会的要因
主に国民・生活者のライフスタイルなどに影響する指標について分析

5フォース分析とは、**業界の競争環境をミクロ的な（より細かい）視点で分析する手法**です。5フォース分析では、5つのフォース（force：力）を洗い出して、プラスやマイナスのインパクトを与える要因を整理し、影響度を評価します。

図 | 5フォース分析

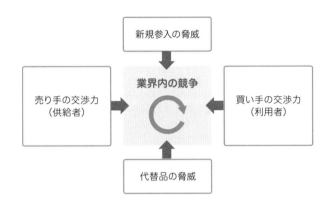

使い方

　PEST＋5フォース分析では、元々は個別に行っていた2つの分析を、下図のような9象限の図を用いて、1枚の紙上にまとめて記入し、分析します。

図 | PEST＋5フォース分析

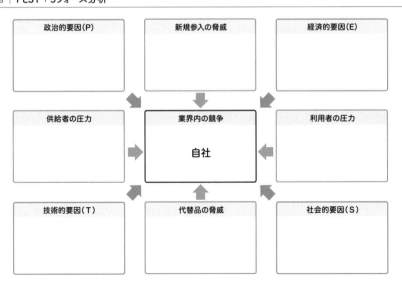

PEST分析

先にPEST分析を行います。9象限の左上、右上、右下、左下にPEST分析のP（政治）、E（経済）、S（社会）、T（技術）の各要因を洗い出します。

表 | PEST分析

頭文字	解説
P	業界に大きな変化をもたらす可能性がある**政治的要因**を洗い出す。例えば、政府・自治体の方針変更、業界に関連する法制度の改正・規制強化や緩和、税制、外交面など
E	業界に大きな変化をもたらす可能性がある**経済的要因**を洗い出す。例えば、景気動向の影響や、物価変動による業界の価格変化、失業率、金利・為替動向、補助金の政策など
S	業界に大きな変化をもたらす可能性がある**社会的要因**を洗い出す。例えば、人口動態、トレンドや文化、教育制度、ライフスタイルの変化など
T	業界に大きな変化をもたらす可能性がある**技術的要因**を洗い出す。例えば、ICTやAI、IoTなどの新技術の発展、関連技術・製品の普及状況、その技術開発への投資や特許出願状況など

なお、PEST分析では、あくまでも「**自社に関係する要因のみ**」を洗い出してください。自社に関係のない要因まで洗い出すと分析対象がぼやけてしまいます。また、後々の戦略立案に活用するため、問題となりそうな向かい風の要因だけでなく、**追い風となるような要因も**挙げてください。

5フォース分析

続いて、**5フォース分析**に移ります。5フォース分析は、自社の競争環境を取り扱うミクロ分析になります。

Memo 「①**業界内の競争**」は今現在のことなのでわかりやすいのですが、「④**新規参入**」や「⑤**代替品の脅威**」は未来のことなので書きづらいかもしれません。そのため、思いついたときに徐々に増やせば良いでしょう。

表｜5フォース分析

5フォース	解説
①業界内の競争	9象限の中央に「業界内の競争（競合他社の状況）」を書き出す。 競合が多く、業界自体の供給が過多（参入企業が多い）の場合、価格競争に陥っているケースや、技術革新などによる製品のライフサイクルが短くなっているケースもある。それらも含めて自社に影響する事象を取り上げる
②供給者の圧力	中段左にサプライヤーである「供給者の圧力（売り手の交渉力の状況）」を書き出す。供給者（売り手）の数が少なく、一部企業が寡占している場合は、売り手の価格交渉力が強くなる
③利用者の圧力	中段右に顧客である「利用者の圧力（買い手の交渉力の状況）」を書き出す。どの企業も同じような製品を作っている場合は、利用者（買い手）は最も低い価格で購入するだろうし、その企業にしかない製品の場合は高い価格でも購入することになるだろう。 なお、下請の部品メーカーの場合、利用者は元請の取引先や商社、代理店などになるが、その先のエンドユーザー（消費者など）が誰なのかも見ておく必要がある。そこまで書き出さないと、後々の戦略策定を見誤ってしまう
④新規参入の脅威	上段中央に「新規参入の脅威」を書き出す。新規参入の脅威とは、他社が新しく業界内に参加してくる可能性があるか、というリスクである。参入障壁が低い（新規参入が容易な）場合は、すぐに競争が熾烈になる
⑤代替品の脅威	下段中央に「代替品の脅威」を書き出す。代替品の脅威とは、現在の製品に代替する製品が存在するか、もしくは将来出てくる可能性があるかといったリスクである。代替品が存在する場合、価格によっては顧客が乗り換える可能性もある

事例・参考例① **トヨタ自動車**

トヨタ自動車（以降、トヨタ）は、1937年創立の愛知県豊田市に本社を置く、日本自動車産業の雄であるのみならず、日本全体でも有数の企業です。連結の売上高は30兆円程度あり、従業員数も35万人を超えます。

トヨタの強みは開発力にあります。本業の自動車事業の技術開発では、ガソリンや電気、水素、そのハイブリッド技術、安全技術などにおいては業界トップ企業として網羅的に対応しています。サプライチェーンでの下請企業との協働にも定評があります。また、近年では、自動車離れの若者などを対象として、自動車のサブスクリプションサービス「KINTO」にも力を入れています。

トヨタの本業のPEST＋5フォース分析を行うと次の図のようになります。

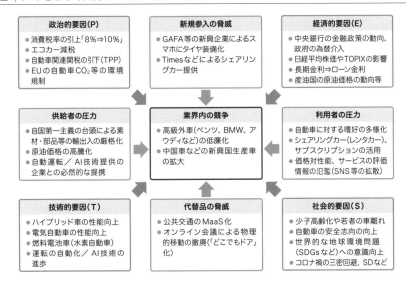

政治的要因(P)
● 消費税率の引上「8%⇒10%」
● エコカー減税
● 自動車関連関税の引下（TPP）
● EUの自動車CO₂等の環境規制

自動車産業では、税制面や金融政策、若者の車離れ、電気自動車の位置付けが挙がっています。一方、業界内の競合には、外国車などが挙げられますが、他にもGAFA（Google、Apple、Facebook、Amazon）やMaaS（Mobility as a Service）などの影響も考えられます。

トヨタは、日本のビジネスパーソンならば誰でも知っている製造業であるため一般的に取り上げましたが、もちろん中小の製造業でもPEST＋5フォース分析は可能です。

事例・参考例② リゾートトラスト

リゾートトラストは、愛知県名古屋市に本社を置く、富裕層をターゲットとした会員制リゾートホテル「エクシブ（XIV）」やシティホテルなどのブランドを運営している企業です。また、グループ企業においてレストラン、ゴルフ場、クルーズ、メディカル、シニアレジデンスの運営、サプリメントや化粧品の販売なども手掛けている日本有数のサービス業でもあります。近年では、グループ共通の「RTTGポイントクラブ」も開始し、業態間の相互送客やホテルのエントリー顧客の会員化も行っています。

リゾートトラストのPEST＋5フォース分析を行うと次の図のようになります。

図 | リゾートトラスト（本業）のPEST＋5フォース分析

政治的要因（P）	新規参入の脅威	経済的要因（E）
● 消費税率の引上「8%⇒10%」 ● GOTOトラベルなどのキャンペーンの開催および中止	● 民泊による自宅のシェアリング ● 中国系ホテルの国内参入・撤退の繰り返し	● 富裕層の個人金融資産の上昇 ● 自粛による消費の落ち込み

供給者の圧力	業界内の競争	利用者の圧力
● 除菌/ウイルス除去の必要性等による清掃単価の上昇 ● 一等地の土地単価の上昇 ● ホテル稼働率の低下による取引先の関連倒産	● 外資系リゾートホテル（ヒルトン、マリオットなど）の汎用化 ● 日系ホテル（オークラ、プリンスなど）の会員の囲い込み ● 東京五輪後のホテル供給過剰	● コロナ禍の旅行自粛 ● ワーケーションやステイケーションの需要 ● おひとりさま需要 ● 比較的安い中古会員権の購入

技術的要因（T）	代替品の脅威	社会的要因（S）
● 受付の自動化（AI導入） ● 無線通信（WiFi、5G等）の進化 ● VR/ARの進化	● 新型コロナ感染の軽症者の治療施設化 ● VR/ARの旅行による物理的移動の撤廃（「どこでもドア」化）	● リモートワーク文化 ● コロナ禍の三密回避、SD ● オンライン消費文化 ● 「いつもより贅沢」の追求

　ホテル業界は2020年からのコロナ禍の影響が大きく、利用の落ち込みやオンライン化、自動化が進みました。また、業界内の競合には、外資系ホテルなどが挙げられますが、民泊の参入やVR/ARによる代替などの影響も考えられます。

組み合わせて使えるフレームワーク

―バリューチェーン×VRIO分析（p.194）

　PEST＋5フォース分析を行う際に、**バリューチェーン×VRIO分析**を組合せると、企業の外部環境と内部環境の両方をほぼ網羅し、可視化できます。

■■ 参考文献・参照資料

フィリップ・コトラー 著、月谷真紀 編訳『コトラーのマーケティング・マネジメント』桐原書店、2001年
日本総研・経営戦略研究会 著『経営戦略の基本』日本実業出版社、2008年
ハーバード・ビジネス・レビュー編集部 編集、DIAMONDハーバード・ビジネス・レビュー編集部 翻訳「ハーバード・ビジネス・レビュー ストラテジー論文ベスト10『戦略の教科書』」ダイヤモンド社、2019年
グロービス 著、嶋田毅 執筆『グロービスMBAキーワード 図解 基本ビジネス分析ツール50』ダイヤモンド社、2016年
安岡寛道 監修『事業戦略－策定の手引き＜第3版＞』(公財)高知県産業振興センター、2019年

25 バリューチェーン×VRIO分析

何を強みにして、どのように生き残っていくべきか

Value-Chain × VRIO Analysis

Tags 情報の記録・整理　経営環境の理解　組織で使える

Origin バリューチェーン分析：経営学者で、競争戦略の第一人者であるマイケル・E・ポーターが提唱
VRIO分析：経営学者のジェイ・B・バーニーが考案・提唱

こんなときに使える！ ▶ 「自社の強み」を再確認したい

概要

ここで紹介する**バリューチェーン×VRIO分析**とは、「**バリューチェーン分析**」と「**VRIO分析**」という2つの分析手法を組み合わせたものです。

バリューチェーン分析

バリューチェーン（価値連鎖）とは、製品やサービスの企画・開発から製造、販売、アフターフォローまでの細分化された企業活動の流れのことです。

バリューチェーン分析とは、このバリューチェーンの中で自社が行っている業務や機能を洗い出すことによって、自社の強み（または弱み）を把握・分析する手法です。バリューチェーンの流れを整理したうえで、各過程において、強みのある過程を○（もしくは△）で図示します。

図 │ バリューチェーン分析

	企画・設計	マーケティング	開発・調達	製造	出荷・物流	(最終消費者)販売	アフターサービス
強みのある過程（収益源泉）	△	○	○	○			

バリューチェーン分析を行うことで、バリューチェーンの各活動に存在するプレーヤーと自社の位置付けを整理できます。

　なお、**バリューチェーンは業種や企業によって異なります**。例えば、製造業、建設業、飲食業では下図のようになります。そのため、自社事業の現状を整理して、バリューチェーンの各過程を具体的に明確にしたうえでVRIO分析に移る必要があります。この各過程が細分化されずに抽象的になってしまうと、分析結果である「**自社の強み**」があいまいになってしまいます。

図 ｜ 業種別のバリューチェーン

注）製品・サービスが供給されるまでの価値の連鎖がバリューチェーン（VC）
　　必要に応じて各項目を詳細化することも可能

ここが
ポイント！　　**バリューチェーンは業種や企業によって異なる**

VRIO 分析

　VRIO分析とは、**自社の製品・サービスや組織・体制などが、他社と比べて「特異なもの」であるのかを分析する手法**です。

　VRIO分析では、以下について分析することで**企業が有する経営資源**の評価を行い、競争の優位性を判断します。

- **V**（Value）　　　：「価値」はあるか
- **R**（Rarity）　　　：「稀少性」はあるか（稀少か）
- **I**（Inimitability）：「模倣困難性」はあるか（模倣困難か）

　さらに、以下を分析することで「**成果へのつながりやすさ**」を評価します。

- **O**（Organization）：「組織」は適切か

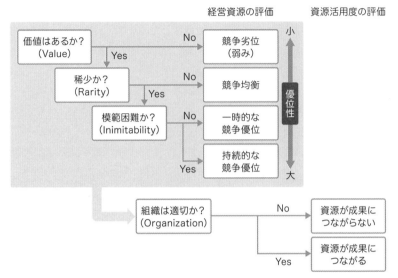

経営資源の評価　資源活用度の評価

出所 ジェイB.バーニー 著『企業戦略論（上）基本編』（ダイヤモンド社）より一部抜粋

このように、バリューチェーン分析とVRIO分析を組み合わせることで、より具体的に企業の内部環境を分析できます。

使い方

バリューチェーン×VRIO分析では、p.194で図示したバリューチェーン分析にVRIO分析を加えます。

バリューチェーンの各項目に**V**（価値）、**R**（稀少性）、**I**（模倣困難性）、**O**（組織適合性）を加えることで、バリューチェーン分析とVRIO分析を掛け合わせたマトリクス（表）を作成します。

バリューチェーンの各過程の項目について、**V**、**R**、**I**、**O**を判断すると、各々**の強みの度合い（どの程度強いのか）**を確認できます。IやOまで強い項目は、バリューチェーン分析上では、相対的に「○」よりも強い要素（例えば「◎」）になりえます。

図　バリューチェーン×VRIO分析

VRIO ╲ VC	企画・設計	マーケティング	開発・調達	製造	出荷・物流	販売	アフター・サービス
V（価値）							
R（稀少性）							
I（模範困難性）							
O（組織）							

V（価値があるか）の判断が難しい

VRIO分析では、**V（価値があるか）の判断が特に難しい**ため、判断に迷ったら場合は、外部環境を加味し、また他社と比較したうえで分析するとよいでしょう。Vがなければ、**競争劣位**（弱み）になります。

なお、Vがあったとしても、**R（稀少性）**がなければ、**競争均衡**となり、さらに、Rがあったとしても、**I（模倣困難性）**がなければ**一時的な競争優位**となります。持続性のある競争優位を保持するにはVRIOのすべてが必要です。そこに**O（組織適合性）**があれば、経営資源が成果につながりやすいといえます。

事例・参考例① 鋳造（中小）製造業者A社

地方にある鋳物を取り扱う中小製造業を例に、バリューチェーン×VRIO分析を紹介します。

この企業は、地方企業特有の下請企業であり、製品の企画や設計は元請企業に任せています。一方で、製造部門については強みを持っています。

自社の強みを再確認するために、「製造」工程をさらに分解します。ここでは製造工程を「**素材溶解→製粉→焼結→成形・加工→仕上→検査**」に分解した後、VRIO分析を行いました。

すると、A社は製造工程の中でも特に「**成形・加工→仕上**」に強みがあることがわかりました。

図｜鋳物を取り扱う中小製造業のバリューチェーン分析

	企画・設計	マーケティング	開発・調達	製造	出荷・物流	（最終消費者）販売	（アフター）サービス
自社が実施する事業工程（収益源泉）	△	○	○	強			
他社に任せる工程（必要リソース）	○	〈例〉素材溶解⇒製粉⇒焼結⇒成形・加工⇒仕上⇒検査			○	○	○
主なプレーヤー	X社				Y社／Z社		
競合：× 協力先：○（候補含）	×	×	×	×	○	○	○

下図のように、具体的にバリューチェーン×VRIO分析を行うことで、内部環境を深く理解することができます。

図｜鋳造の中小製造業者のバリューチェーン×VRIO分析

VC / VRIO	企画・設計	マーケティング	開発・調達	製造						出荷・物流	販売	アフター・サービス
				素材溶解	製粉	焼結	成形・加工	仕上	検査			
V（価値）	○	○	○	○	○	○	○	○	○	—	—	—
R（稀少性）		○	○	○	○	○	○	○	○	—	—	—
I（模範困難性）				○	○	○	○	○	○	—	—	—
O（組織）							○	○		—	—	—

事例・参考例② 飲食店B社

店舗を構える飲食業者を例に取り上げます。飲食業者は、顧客に料理を提供する接客業でもあるため、集客や調理に加えて、リピート（再来店）してもらうための顧客管理も非常に重要です。

バリューチェーン×VRIO分析を行うと、次の図のように内部環境を深く分析でき、何を強みにして、どのように生き残っていくかが明確になります。

図 ｜ 飲食B社のバリューチェーン×VRIO分析

VC / VRIO	メニュー開発	店舗開発	材料調達		集客	調理			配膳	店舗運営		顧客情報管理
			選定	適時調達		準備	加工	盛付		顧客対応	会計	
V（価値）	○	○	○	○	○	○	○	○	○	○	○	○
R（稀少性）			○	○	○	○	○	○	○	○	○	○
I（模範困難性）			○	○		○	○	○		○		○
O（組織）			○	○		○	○	○				

　この飲食店では、**材料調達**と**調理**の強みを生かして、ミシュランガイドなどへの掲載を狙い、より単価の高い顧客を誘導することも検討することができます。

組み合わせて使えるフレームワーク

― PEST＋5フォース分析（p.188）

　PEST＋5フォース分析と、バリューチェーン×VRIO分析を組合せると、**外部環境分析**と**内部環境分析**の両方をほぼ網羅し、可視化できます。つまり、この2つの分析を行えば、環境分析はほぼ行っているといえます。

■■ 参考文献・参照資料
マイケル・E・ポーター 著、土岐坤 翻訳『競争優位の戦略』ダイヤモンド社、1985年
ジェイ・B・バーニー 著、岡田正大 翻訳『企業戦略論（上）基本編』ダイヤモンド社、2003年
日本総研・経営戦略研究会『経営戦略の基本』日本実業出版社、2008年
グロービス 著、嶋田毅 執筆『グロービスMBAキーワード 図解 基本フレームワーク50』ダイヤモンド社、2015年
グロービス 著、嶋田毅 執筆『グロービスMBAキーワード 図解 基本ビジネス分析ツール50』ダイヤモンド社、2016年
安岡寛道 監修『事業戦略－策定の手引き＜第3版＞』(公財)高知県産業振興センター、2019年

我々はどの方向に進むべきか

26 クロスSWOT分析

Cross-SWOT Analysis

Tags 情報の記録・整理　経営環境の理解　組織で使える
Origin 経営学者のヘンリー・ミンツバーグが提唱

こんなときに使える！ 「自社の強み」を生かした事業戦略を検討したい

概要

クロスSWOT分析とは、**SWOT分析のS、W、O、Tをそれぞれ掛け合わせて、今後の事業戦略の方向性を検討する方法**です。

先にSWOT分析について解説します。

SWOT分析

SWOT分析の「SWOT」とは以下の4項目の頭文字です。

- Strength（強み）
- Weakness（弱み）
- Opportunity（機会）
- Threat（脅威）

SWOT分析では、自社の**内部環境**（社内リソースなど）と、**外部環境**（取り巻く競合など）を見ながらこれらの4項目それぞれについて洗い出し、4象限の表にまとめます。このとき、次のように考えると使いやすく、課題が見えてきます。

- 過去～現在の内部環境の分析から、S（強み）とW（弱み）を導き出す
- 現在～今後の外部環境の分析から、O（機会）とT（脅威）を導き出す

図 | SWOT分析の図

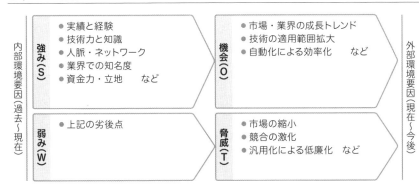

SWOT分析を行うと、**企業全体や個別事業の現状を把握し、戦略を策定できます**。より具体的には、新たな事業をはじめる際に、その担当者が自社のプラス要因である「**強み（S）**」を明らかにして今後を検討する場合や、反対に自社のマイナス要因である「**弱み（W）**」を明らかにして今後を補う場合に活用できます。また、今後のビジネスチャンスである「**機会（O）**」や、リスクである「**脅威（T）**」を考え、対策する場合にも用いることができます。

なお、SWOT分析において、S（強み）とW（弱み）に「**他社と似た内容**」を挙げてしまうケースが散見されますが、**それでは意味がありません**。クロスSWOT分析によって、他社とは異なる「差別化した戦略」を策定するためにも、特に**S（強み）には、他社にはない自社の特徴**を具体的に挙げることが重要です。

ここがポイント！ **自社のS（強み）には、他社にはない自社の特徴を具体的に挙げる**

Memo SWOT分析は、経営学者のヘンリー・ミンツバーグが提唱したものですが、ビジネス上の戦略策定プロセスとして明確になったのは、ハーバード・ビジネススクールのゼネラルマネジメント・グループのケネス・R・アンドルーズらによって書かれた『Business Policy: Text and Cases』（1965年）からだといわれています。

クロス SWOT 分析

SWOT分析の発展形である**クロスSWOT分析**では、外部環境や内部環境をまとめるだけでなく、それぞれの掛け合わせ（クロス）である**S×O、S×T、W×O、W×T**について検討します。そうすることで、今後挑戦できる事業領域（ドメイン）を導き出すことができ、ひいては自社の事業戦略を策定できます。

図 ｜ クロスSWOT分析の図

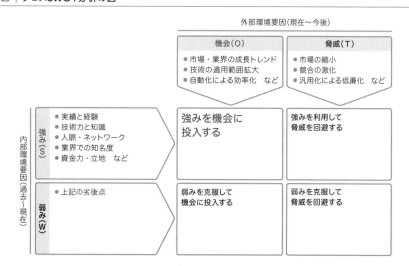

使い方

クロスSWOT分析では、次の順序で各項目を記入していきます。

① S × O

S×Oとして、**自社の強みを機会（ビジネスチャンス）に投入して、どう生かすか**を考えます。これにより「積極展開すべき事業戦略」を策定でき、他社と差別化していくことができます。積極展開とは、事業機会に対して自社の強みを最大限に生かすことです。

S（強み）はその企業の武器であるため、S（強み）をO（機会）に投入することがとても重要です。自社の強みをビジネスチャンス到来のタイミングに投入できれば、他社よりも有利になります。

　例えば、自社の技術力を市場のトレンドにタイミングよく投入することによって、他社よりも高性能の製品を売り出せます。

② S × T

　S×Tとして、**強みを利用して、脅威を回避すること**を考えます。脅威を認識する必要があるため、「**段階的施策**」の展開となるでしょう。段階的施策とは、自社の強みを利用して、脅威を徐々に避けることです。

　例えば、自社が参入している市場が縮小している場合、自社の資金力や技術力などの強みをもとにして、製品の投入先を徐々に別の市場に鞍替えしていきます。

③ W × O

　W×Oとして、**弱みを克服して、機会に投入すること**を考えます。機会はどの企業も狙っているため、いかに弱みを克服して「**差別化**」できるかがカギになります。

　例えば、自社の弱みが「実績があり過ぎて保守的になり、他の市場への展開を躊躇している」である場合、しがらみのない新規事業部門を立上げることで、市場のトレンドに合った製品を投入します。

④ W × T

　W×Tとして、**弱みを克服して、脅威を回避すること**を考えます。このケースでは「**守備・撤退**」することも検討します。

　例えば、利益率は低いが提供し続ける必要のある製品・サービス（例：航空会社の地方路線）がある場合、数を減少（例：航空路線の減便）させて維持します。

　また、赤字でも提供し続ける必要のある事業は、事業を他社へ売却するなどして撤退します。

Memo　中小企業の場合は、自社のW（弱み）のクロス部分（W×O、W×T）を検討しても、ようやく他社と同じになる場合が多く、なかなか次のビジネスにつながりません。また、S×O、S×T、W×O、W×Tのすべてを詳細に検討しても、リソースが十分にない場合は、後々実行ができなくなります。そのため、**中小企業の場合は、全部に手を出すのではなく、まずはS（強み）をO（機会）に投入することに専念して**ください。

　日産自動車（以降、日産）は、日本の大手自動車メーカーです。北米や欧州などの約50か国では高級車ブランドの「インフィニティ（Infiniti）」を展開しており、また、新興国向けには低価格ブランドの「ダットサン（Datsun）」を展開しています。

　ここでは、日産のPEST＋5フォース分析による外部環境分析や知りうる内部環境分析をもとにして以下のようなクロスSWOT分析を行いました。

図 ｜ 日産のクロスSWOT分析

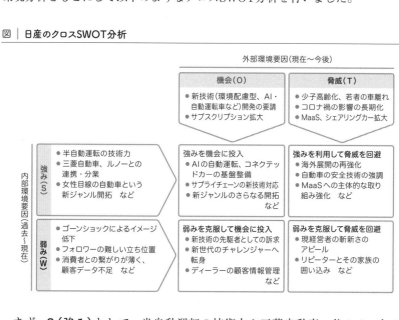

　まず、S（強み）として、半自動運転の技術力や三菱自動車、仏ルノーとの連携・分業、女性目線の自動車という新ジャンル開拓などがあります。

　また、自動車産業のO（機会）として、新技術開発の要請やサブスクリプション（定額料金支払の会員制サービス）市場の拡大などがあります。

　これらをもとにクロスSWOT分析を行うと、S×Oでは、AIの自動運転やコネクテッドカーの基盤整備、サプライチェーンの新技術対応、新ジャンルのさらなる開拓などが挙げられます。

　他の方向性として、S×Tでは、MaaS（Mobility as a Service）への主体的な取り組みがあります。そうしなければ、社会が欲するMaaSの動きから取り残され

てしまうため、自ら入り込んでいくのも有効でしょう。

また、**W×O**では、ディーラーの顧客情報管理があります。メーカーは顧客と接する機会が少ないため、顧客情報を管理してリピートなどを促す必要があるでしょう。**W×T**では、リピーターのみならず、その家族までの囲い込みなどが挙げられます。

事例・参考例② 野村総合研究所

野村総合研究所(以降、NRI)は、日本の最大手のシンクタンクであり、各種ソリューションを提供するシステムインテグレーター (SIer) です。

NRIの業態は日本独自の「**総合研究所**」です。製造業系の企業が有する「中央研究所」などとは異なり、シンクタンク、コンサルティング、SIer (企業内ではソリューションと呼称) の各機能を合わせ持った業態といえます。

NRIの外部環境分析や内部環境分析をもとに、SWOT分析を行いました。

図 | NRIのクロスSWOT分析

外部環境要因(現在～今後)

	機会(O)	脅威(T)
	● 混迷化会による提言の必要性 ● ベンチャーのエコシステム化 ● 企業間連携の拡大	● 国内市場の成長領域の縮小 ● コロナ禍の影響の長期化 ● マッチポンプへの懸念増加
強み(S) ● 問題発見から解決までのトータルソリューションの提供 ● 社会～経営に関する提言 ● 業務・システムの設計・運用 ● ビジネスの実行支援 など	**強みを機会に投入** ● シンクタンク力の再強化 ● CVCの強化と検証 ● SIerのM&A、スクラップ&ビルド ● 産学官民連携の推進 など	**強みを利用して脅威を回避** ● トータルソリューションからコンサルとシステムの分離 ● With/Afterコロナビジネスの創出 ● 自社単独事業の育成 など
弱み(W) ● 超大企業化による柔軟性の喪失 ● 政府要請の遵守による足かせ ● 日系企業としての長期雇用による人件費等の高騰 ● 有能社員の流出 など	**弱みを克服して機会に投入** ● 分社化によるのれん分け、強力な子会社/関連会社の育成 ● Up or Stay/Out制度の導入 ● ベンチャーへの出向促進など	**弱みを克服して脅威を回避** ● 海外での知名度の向上 ● 社内評価の超ワイダーバンド化 ● OB/OG組織の確立～有能OB/OGの出戻り促進 など

内部環境要因(過去～現在)

まず、**S(強み)**として、問題発見から解決までのトータルソリューションの提供などがあります。また、シンクタンクも備えたSIerの**O(機会)**として、社会提言の必要性やベンチャーのエコシステム化の進展などがあります。

これらをもとにクロスSWOT分析を行うと、**S×O**では、シンクタンク力の再強化やコーポレートベンチャーキャピタル（CVC）の強化と検証、M＆Aや産学官民連携などが挙げられます。

他の方向性として、**S×T**では、自社単独事業の育成があります。コンサルティングやSIer（システム提供）は受託事業が多いため、顧客企業が不況になると、自社事業を持っていないときつくなるかもしれません。

また、**W×O**では、子会社や関連会社の育成があります。自社ブランドが強いため、子会社はその付帯というイメージを払拭するためにも、子会社や関連会社の多くに独り立ちしてもらう必要があります。**W×T**では、海外での知名度向上などが挙げられます。自社ブランドが強いのは国内のみであるため、日本の不況時のリスクヘッジのためにもそうした展開が必要でしょう。

組み合わせて使えるフレームワーク

● — PEST＋5フォース分析（p.188）

PEST＋5フォース分析で導き出される外部環境要因を用いて、主にO（機会）とT（脅威）を導き出します。

● — バリューチェーン×VRIO分析（p.194）

バリューチェーン×VRIO分析で導き出される内部環境要因を用いて、主にS（強み）とW（弱み）を導き出します。

■■ 参考文献・参照資料

ヘンリー・ミンツバーグ 著、DIAMONDハーバード・ビジネスレビュー編集部 編『H. ミンツバーグ経営論』ダイヤモンド社、2007年

Joseph Bower、Christopher Bartlett、Hugo Uyterhoeven、Richard Walton 著『Business Policy: Text and Cases（第8版）』McGraw-Hill Education、1997年

安岡寛道 監修『事業戦略−策定の手引き＜第3版＞』(公財) 高知県産業振興センター、2019年

誰に何をどう売るべきか

27 STP ＋ 4P分析

STP+4P Analysis

Tags 定量的データ　商品/製品・サービス企画　チームで使える
Origin STP分析：マーケティング分野の第一人者フィリップ・コトラーが考案
4P分析：ジェローム・マッカーシーが著書『ベーシック・マーケティング』で提唱

**こんなときに
使える！** ▶ **狙った顧客に対して、他社とは異なるマーケティングを実施したい**

概要

　STP＋4P分析とは「**STP分析**」と「**4P分析**」の２つの手法を組み合わせた分析手法です。

STP 分析

　STP分析とは、自社の商品やサービスを投入する市場に関する**環境分析**や**市場機会の発見**を行う、マーケティングで最初に行う分析手法です。STPはそれぞれ**セグメンテーション**（Segmentation）、**ターゲティング**（Targeting）、**ポジショニング**（Positioning）の3つの用語の頭文字です。

　この手法では、**S→T→Pの順**で検討を進めます。特定の市場を顧客層で細分化（セグメンテーション）し、そこで狙いたい顧客層を絞り込み（ターゲティング）、他社と差別化した立ち位置を取ること（ポジショニング）を考えます。

 STP分析は顧客層に対する分析手法であるため、業種や商材などを問わず活用できます。

表 | STP分析の3つの要素

要素	説明
セグメンテーション	**市場の細分化**。似たようなニーズを持つ顧客層ごとに市場を細分化すること
ターゲティング	**狙う市場の決定**。細分化した市場の中から狙うべき市場(顧客層)を絞ること。セグメンテーションとセットで行う
ポジショニング	**自社の立ち位置の明確化**。狙う市場内にある競合の商品やサービスを見て、自社の立ち位置を決定すること

4P 分析

4P分析とは、マーケティングを実践するうえで必須の**4つのP**(Product、Price、Place、Promotion)について、それぞれの関係性を意識しながら施策を検討するための分析手法です。

これらの4つの要素は**相互に関連する**ため、それぞれを個別に検討するのではなく、全体を見ながら検討する必要があります。そうすることで、**売れる仕組み**を作ることができます。

せっかくよい商品・サービスを作っても、価格や流通チャネル(販売店舗)が不適切だと、あまり売れなかったり、利益を得られなかったりします。

また、広告宣伝が不適切だと、本来の顧客に商品・サービスの存在を伝えることもできません。

表 | 4P分析の4つの要素

要素	説明
Product	顧客に対して販売する**商品やサービスを決める**プロセス
Price	商品やサービスの**価格を決める**プロセス
Place	顧客に確実に届けるための**流通チャネル(経路)**や**販売する場所を**決めるプロセス
Promotion	商品やサービスの特徴や魅力を顧客に認知してもらい、購入してもらうために**販売促進・広告宣伝**を行うプロセス

STP 分析の使い方

本項で紹介する**STP＋4P分析**では、**STP分析→4P分析**の順に分析を行います。そうすることで、環境分析と市場機会の発見の後にマーケティング戦略を策定できます。

図 | STP＋4P分析の実行順序

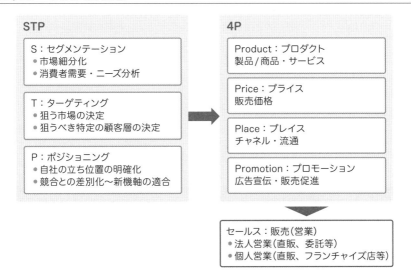

STP 分析：① セグメンテーション

STP分析の**①セグメンテーション**では、似たニーズを持つ顧客層ごとに市場を細分化します。

「顧客層」のわかりやすい例としては、**性別**や**年齢**などの指標が挙げられます。さまざまな指標を用いて市場を細分化することで、自社が提供する商品やサービスを本当に必要としている顧客を明確にします。

例えば、性別や年齢で細分化する場合は、以下のように細分化します。

- 20代以下の男性
- 30代の男性
- 40代の男性
- 50代の男性
- 60代以上の男性

- 20代以下の女性
- 30代の女性
- 40代の女性
- 50代の女性
- 60代以上の女性

セグメンテーションで用いる指標は企業が独自に設定しているケースもありますが、一般的には次の4つの指標を用います。

表 | セグメンテーションで用いる4つの指標

指標	説明
デモグラフィック （人口統計的変数）	年齢・性別・家族構成・学歴・職歴など、**人に関する変わらない基本情報**。統計調査などを参考にする
ジオグラフィック （地理的変数）	国・市町村・気候・文化・宗教など、**地理的要因に絡む情報**。地図や国の調査結果などを参考にする
サイコグラフィック （心理的変数）	価値観・性格・ライフスタイル・購入動機など、**個人の心理に基づく情報**。アンケート調査やヒアリングを行った結果などを参考にする
ビヘイビアル （行動変数）	買い物の頻度・買い替えのタイミング・用途など、**個人の行動に焦点を当てた情報**。ユーザーの行動追跡データなどを参考にする

ここがポイント！ **セグメンテーションでは、4つの指標で市場（顧客層）を細分化する**

Column

6R

STP分析のセグメンテーションを行う際は、細分化した顧客層について「**6R**」の視点で総合的に検討することも重要です。6Rとは以下の6つの指標です。例えば、あるセグメントについて6Rの指標で見た際に「**規模は十分に大きいが、成長率は低い**」といったケースが想定されます。6Rで狙える顧客層を考えます。

- Realistic scale（有効な規模の大きさ）
- Rank（優先順位の高さ）
- Rate of growth（成長率の高さ）
- Rival（競合の少なさ）
- Reach（到達可能性の高さ）
- Response（測定可能性の高さ）

▨ STP分析：② ターゲティング

STP分析の**ターゲティング**では、セグメンテーションで細分化した市場を踏まえ、狙うべき市場（顧客層）を検討していきます。

ここでは主に「**集中型マーケティング**」「**差別型マーケティング**」「**無差別型マーケティング**」の3つの方法のうちのいずれかを用います（次の表を参照）。

商品やサービスを展開するにあたっては「**利用してもらいたい顧客像**」を明確にすることがとても重要です。つまり、セグメンテーションとターゲティングを明確に行う必要があります。ターゲットの顧客層が明確でないと、具体的なペルソナの設計や4Pの設定ができないため、「**誰の問題を解決するための商品・サービスなのか**」が曖昧になってしまいます。

表 │ **ターゲティングの3つの方法**

方法	説明
集中型 マーケティング	**少数のごく限られた市場に集中してマーケティングを行う手法。** 例えば、退職金を手にした高齢者（富裕層）のみを対象にするような場合が該当。この手法は、高級メーカーやニッチな商材のメーカーなど、コアなファンを抱える企業が採用している
差別型 マーケティング	複数の料金タイプを設定したり、似たジャンルの商品の機能を変えて販売したりするなど、細分化された複数の市場に、**それぞれのニーズにあった商品やサービスを提供する手法。** 例えば、女性若年層（20代女性）を対象とする場合などが該当。この手法は、多くの企業が採用している
無差別型 マーケティング	細分化した市場間の違いを無視して、**同じ商品をすべての市場に供給**する手法。 例えば、食料品、文具品のように対象を明確にしないほうが売りやすい場合などが該当。この手法は、一般的に大企業が多く採用している

▨ STP分析：③ ポジショニング

ニーズがある市場であっても、すでに多くの企業が進出している場合（レッドオーシャンの場合）、通常はそこで大きな利益を出すことは難しいでしょう。しかし、**既存企業と差別化**できるのであれば、利益を出せる場合もあります。

そこで、STP分析の**ポジショニング**では、狙う市場において「そもそも競合はいるのか」「いる場合はどの程度の規模なのか」「強みは何か」など、**市場内にある**

競合の商品やサービスを調べて、自社の立ち位置を決定します。

　マーケティングで重要なのは「競合と比較する軸を持つこと」です。値段や品質、店舗数、販売チャネルなど、さまざまな指標を用いて競合と比較します。

　ポジショニングでは、簡潔に縦横の2軸で競合と比較し、自社の立ち位置を決定します。軸の例としては、

　【縦軸】価格帯（廉価⇔高価）、ブランド（一般⇔高級）

　【横軸】仕様（デザイン性⇔機能性）、顧客ステージ（一般⇔上級）

のようなものが検討できます。

　なお、軸を決定する際は「両端に意味がある軸、つまり戦略的に片方にシフトしても十分に顧客の規模が存在する軸」を選ぶようにしてください。

　例えば「デザイン性がある」に対して、軸の反対側が「デザイン性がない」だと、わざわざデザイン性がないものを選ぶ顧客はほとんどいないはずです。なので、その反対側は「機能性がある」などを位置付ける必要があります。

　また、より正確な情報を得たいがために、同時に多くの指標、例えば5つ以上の指標を同時に比較してしまうと、かえってデータが複雑になり、本当に必要なデータを見落としてしまう可能性があるので注意してください。

　STP分析のポジショニングでは「ポジショニングマップ」（自社商品と競合商品を2軸で分けたうえで配置する手法）や、「ホワイトスペース分析」（自社商品のベネフィットから、ターゲット顧客層にとって重要なのに満たされていないニーズに狙いを定める手法）を用いることが多いです。

4P分析の使い方

　STP分析によって「ターゲット顧客」が決まるので、4P分析では、そのターゲット顧客に対して「どうやって売っていくのか」を考えます。

4P分析：① プロダクト

　4P分析のプロダクトのプロセスでは、ターゲット顧客に販売する商品やサービスを決めます。

　このとき、品質やデザイン、パッケージ、ブランド名といった商品自体に関するものに加えて、購入によって必要になるサービスや保証も検討する必要があり

ます。商品やサービスを売るために、他社とどのように差別化していくのかといったコンセプトづくりも重要です。

4P分析：② プライス

4P分析の**プライス**のプロセスでは、**商品やサービスの価格**を決めます。

- 顧客が購入してくれる価格なのか
- 商品価値にふさわしい価格なのか
- 製造・販売コストに見合った価格なのか

なお、ここでは詳しく説明しませんが、価格を決める方法は以下のようにいくつもあります。これらについて調べてみてください。

表 | 価格を決める方法

方法	概要
コスト・プラス法	製造・販売コストに利益を上乗せして価格を決める
マーク・アップ法	仕入原価に一定の割合で利益を上乗せする方法で、例えば仕入値を6割として利益4割で価格を決める
ターゲット・リターン法	得たい収益率から価格を決める
知覚価値法	消費者が商品にどれだけの価値を知覚しているかを判断して価格を決める
差別価格法	セグメント別に価格を決める

4P分析：③ プレイス

4P分析の**プレイス**のプロセスでは、**流通経路や販売する場所**を決めます。自社店舗や百貨店、コンビニ、テレビやネット通販など、さまざまな流通・販路を検討して、ターゲット顧客層に確実に届けられるようにします。小売店の立地や店舗数も重要です。ネット通販は、受注から販売までをネット上で済ませられるため便利です。**販売する場所は、その商品のイメージづくりにも関係します。**百貨店でしか取り扱いがない商品と、コンビニでいつでも購入できる商品では、顧客に与えるイメージは大きく異なります。

4P分析：④ プロモーション

4P分析の**プロモーション**のプロセスでは、商品やサービスの特徴や魅力をターゲット顧客に認知してもらい、購入してもらうことを目的に、**販売促進**を行います。代表的な例として、広告出稿、チラシ作成、各種CM、イベントやキャンペーン実施、メルマガ配信やSNSでの告知などが挙げられます。

商品情報をターゲット顧客に確実に届ける観点から、発信メディアや市場に流す情報、プロモーションにかける予算の検討も必要です。

Column

4C分析

本項で紹介した4P分析は「企業の視点」（企業が取りうる戦略・施策の視点）です。企業の視点も重要ですが、もう一方の「顧客の視点」も重要です。

顧客の視点を分析する方法の1つに「**4C分析**」があります。4Cとは、以下の用語の頭文字であり、それぞれが4Pの各項目に対応します。

表 │ 価格を決める方法

4C	説明
Customer Value	**顧客価値**。4P の Product に対応
Cost	**コスト**。4P の Price に対応
Convenience	**利便性**。4P の Place に対応
Communication	**コミュニケーション**。4P の Promotion に対応

4C分析を行うことで、顧客にとって価値があるのか（メリット）、負担するコストに見合うのか（手頃な料金）、本当に利便性があるのか（買いやすさ）、きちんと納得させられるコミュニケーションになるのか（訴求する伝達）などについて、顧客視点で顧客ニーズを分析します。

4C分析を行った後に4P分析を行うと、より正確に分析できます。つまり、**STP分析→4C分析**（顧客視点）→**4P分析**の順番が理想的であるといえます（ただし、顧客ニーズを4C分析で見て、STP分析をやり直す場合もあります）。

事例・参考例 ドトールコーヒー

　コーヒーを中心とした飲食店舗を経営する**ドトールコーヒー**は、珈琲店を利用する消費者を細分化したうえで、「気軽にコーヒーを飲みたい消費者」と「異空間でコーヒーを飲みたい消費者」の両方をターゲット顧客として設定し、それぞれに対応するために、低価格帯の「ドトールコーヒーショップ」と高付加価値の「エクセルシオールカフェ」の2種類のブランドを主に展開しています。

　近年ではコーヒーのみならず、他の飲料や食品の提供を行うことで、コーヒーを飲まない顧客も含めて、ドトールコーヒーのファンを増やそうとしています。また、単なる値引き競争にならないよう、かつ各店舗業態間で送客するために、系列店で共通利用できるポイント・マネーカードを用意しています。

　販売チャネルの拡大のために、直営店（350店以上）のみならず、フランチャイズ（FC）も展開しています。また、集客のため、人通りの多い通り駅前の店舗を増やしたり、駅前に看板を設置したりして誘導しています。

図 | **ドトールのSTP＋4P分析**

出所 「カフェのポジショニングマップ事例」および「日本にあるコーヒーチェーン店のおすすめランキング9選！特徴を比較」を参考に筆者が一部改変して作図

215

サービスの7P分析

本項で紹介した4Pに、さらに3Pを加えた「サービスの7P分析」があります。3Pのうちの1つめは「物的手がかり／有形化（Physical Evidence）」です。サービスの特性である「無形性」や「消滅性」に対して、ブランドで有形化し、いつでも存在するように見せるものです。

顧客はサービスを購入するかどうかの意思決定の際に、目に見えるヒントをもとにして**サービスの品質**を推測します。目に見えないサービスの性質や、品質の高さを顧客に伝えるためには、それらを目に見えるもの（ブランドなど）に変更することが有効です。例えば、「**カリスマ美容師のいる美容院**」はサービスのブランド化の好例です。サービスを提供する美容院はモノとして扱えませんが、これをブランド化して「あそこに行ければブランド価値のあるサービスが受けられる」ということを印象付けます。

2つめは「**人（People）**」です。美容院の例でもわかるとおり、サービスの重要な要素が人です。

3つめは「**サービス提供のプロセス（Process）**」です。サービス提供のプロセス（例：美容院では、①カウンセリング、②シャンプー・ブロー、③カット、④ブロー・セット）を示すことで、サービスの特性である「同時性」「変動性」であるものを、1つの固定サービスのように見せます。そうすることで、例えば①〜④は各々が（擬似的に）均一サービスに見え、各々のアピールポイントもわかりやすくなります。

組み合わせて使えるフレームワーク

- PEST＋5フォース分析（p.188）、バリューチェーン×VRIO分析（p.194）

  PEST＋5フォース分析や**バリューチェーン×VRIO分析**によって導き出される外部要因および内部要因を用いると、STP＋4P分析を行いやすくなります。

参考文献・参照資料

フィリップ・コトラー、ケビン・レーン・ケラー 著、恩藏直人 監修、月谷真紀 翻訳『コトラー＆ケラーのマーケティング・マネジメント 第12版』丸善出版、2014年

E. Jerome McCarthy『Basic Marketing』Irwin(Richard D.) Inc.,U.S.; 6th Revised版、1978年

中野崇『いちばんやさしいマーケティングの教本』インプレス、2019年

「カフェのポジショニングマップ事例」(https://www.shopowner-support.net/glossary/position/mapcafe/)

「日本にあるコーヒーチェーン店のおすすめランキング9選！特徴を比較」(https://coffee.ooaks.co.jp/chain)

28

なぜそれを買うのか

消費者の意思決定プロセス分析

Consumer Decision Process Analysis

Tags 情報の記録・整理　経営環境の理解　チームで使える

Origin AIDMA：1920年代にアメリカのサミュエル・ローランド・ホールが提唱
AISAS：電通が提唱し、2005年に商標登録

こんなときに使える！ ▶ **消費者が商品を購入するまでの過程を知りたい**

概要

　消費者の**心理や行動の意思決定のプロセスを表すモデル**（理論）は、数多く存在します。次ページの図はその一例です。**①AIDMA**が基本で、**②AMTUL**以下では購買行動以降のプロセスが加味されています。

　意思決定プロセスは、大きく分けると次の3段階に分類できます。通常、消費者は**認識／認知段階**（商品を知ること）からはじまり、さまざまなプロセスを経て、最終的に**購買段階**に至ります。

（1）**認識／認知段階**：次ページの図の「注目／認知」
（2）**理解／体験段階**：次ページの図の「興味」〜「試験／評価」
（3）**購買段階**：次ページの図の「購買」〜「購買後」

　なお、**②AMTUL以降**では、上記の**（2）理解／体験段階**を「興味」〜「記憶／確信」と、「検索／調査」〜「試験/評価」の2段階に分けます。

　さらに、**③AISAS以降**では、上記の**（3）購買段階**を「購買」〜「リピート」と「購買後」の2段階に分けます。このため結果として、図の色分けのように5段階に分けることもできます。

モデル名称 ＼ 意思決定プロセス	認識/認知段階	理解/体験段階					購買段階		
	注目/認知	興味	欲求/訴求	記憶/確信	検索/調査	試験/評価	購買	リピート	購買後
①AIDMA（アイドマ）	注目(Attention)	興味(Interest)	欲求(Desire)	記憶(Memory)/動機(Motive)			行動(Action)		
②AMTUL（アムツゥール）	認知(Awareness)			記憶(Memory)		試験利用(Trial)	頻繁利用(Usage)	ブランド決定(Loyalty)	
③AISAS（アイサス）	注目(Attention)	興味(Interest)			検索(Search)		行動(Action)ネット購入		情報共有(Share)
④AISARE（アイサレ）	注目(Attention)	興味(Interest)			検索(Search)		行動(Action)	繰返購入(Repeat)	他者拡散(Evangelist)固定客化
⑤5段階の購買決定プロセス（※フィリップ・コトラー提唱）	問題認知/意識				情報検索	代替品評価	購買決定		購買後評価
⑥5Aの接続性時代の購買決定プロセス（※同上）	認知(Aware)		訴求(Appeal)		調査(Ask)		行動(Act)		推奨(Advocate)
⑦ユースケース	認知		理解	確信		態度変容	行動	評価	確信強化

基本は AIDMA と AISAS

　すべてのモデルを正しく理解することは容易ではありません。まずは基本形である①AIDMAと③AISASを理解しておくと応用しやすくなるでしょう。また、インターネット社会における購買後の行動までを検討したい場合は、③AISAS以降のモデルを利用してください。

AIDMA

　AIDMA（アイドマ）とは、<u>消費者が商品やサービスを購入するまでの行動（消費者行動）を表す基本的なモデル</u>です。

　AIDMAでは、消費者は次の流れで商品やサービスを購入すると考えます。

① 商品の存在を知る（Attention：注目）

② 興味関心を持つ（Interest：興味）

③ 欲しいと思うようになる（Desire：欲求）

④ 商品を覚える（Memory：記憶）

⑤ 購買する（Action：行動）

AIDMAは、1920年代にアメリカのサミュエル・ローランド・ホールが提唱し、現代でも消費者の購買プロセスを分析する際によく使われています。

広告・宣伝や販売促進は「**プロモーション**」と一言で表されることもありますが、単なるイメージ広告から①商品の存在を知らせるための初期的な宣伝、②〜③関心を湧かせて欲しくさせるために中身を理解させて訴求する広告、④それを記憶に留めさせるための説明、⑤購入に至る営業マンの販売促進はそれぞれ異なるはずです。

各プロセスに応じた広告宣伝や販売促進および最後の購買行動の分類（区分け）が必要になります。

AISAS

AISASとは、**インターネット時代の消費者が商品やサービスを購入するまでの行動（消費者行動）を表すモデル**です。

AISASでは、消費者は以下の流れで商品やサービスを購入し、共有すると考えます。

① 商品の存在を知る（Attention：注目）

② 興味関心を持つ（Interest：興味）

③ 調査・比較する（Search：検索）

④ 購買する（Action：行動）

⑤ 皆に広める（Share：情報共有）

消費者は、能動的な**検索**（Search）と**情報共有**（Share）も行います。このモデルでは、企業と消費者が互いに関与し合う"インタラクティブ"な関係へと変化し、さらに購入のActionだけで終わらず、その経験を共有し合う段階をプロセスに入れたのが大きな特徴です。

Column

ファネル分析

　消費者の購買までの行動（意識含む）を分析する手法には本項で示したものの他に「**ファネル分析**」があります。

　「**ファネル**」とは「漏斗」（すり鉢状の形をした器具）という意味です。これを消費者の購買までの行動（プロセス）に当てはめ、図式化したものを「**パーチェスファネル**」と呼びます。**消費者の人数は、行動（プロセス）が購入に近づけば近づくほど少なくなります**。それを図式化すると下図のようなパーチェスファネルの形になります。

　一方、消費者の購買後の行動である「**情報共有**」や「**他者拡散**」の段階を図式化した「**インフルエンスファネル**」もあります。インターネットやSNSの普及によって誰でも気軽に情報を発信できる現在では、消費者による商品・サービスのレビューなどが徐々に拡散していきます。そのような状況を表した図がインフルエンスファネルです。

　パーチェスファネルとインフルエンスファネルをつなげて「**ダブルファネル**」にして、消費者の行動（プロセス）を統計・数値的に分析することもできます。

図 ｜ パーチェスファネルとインフルエンスファネル

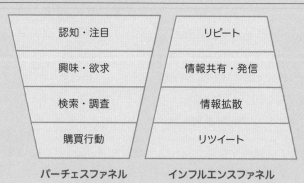

パーチェスファネル	インフルエンスファネル
認知・注目	リピート
興味・欲求	情報共有・発信
検索・調査	情報拡散
購買行動	リツイート

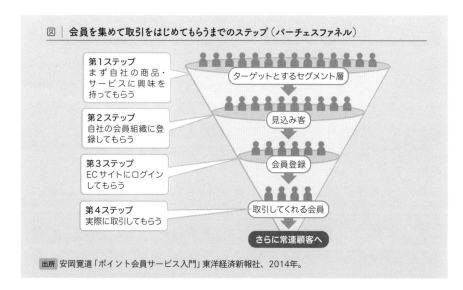

図 | 会員を集めて取引をはじめてもらうまでのステップ（パーチェスファネル）

第1ステップ
まず自社の商品・サービスに興味を持ってもらう

第2ステップ
自社の会員組織に登録してもらう

第3ステップ
ECサイトにログインしてもらう

第4ステップ
実際に取引してもらう

ターゲットとするセグメント層

見込み客

会員登録

取引してくれる会員

さらに常連顧客へ

出所 安岡寛道「ポイント会員サービス入門」東洋経済新報社、2014年。

使い方

　近年は、企業と消費者が互いに関与し合う"**インタラクティブ**"な関係のモデルを活用するケースが多いため、ここではAISASの使い方を紹介します。

　AISASが示す5つの消費者行動（**注目→興味→検索→行動→情報共有**）をビジネスに活かすには、消費者行動の各プロセスに合わせてプロモーションを展開します。具体的には以下の順序で検討を進めます。この順序で対策を立てることで、より効果的に商品を消費者に届けることができます。

① 注目してもらうためには何をすればよいのか
② 興味を持ってもらうためには何をすればよいのか
③ 消費者は何を使って商品情報を検索するのか
④ 購買してもらうためには何をすればよいのか
⑤ 購買した商品を他者に広めて（共有して）もらうには何をすればよいのか

図 | 消費者の意思決定プロセス（AISASモデル）

1 Attention 注目	2 Interest 興味	3 Search 検索	4 Action 購買	5 Share 共有
知る	必要とする	調査・比較する	使う/入る	皆に広める

出所 電通が創出したAISASモデルをもとに筆者が一部改変して作成

事例・参考例① SNSを活用した意思決定の促進

インターネット社会では、企業が商品を消費者に売り込む際に**AISAS**を活用できます。ここでは、販促活動においてFacebookを活用した事例を紹介します。Facebookは全世界で約30億人（本書執筆時点）の会員を抱える巨大SNSであり、企業はこのツールを活用することで、多くの会員にリーチできます。

企業がある商品を売り込む際にキーとなるのは「**③検索**」と「**⑤共有**」の2つの段階です。

まず、**③検索**です。消費者は何らかの商品について調べる際に、GoogleやYahoo!などの検索エンジンはもとより、Facebook上の友人のコメントも参考にします。このとき、<u>消費者の多くは、企業が発信している宣伝広告よりも、友人のコメントに購買が左右される傾向</u>があります。つまり、ある企業や商品について、友人がポジティブなコメントを書いていると、消費者はその商品を購買しやすくなります。企業側は、Facebook内で購買までを完結できるサービスを提供すれば、消費者は**③検索**と**④購買**をシームレスに行えるようになるため、購入率をより一層高めることができるでしょう。

次に、**⑤共有**です。商品の購入後に、消費者本人が「いいね（LIKE）」ボタンを押したり、評価コメントを書き込んだりすることで、そのコメントが消費者の別の友人に共有され、友人の「**③検索**」に好印象を与えます。

このように、SNSを活用することで、**①注目**から**⑤共有**まで連なるAISASの好循環を生むことができます。

図 ｜ SNS（Facebook）を活用した意思決定の促進

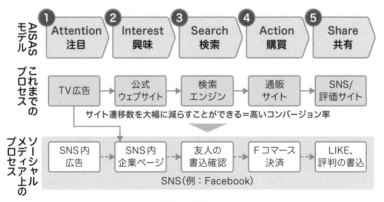

※「Fコマース」とは、Facebook上のEコマース（電子商取引）

222

事例・参考例② 会員サービスへの加入促進

　スポーツクラブやインターネット経由で課金するような会員サービスでは、消費者との接点を増やすなどして、消費者が加入を検討する機会を増やすことが必要です。また加入後は、利用促進や退会阻止（リテンション）を行い、ロイヤルカスタマーになってもらう必要があります。

　そのため、企業は**AISAS**を用いて消費者の意思決定プロセスを確認しながら、アンケートや購買情報などを用いて**「対象者数が大きく減ったプロセス」**を調査・把握し、そのうえで対象者数を押し上げるための施策を検討します。そうすることで、次のプロセスへ移行する対象者数を増やすことができます。

　より具体的には、下図のように、会員サービスを提供する企業は、そのサービスに**「興味」**を持った消費者に対して**「検索」**するように促し、**「検索」**した消費者に対して**「購買」**する（会員になる）ように促し、さらに**「購買」**した消費者に対して、そのサービスについてSNSなどでポジティブな口コミを**「共有」**してもらえるように促すことで、多くの会員を獲得します。

図 | 会員サービス加入の意思決定プロセス

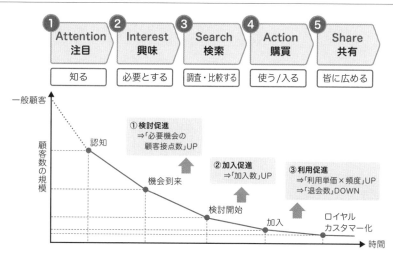

📖 参考文献・参照資料
　えのもとけいすけ、MBビジネス研究班 著『絶対に知られてはいけないAIDMA・AISASの秘密』まんがびと、2015年
　栗原康太、黒澤友貴 著『マーケター 1年目の教科書』フォレスト出版、2021年

顧客はいつどこで不満を感じるか

29 サービスブループリント

Service Blueprint

Tags 定性的データ　商品/製品・サービス企画　チームで使える
Origin シティバンク銀行の副社長を務めたリン・ショスタックが提唱

こんなときに使える！ ▶ 顧客の「不満」を可視化したい

概要

サービスブループリントとは、**サービスが顧客に提供されるまでのプロセスを、サービス提供者やシステムの動きと合わせて視覚化する手法**です。

サービスブループリントは主に、次の2つの目的で用いられます。

1つめの目的は「**既存サービスの分析と問題点の改善**」です。サービスブループリントを利用すると、顧客体験における時間の流れや、タッチポイント全体における人々の行動が明確になるため、どこで価値が生み出され、どこで機会損失が発生しているのかがわかります。

2つめの目的は「**新しいサービスの設計**」です。サービスブループリントを利用して顧客体験の各段階を整理すると、要素間の関連性や働きが明確になるため、一貫したサービスを設計することができます。

Memo　カスタマー・ジャーニー・マップ（p.166）が「**顧客の視座**」からサービスの体験を理解しようとするのに対して、サービスブループリントは望ましい顧客体験を実現するために「**事業者の視座**」からサービスを分析・設計します。

サービスブループリントの構成要素

サービスブループリントは、次の5つの要素で構成されています。横軸は、顧客がサービスを利用する際の「**行動の時間的な流れ**」を表します。

図 | サービスブループリントの5つの構成要素

	時間軸 →
物的エビデンス	
顧客の行動	
フロントステージ（見える場所における活動）	
バックステージ（見えない場所における活動）	
サポートの仕組み	

表 | サービスブループリントの5つの構成要素

要素	説明
物的エビデンス	サービスと顧客の相互作用に必要な物的な手段
顧客の行動	サービスの提供プロセスの一部として、顧客が取る行動の流れ
フロントステージ	顧客の行動に対応して、スタッフまたは自動化されたシステムが行う直接的な活動。顧客から見える場所における活動
バックステージ	顧客の行動に対応して、スタッフまたは自動化されたシステムが行う間接的な活動。顧客から見えない場所における活動
サポートの仕組み	事業者内部の組織やシステムによって履行される、事業者内部の活動

出所 武山政直 著『サービスデザインの教科書』(NTT出版) をもとに、筆者作成

サービスブループリントはよく「**演劇**」に例えられます。

演劇では一連のストーリーや演出を通して顧客に感動体験を与えるために、**物**

的エビデンスである「舞台セット」が必要です。また、**フロントステージ**である「表舞台」を望ましいものにするためには、それを裏方で支援する**バックステージ**や**サポートの仕組み**が不可欠です。

　観客への感動的な演劇体験の提供と同様に、顧客への優れたサービス体験の提供に必要な要素は、サービスブループリントで整理できます。

使い方

　サービスブループリントは、次の手順で作成します。

図 ｜ **サービスブループリントの手順**

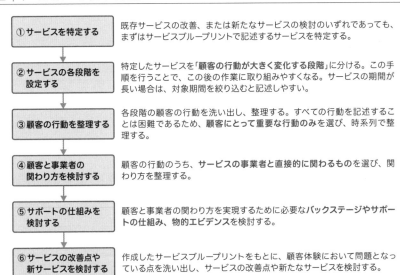

①サービスを特定する
既存サービスの改善、または新たなサービスの検討のいずれであっても、まずはサービスブループリントで記述するサービスを特定する。

②サービスの各段階を設定する
特定したサービスを「顧客の行動が大きく変化する段階」に分ける。この手順を行うことで、この後の作業に取り組みやすくなる。サービスの期間が長い場合は、対象期間を絞り込むと記述しやすい。

③顧客の行動を整理する
各段階の顧客の行動を洗い出し、整理する。すべての行動を記述することは困難であるため、顧客にとって重要な行動のみを選び、時系列で整理する。

④顧客と事業者の関わり方を検討する
顧客の行動のうち、**サービスの事業者と直接的に関わるもの**を選び、関わり方を整理する。

⑤サポートの仕組みを検討する
顧客と事業者の関わり方を実現するために必要な**バックステージ**や**サポートの仕組み、物的エビデンス**を検討する。

⑥サービスの改善点や新サービスを検討する
作成したサービスブループリントをもとに、顧客体験において問題となっている点を洗い出し、サービスの改善点や新たなサービスを検討する。

　なお、サービスブループリントでは、<u>**最初から厳密性にこだわりすぎないことが重要**</u>です。まずは素早く、粗いものを作成し、後から随時、修正していくのがよい作成方法です。紙やホワイトボードに枠組みを書き、付箋などで埋めていきましょう。

　また、サービスブループリントは「**サービス全体における顧客と事業者の関わりを理解する**」ことについては非常に有用ですが、一方で、「**個々の要素同士の関係性の詳細**」は表現できません。この点は注意が必要です。

事例・参考例 マクドナルド「モバイルオーダー」

マクドナルドが提供している「**モバイルオーダー**」を利用した購入体験を例に用いて、サービスブループリントを活用した**サービスの改善**を紹介します。

マクドナルドのモバイルオーダーとは、マクドナルドのアプリを使って事前に注文を行うことで、カウンターに並ばずに商品を受け取れるサービスです。

これまでのマクドナルドの購買体験をサービスブループリントで記述すると下図のようになります。

これまでのマクドナルドの購買体験は、カウンターで従業員に注文を伝え、決済をする必要があったため、カウンターが混雑している場合は、行列に並ぶ必要がありました。また、注文内容の伝達ミスが発生するという可能性もありました。

図 │ モバイルオーダー導入前のマクドナルドの購買体験

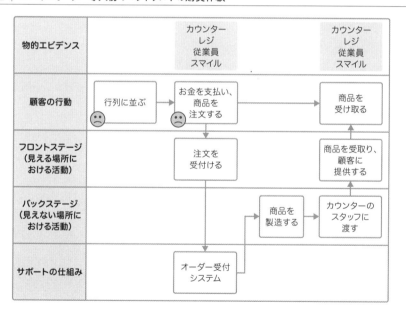

モバイルオーダー導入後の購買体験をサービスブループリントで記述すると、次ページの図のようになります。

モバイルオーダー導入後は、カウンターが混雑していても並ぶ必要はありません。さらに、事業者としても、注文内容の伝達ミスの防止にもなりますし、注文時に従業員を必要としなくなるため、注文以外の業務に従業員を充てられます。

227

サービスブループリントでは、このように現状の顧客体験の問題点を分析したうえで、改善後の構想を記述することができます。

組み合わせて使えるフレームワーク

ペルソナ（p.156）、カスタマー・ジャーニー・マップ（p.166）

サービスブループリントに記入する「顧客の行動」は、**ペルソナ**や**カスタマー・ジャーニー・マップ**を用いると効果的に記述できます。

消費者の意思決定プロセス（p.217）

消費者の意思決定プロセス分析を用いると、顧客の行動の流れを整理したり、事業者とのタッチポイントを整理したりすることができます。

📖 参考文献・参照資料

アンディ・ポレイン、ラブランス・ロブリー、ベン・リーズン 著、長谷川敦士 監訳『サービスデザイン：ユーザーエクスペリエンスから事業戦略をデザインする』丸善出版、2014年
武山政直 著『サービスデザインの教科書：共創するビジネスのつくりかた』NTT出版、2017年

Tags 定量的データ　経営環境の理解　チームで使える
Origin イタリアの経済学者ヴィルフレド・パレートが発案

こんなときに使える！ 今後、注力すべき事業分野を検討したい

概要

　パレート分析（ABC分析）とは、**複数の事物や現象について、それらを比率や頻度に応じてグループ分けする分析手法であり、また、グループ分けすることによって管理効率を高める手法**です。

　具体的には、いくつかある指標の中から重視する指標（例えば売上比率や購入数など）を決めたうえで、以下の2つのグラフを比較して、注力すべき事象（次ページの図のAグループのような比率の高いもの）を見つけ出す分析手法です。

- 「各要素の個別の数値」を大きい順に並べた棒グラフ
- 「累積比率（割合の合計）」を示した折れ線グラフ

　このような、パレート分析で作成するグラフのことを「**パレート図**」と呼びます。パレート分析を用いると、注力すべきグループ（例えば、Aグループ）を特定できます。

　なお、パレート分析はこのような経営上の課題管理だけでなく、**研究開発**や**営業企画**など、さまざまな場面で活用できます。

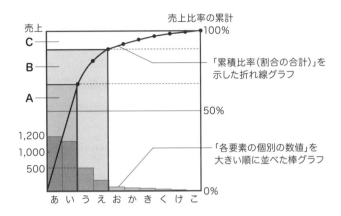

Column

パレート分析とパレートの法則

パレート分析は「**パレートの法則**」と密接な関係があります。パレートの法則とは「**経済において、全体の数値の大部分は、全体を構成するうちの一部の要素が生み出している**」ということを示した法則です。一般的には「**上位20％の顧客の取引額が、全体の80％の売上を占める**」ともいわれており、このことからパレートの法則は「**2:8の法則**」や「**ばらつきの法則**」と呼ばれることもあります。

例えば、パレート分析を実施し、構成比率20％のAグループの売上が、全体の売上の80％を占めている状況が確認できた場合、「その分析対象はパレートの法則に従っている」といえます。

使い方

ここでは、次ページの表「項目別の売上比率と顧客構成比率」を用いて、パレート分析の使い方を解説します。

パレート分析は、パレートの法則の代表的な割合である「**2：8**」を用いるとわかりやすくなります。この表では、**顧客構成比率**が次のようになるようにグループ分けしています（3グループ累計で100％）。

- Aグループ：顧客構成比率20%
- Bグループ：顧客構成比率60%
- Cグループ：顧客構成比率20%

このようにグループ分けをすると、各グループの**売上比率**は次のようになります（3グループ累計で100%）。パレート分析によってこのような状況が確認できた場合は「**Aグループの各項目に注力するとよい**」ということがわかります。

- Aグループ：売上比率80%
- Bグループ：売上比率19.75%
- Cグループ：売上比率0.25%

表 │ 項目別の売上比率と顧客構成比率

項目	売上比率	売上比率の累計	顧客構成比率	グループ
①	50%	50%	10%	A
②	30%	80%	10%	A
③	10%	90%	10%	B
④	5%	95%	10%	B
⑤	3%	98%	10%	B
⑥	1%	99%	10%	B
⑦	0.50%	99.50%	10%	B
⑧	0.25%	99.75%	10%	B
⑨	0.15%	99.90%	10%	C
⑩	0.10%	100%	10%	C
合計	100%	—	100%	—

なお、この例では意図的に、パレートの法則（2：8の法則）が成立するような状況を作り出していますが、現実社会ではもう少し具体的な数値が入ることになります。

231

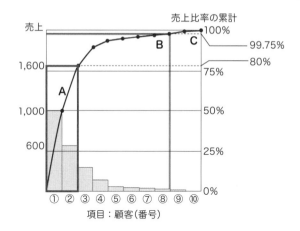

項目：顧客(番号)

パレート分析でのグループの分け方

　パレート分析では、対象をA、B、Cの3つのグループに分けますが、一般的な分け方は、**Aグループが上位20％**、**Bグループが次の60％**、**Cグループが最後の20％**のように、パレートの法則のように分けます。また、Aグループを上位5％に設定したり、上位25％に設定したりすることもあります。各グループの割合をどの程度にすべきかについては、**Aグループの売上状況**に応じて検討する必要があります。

　ただし、当初から個別の事情に対応しようとすると難易度が高くなってしまうため、**最初のうちは一般的な「20％」くらいから設定すること**をお勧めします。

事例・参考例① エキナカ「自動販売機」

　従来の自販機業界では、商品ラインナップの選定や自販機への補充タイミングなどは各オペレーターの経験値に任されていました。そのため、オペレーターが変わると、そのエリアの自販機に関するノウハウが継承されないなどの課題がありました。

　そのような中、エキナカで自動販売機ビジネスを展開する**JR東日本リテールネット**（旧JR東日本ウォータービジネス）は、自販機のPOSデータを収集し、そのデータを分析することで、さまざまな効果を上げています。例えば、当社は、自販機のPOSデータをパレート分析することで、ヘビーユーザー（Aグループ）を抽出

したうえで、ヘビーユーザーを増やすためのキャンペーンや、双方向で情報のやりとりを行うことができる会員制サービスを開始しました。

また、エキナカの自販機ならではの価値（電子マネー対応・オリジナル商品など）を感じるヘビーユーザーも存在します。そこで当社は、SuicaのID（会員ID）と自販機POSを組み合わせたID-POS分析によるパレート分析を行いました。その結果、**自販機利用者のうち、月平均2回以上利用する上位約7%の顧客が全体の売上の約50%を担っていること**がわかりました（下図参照）。

図 │ JR東日本ウォータービジネスの顧客分布

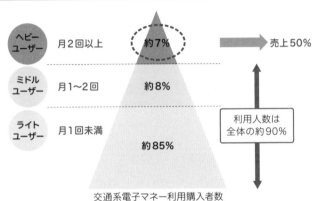

交通系電子マネー利用購入者数
約11百万 ※2011年度は約9百万
（2012年4月〜2013年3月　自販機POSデータ分析）

出所 JR東日本ウォータービジネスのホームページより一部抜粋。

 上記の事例では、商品の売上データ（POS）のパレート分析に加えて、顧客IDも紐付けた「**ID-POS分析**」も紹介しました。なお、ID-POS分析では「**ID別にPOSデータを分析する**」ため、各分析で用いるデータ数（サンプル）が少なくなるので注意が必要です。なるべく、シンプルなパレート分析を行うことをお勧めします。

事例・参考例②　ガスト「ガストバーガー」

外食産業のすかいらーくグループの**ガスト**が、注文されたメニューのPOSデータを用いてパレート分析を行ったところ、「ガストバーガー」の売れ行きがCグループ（非主力商品）に該当したため、販売を取りやめることを決めました。

しかし後日、Tポイントの顧客IDを紐付けたID-POS分析を行ったところ、「**ガ**

ストバーガーの売上数は相対的に低い」ものの、この商品を注文している顧客は「来店頻度の高い優良顧客（若い男性）」であることがわかりました。また、ガストバーガーは「**リピート率の高いメニュー**」であることも判明しました。

図 ｜ 「ガストバーガー」におけるパレート分析の流れ

出所 すかいらーくプレスリリース（2009年8月26日）および日経流通新聞（Tポイント×ガスト関連記事、2009年9月4日）をもとに筆者が作成。

　こういったパレート分析の結果から、来店頻度の高い顧客のリピート率の高いメニューをなくすことは、長い目で見た場合に、優良顧客を失い、売上の減少につながる可能性があります。そのため、ガストは、販売の取り止めから約1年後に、ガストバーガーの販売を再開しました。まさに、**商品のパレート分析**と**顧客のパレート分析**の掛け合わせが成功した好例の１つであるといえます。

組み合わせて使えるフレームワーク

RFM分析（p.235）

　RFM分析とは、Recency（直近いつ）、Frequency（頻度）、Monetary（購入金額）を段階的に分ける手法です。これらのうちの**F**と**M**に対してパレート分析を用いると、優良顧客のグループ分けが行いやすくなります。

📖 **参考文献・参照資料**

安岡寛道 著『ポイント会員制サービス入門』東洋経済新報社、2014年
ディミトリ・マークス 著、ポール・ブラウン 著、馬渕邦美 監修、小林啓倫 翻訳『データ・サイエンティストに学ぶ「分析力」』日経BP、2013年
野村総合研究所データサイエンスラボ 著『データサイエンティスト入門』日本経済新聞出版、2021年

31 RFM分析

RFM Analysis

Tags 定量的データ　経営環境の理解　チームで使える
Origin ―

こんなときに使える！ 顧客の「優良度合い」を計測したい

概要

　ターゲット顧客を選定して優先順位を付けるには、**顧客の優良度合い**を計測する必要があります。ここでは、その代表的な手法である**RFM分析**を紹介します。

　顧客は、次のようにいくつかの種類に分類できます。

- 未だ購入経験のない「**ノンユーザー**」
- 試しに購入した「**トライアルユーザー**」
- 購入度合いの低い「**ライトユーザー**」
- もう少し多く、購入度合いが中位の「**ミドルユーザー**」
- 購入度合いが特に多い「**ヘビーユーザー**」
- ヘビーユーザーの中でも忠誠度の高い「**ロイヤルユーザー**」

など

　RFM分析は、上記のような顧客分析を行うことができる分析手法の1つです。この手法では、**Recency**（直近いつ）、**Frequency**（頻度）、**Monetary**（購入金額）の3つの指標を用いて顧客をグループ化することで、各グループの性質を調査・分析します。

　なお、RFM分析においては、**より直近に購入した顧客**（R）、**より頻繁に購入している顧客**（F）、**より購入金額の多い顧客**（M）が優良顧客になります。

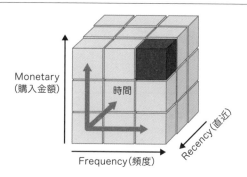

Monetary（購入金額）

時間

Recency（直近）

Frequency（頻度）

さらに、**新規顧客**（最近購入しはじめた顧客）、**休眠顧客**（最近購入していない顧客）、**離反顧客**（最近、購入頻度や金額が低下している顧客）のような形で、より細かく分類することもできるため、ターゲット別に適切な施策を検討できます。

なお、RFM分析では、POSデータ（購入履歴）だけでなく、会員カードやユーザーIDに紐づく会員情報なども利用します。

RFM分析に向いている商品、向いていない商品

RFM分析では購入時期や頻度が重視されるため、**購入頻度が多く、繰り返し購入できる価格帯の商品やサービスに対する分析で効果を発揮します**。

一方、不動産や車、保険といった数年に1回程度、もしくは一生で数度程度しか購入しないような高額商品やサービスはRFM分析に適していません。

また、**顧客の状況や状態**は時間経過によって変化するため、RFM分析を行う際は、分析結果の裏側にある「**顧客のライフスタイルや行動、心理の変化**」を把握することが非常に重要です。例えば、子ども服を扱うメーカーがRFM分析を行う際は「**末子の子育てが終わった顧客は子供服を購入しなくなる**」という状況を事前に把握しておくことが必要です。

ここがポイント！　**RFM分析は、繰り返し購入できる価格帯の商品やサービスに対して効果を発揮する**

RFM 分析の使い方

RFM分析は、以下の手順で行います。

① 課題を明確にする

まず、RFM分析を行う**理由**や**目的**、または現在企業が抱えている**課題**を明確にします。例えば「優良顧客に対して効果的な施策を行いたい」「顧客に何らかの効果的な施策を実施し、優良顧客化したい」などが挙げられます。

② 分析する期間を決める

RFM分析を実施する際は「**過去1年間**」や「**昨年と今年の同月（1カ月間）**」のように、対象商品の特性に合った分析期間を設定する必要があります。

例えば、季節物の衣料品の場合は、同期間（夏の場合は6月～8月）について、3年程度を分析期間とするのが適切です。

ここがポイント！ **RFM分析を実施する際は、対象商品の特性に合った期間を設定する**

---

③ R・F・M の各指標に基準を設け、各ランクに点数を付ける

次に、R・F・Mのそれぞれの指標に基準を設けます。

この基準は「**優良顧客といえる顧客とは、どのような顧客か**」を想像して設定します。通常は、購入履歴を管理しているPOSデータなどから収集した**顧客データの散布度合い**を参考にして設定しますが、RFM分析がはじめての場合は、仮定で決めて徐々に調整しても構いません。要素ごとに**5段階**に分類するのが一般的です（p.235に記載の「ノンユーザー」から「ヘビーユーザー」までの5段階）。そのうえで、各ランクに点数をつけます。**ランクごとに1～5のポイントを振り分ける手法**が一般的です。

なお、購入金額（M）が高い順に10等分する分析手法を「デシル分析」と呼び、Mだけを詳細に分析する際に活用します。

表 │ 一般的な基準の設定例

指標	基準	ポイント
Recency (最終購入日からの経過日数)	3 日以内	5 ポイント
	7 日以内	4 ポイント
	1 カ月以内	3 ポイント
	3 カ月以内	2 ポイント
	半年以内	1 ポイント
Frequency (購入回数)	20 回以上	5 ポイント
	10 回以上	4 ポイント
	6 回以上	3 ポイント
	3 回以上	2 ポイント
	1 回以上	1 ポイント
Monetary (累計購入金額)	10 万円以上	5 ポイント
	5 万円以上	4 ポイント
	2 万 5 千円以上	3 ポイント
	1 万円以上	2 ポイント
	5 千円以上	1 ポイント

　上記のように基準を設けると、例えば「**顧客AはRが2ポイント、Fが3ポイント、Mが4ポイント**」のように点数を付けることができるので、合計ポイントや「**どの要素が高ポイントか**」「**どの要素が低ポイントか**」など参考にして顧客を分析し、実施する施策を検討できます。

　例えば、次のような施策を検討できます。

- 購入回数は多いが購入金額が低い顧客には、クロスセルやアップセルでの販売単価の向上を狙う

- 最終購入日から時間が経過している顧客には、自社商品の魅力やメリットを改めて伝える

 RFM分析を用いると、優良顧客（ロイヤルユーザーやヘビーユーザー）以外にもアプローチできます。そのため、優良顧客だけを追うのではなく、各ランクの顧客ごとに、個別にアプローチすることも検討してください。例えば、ミドルユーザーをヘビーユーザーにするために、継続的に特典を提供するなどが考えられます。

顧客の種類別の施策例

RFM分析において、忠誠度の高い「ロイヤルユーザー（最優良顧客）」に位置付けられるような顧客は「自分はお店から大切にされている」と感じたいため、**ロイヤルユーザー限定の特別な販促やサービス**を実施することが効果的です。例えば、ミドルユーザーやライトユーザーよりも数日早く新商品が買えるような仕組みや、ロイヤルユーザー限定のノベルティのプレゼントなどが検討できます。

また、**新規顧客には早めのアプローチが重要**といわれており、特に「**1週間以内のお礼**」が効果的といわれています。新規顧客は、お店に対する好感や愛着はまだ薄いので、早々にアプローチすることで、2回目の利用につなげることが重要です。

他にも、何回か利用履歴はあるものの、お店に対する愛着はそれほど育っていない顧客に対しては**量と質の両面**から攻める必要があります。

ここでいう「量」とは「**顧客へのアプローチの回数**」です。また「質」とは「**顧客に伝える情報の質**」です。例えば、価格が安くて買いやすい企画にスポットを当てるなど、お得感のある施策などが考えられます。

事例・参考例 クレジットカード会社「CLO」

CLO（Card Linked Offer）とは、一言でいうと「**クレジットカード連携型クーポン**」です。米国ではすでに40万以上の加盟店が参加しており、1億5千万人以上の顧客に普及しているといわれています。日本でもクレジットカード会社が実施しています。

クレジットカードは、後払いで請求されるため、その支払いの際に特典のクーポン（値引き）を適用することで、特典を得たい顧客の購入促進ができます。

顧客は、クレジットカードの利用履歴などからお勧めされたクーポンを、専用アプリ、もしくはWebページなどであらかじめ利用宣言しておきます。その後、クレジットカードを用いて加盟店で該当商品を購入すると、自動的に特典が適用されるという仕組みです。

図 | CLOの仕組み

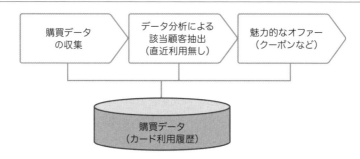

　加盟店は、自社から他社に離反してしまった顧客や、利用頻度が低い顧客（RFM分析のランクの低い顧客）に対して、**魅力的な特典（クーポンなど）**を提供することで、顧客のロイヤルティ向上を図ります。

組み合わせて使えるフレームワーク

● パレート分析（ABC分析）（p.229）

　RFM分析では通常、5段階でレベル分けしますが（p.237）、F（Frequency：頻度）とM（Monetary：購入金額）に関しては、**パレート分析（ABC分析）**を用いて3段階でレベル分けする方法も有効です。分類がシンプルでわかりやすくなります。
　なお、この場合、R（Recency：直近いつ）は直近か否か程度に分けます。

📖 参考文献・参照資料
　安岡寛道 著『ポイント会員制サービス入門』東洋経済新報社、2014年
　グロービス 著、嶋田毅 執筆『グロービスMBAキーワード 図解 基本ビジネス分析ツール50』ダイヤモンド社、2016年
　安岡寛道 監修『事業戦略－策定の手引き＜第3版＞』(公財)高知県産業振興センター、2019年

分解すると原因が見えてくる

32 ロジックツリー

Logic Tree

Tags 定量的データ　多様な利用シーン　一人で使える
Origin 経営コンサルティング会社が普及に貢献

こんなときに使える！ ▶ 課題の原因を深掘りしたい

概要

　時間や情報が限られている中での意思決定や活動において、誤った判断や無駄なことを極力排除して、効果的・効率的に目的を達成するためには、**ロジカルシンキング（論理的思考）**が非常に有効です。

　「論理」については論理学という学問分野で研究が進められており、長い歴史がありますが、ここでいう「ロジカルシンキング」とは経営コンサルタントたちが活用して広めた「時間や情報が限られている中で可能な限り論理的に考えるための手法」のことを指しています。本項では、ロジカルシンキングの手法の1つである「ロジックツリー」を紹介します。

　ロジックツリーとは、**分析対象の構成要素を漏れなくダブりなく分解・整理することで、課題を特定したり、課題の原因を深掘りしたりするための手法**です。ロジックツリーでは分析結果を「**ツリー構造**」で表現するため、このように呼ばれています。

　ロジックツリーを用いると、分析対象が複雑・難解であっても、その課題を特定したり、主な原因を把握したりできます。

ロジックツリーでは分析対象を MECE（ミーシー）に分解・整理します。

MECEとは、「Mutually Exclusive and Collectively Exhaustive」の略であり、**「相互に排他的で、全体を網羅している」**という意味です。つまり**「漏れなくダブりなく」**という意味です。

例えば、顧客をMECEに分解・整理するとしましょう（次の図を参照）。「日本人」と「外国人」という分け方であればMECEですが、「日本人」と「外国人」の他に「アジア人」という属性があった場合、漏れはありませんが、日本人はアジア人でもあるのでダブりが生じることになります。

また、顧客を「20代以下」「30代」「40代」「50代」「60代以上」と分ければMECEですが、「60代以上」が抜けていれば、漏れが生じます。

他にも顧客を「首都圏在住」「首都圏在住以外」と分ければMECEですが、「東京在住」「関東在住」と分けてしまうと、漏れとダブりの両方が生じます。

ロジックツリーでは、このMECEの考え方を用いて分析対象を分類・整理することで、課題を特定したり、原因を深掘りしたりします。

図 ｜ 「顧客」のMECEな分類の例

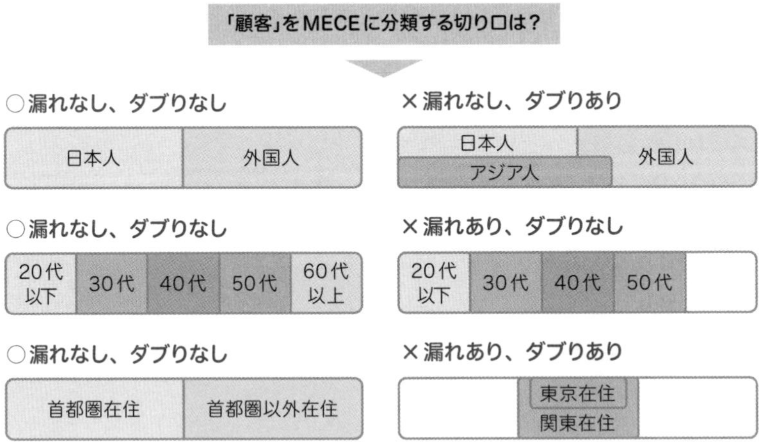

イシューツリーとホワイツリー

ロジックツリーには、**イシューツリー**と**ホワイツリー**の２種類があります。

表 │ **ロジックツリーの種類**

種類	説明
イシューツリー Issue Tree （課題特定ツリー）	分析対象を MECE に分解することで、どこに課題があるのかを探るためのロジックツリー。「課題がどこで発生しているのか？」という「**どこ？（Where）**」の視点で探ることが特徴
ホワイツリー Why Tree （原因深掘りツリー）	発生している事象の原因の深掘りするためのロジックツリー。分析対象について、「なぜそれが発生しているのか？」という「**なぜ？（Why）**」の視点で探ることが特徴

　例えば、「**利益低迷**」という問題が発生した場合、イシューツリーではどのように分けることができるでしょうか。利益は「売上」から「コスト」を引いたものなので、利益の構成要素は「**売上**」と「**コスト**」に分けられます。

　売上はさらに「**販売数量**」と「**販売単価**」に分けられ、コストは「**人件費**」「**原価**」「**販売管理費**」に分けられます。

　このようにイシューツリーで分解した結果、「**コストには大きな問題はないが、販売数量が低い**」という課題を発見できるかもしれません。

　では「**販売数量が低い**」という事象はなぜ発生しているのでしょうか。それをホワイツリーで分解してみます。原因としては、

- 商品の魅力が弱い
- 価格が高い
- 商品と価格以外に原因がある

といった原因が考えられます。「**商品の魅力が弱い**」の原因としては、

- 商品の機能の魅力が弱い
- 商品のデザインの魅力が弱い
- アフターサービスの魅力が弱い

などが考えられます。また「**価格が高い**」の原因としては、

243

- 費用対効果が悪い
- 競合の価格が安い

図 | ロジックツリーのパターン

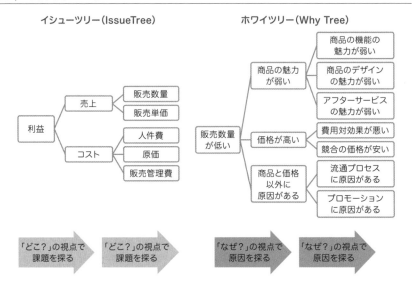

イシューツリー（IssueTree）

ホワイツリー（Why Tree）

などが考えられます。「**商品と価格以外に原因がある**」の原因としては、

- 流通プロセスに原因がある
- プロモーションに原因がある

などが考えられます。このように、分析対象を分解する視点は多種多様です。ロジックツリーを作成する際は次ページの表を参考にしながら、さまざまな視点で分解・整理してください。

なお、ロジックツリーで分析対象を分解する際に重要なのは「**MECEに分けることは目的ではなく、手段であるという認識を持つこと**」です。

上記のように、MECEに分ける視点は多様であり、唯一無二の正解はないので、ロジックツリーによって分解・整理することによって、課題の特定につなげ、原因の特定につなげることが重要です。

また、分類の切り口が大きすぎても、的確に課題や原因を絞り込めませんし、逆に切り口が細かすぎても、分析が困難になります。試行錯誤しながら、**より良い切り口**を探ることが重要です。

244

視点の種類		主な分類・整理の視点
顧客属性 で分ける	人口統計 的変数	● 男性／女性／その他 ● 20歳未満／20代／30代／40代／50代／60歳以上 ● 学生／会社員・公務員／派遣社員／アルバイト／主婦／無職・退職者 ● 独身／既婚(子どもなし)／既婚(子どもあり)
	行動変数	● 既存顧客／新規顧客 ● 朝利用顧客／昼利用顧客／夕方利用顧客／深夜利用顧客 ● ノン・ユーザー／ライト・ユーザー／ミドル・ユーザー／ 　ヘビー・ユーザー
	心理的 変数	● 高関与顧客／低関与顧客 ● 商品について知らない／知っている／知識あり／関心あり／ 　欲求有り／購買意思あり
商品・流通 チャネル で分ける	商品 カテゴリ	● 既存商品／新商品 ● 飲料／菓子類／軽食／その他
	流通 チャネル	● 国内の店舗／国外の店舗 ● 首都圏のチャネル／首都圏以外のチャネル ● 実店舗／ネット店舗
対立概念 で分ける		● それ／それ以外 ● 既存商品／新商品 ● 商品／サービス
数式 で分ける		● 利益 ＝ 売上 － コスト ● 今月の飲み会代 ＝ 1回あたりの平均飲み会代 × 飲み会の回数 ● 顧客全体からの売上 ＝ 顧客1人あたりの平均単価 × 顧客数 ● 顧客1人からの売上 ＝ 1回あたりの購入金額 × 購入回数 ● 店舗の売上 ＝ 来店者数 × 購買率 × 1人あたりの平均単価
プロセス で分ける		● 朝／昼／夕方／夜／深夜 ● 過去／現在／未来 ● バリューチェーン ● AIDMA(認知／興味／欲求／記憶／行動)
経営学の 枠組み で分ける		● ヒト／モノ／カネ／情報 ● 4Ps(商品／価格／流通プロセス／プロモーション) ● QCD(品質／コスト／デリバリー) ● 3C(顧客／自社／競合)

組み合わせて使えるフレームワーク

● アンケート調査（p.172）

　ロジックツリーで分解・整理した各要素の状況を的確に把握するためには、各種のデータを収集する必要があります。適切なデータが存在していない場合は、**アンケート調査**を実施することでデータを収集できます。

📚 参考文献・参照資料

齋藤嘉則 著『新版 問題解決プロフェッショナル 思考と技術』ダイヤモンド社、2010年

未来を分析する

33 フェルミ推定

Fermi Estimate

Tags 定量的データ　経営環境の理解　一人で使える
Origin ノーベル物理学賞を受賞した物理学者エンリコ・フェルミの名前に由来

こんなときに使える！ ## 存在しない市場データを概算したい

概要

　事業に取り組む場合、その事業が対象とする市場規模に合わせて、身の丈に合った戦略やマーケティングに取り組まなければなりません。

　例えば、ライブイベントのプロモーションを実施する場合、小さな会場で数十名程度を対象に行うライブイベントと、数万人を収容できる巨大な会場で行うライブイベントでは、イベントの内容やプロモーション活動が大きく異なることは容易に想像できると思います。

　同様に、期待できる売上が1000万円の事業と1000億の事業とでは、取り組むべき戦略やマーケティングは大きく異なります。

　しかし、新規事業の場合は、市場規模や顧客の行動といった、市場に関するデータを十分に確認できないこともよくあります。

　このような場合に有効なフレームワークが「**フェルミ推定**」です。フェルミ推定を利用すると、**存在しない市場データ**を概算できます。

　フェルミ推定とは、**計算式といくつかの手掛かり（仮定や定数）をもとにして、数値や比率を組み合わせて推定する手法**です。

Memo　フェルミ推定という名前は、ノーベル物理学賞を受賞した物理学者エンリコ・フェルミの名前に由来しています。フェルミは、実験や調査によって正確なデータを入手することが困難な状況でも、論理的な推論によっておおよその数値（概算値）を得ることを得意としていました。

使い方

フェルミ推定では、次の3つの手順に沿って分析を進めます。

図 | フェルミ推定の進め方

①推定したい対象を
いくつかの要素に分解し、
計算式を作る → ②各要素の数値や
比率を設定する → ③計算式と数値や比率を
用いて推定する

ここでは、コンビニエンスストアの市場規模を例に用いながら、フェルミ推定の使い方を見ていきます。

コンビニエンスストアの1店舗における1日の平均的な売上金額はどれくらいでしょうか。コンビニエンスストアの売上金額は調べればわかりますが、仮にその情報を調べることが困難であるとき、どのように推定することができるでしょうか。フェルミ推定を用いて売上金額を概算してみましょう。

① 推定したい対象をいくつかの要素に分解し、計算式を作る

まず、推定したい数値をいくつかの要素に分解した計算式を作ります。要素はさまざまなものがありますが、市場規模の推定でよく用いられるのは「平均顧客単価」と「平均顧客数」です。

ここでは、コンビニエンスストア1店舗の1日の平均的な売上金額を「平均顧客単価」と「平均顧客数」に分解します。計算式は下図の通りです。

図 | コンビニエンスストア1店舗の1日の売上金額のフェルミ推定の視点

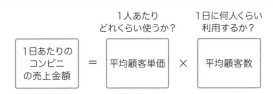

平均顧客単価とは、1人の顧客が1回の購入で支払う金額、平均顧客数とは、コンビニエンスストアを利用する顧客の1日あたりの数です。これらをかけ合わせれば、コンビニエンスストアの1日あたりの売上金額を推定できます。

② 各要素の数値や比率を設定する

次に、計算式に含まれる数値や比率について、**具体的な数値**を設定します。あらかじめわかっている数値や比率に加えて、**正確にはわからない数値や比率については、自分の経験や論理などをもとに設定**します。

例えば、あらかじめわかっている数値や比率として**人口**や**世帯数**などの国民生活に関するマクロ統計や、店舗数や市場シェアなどの全体的な企業活動に関する統計があります。

一方、正確にはわからない数値や比率としては、特定の商品やサービスの平均顧客単価や稼働率といった**ミクロな消費行動**があります。他にも、**発売前の商品の市場データは存在しません。**

コンビニエンスストアの平均顧客単価は、業界レベルのものであれば調査することで入手できると思いますが、その情報が存在しない場合は、何らかの根拠を手掛かりにして数値を設定する必要があります。

コンビニエンスストアの**平均顧客単価**を求める際の手掛かりにはさまざまなものがありますが、その１つとして、**自分自身や身近な人がコンビニエンスストアで購入する際の平均的な単価を参考にしてみるのもよいでしょう。**

昼食を購入する際にコンビニエンスストアを利用しているのであれば、頻繁に購入する商品を思い出してみましょう。例えば、図のような式に分解できるかもしれません。

図 ｜ 平均顧客単価の設定

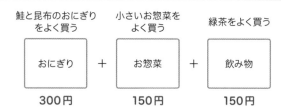

ここでは、おにぎりを２つとお惣菜を１つ、飲み物を１つ購入するとして、平均顧客単価を600円に設定できます。自身の経験のみによる設定はかなり大雑把な根拠ではありますが、すばやく設定したい場合には便利です。より精緻に設定したい場合は、アンケート調査 (p.172) などを実施するとよいでしょう。

同様に、**平均顧客数**についても、何らかの手掛かりをもとに考えてみましょ

う。平均顧客数を求める手掛かりもさまざまありますが、ここでは「**顧客の接客時間**」に注目して設定してみましょう。

　1人あたりの接客時間は何分くらいでしょうか。自身の経験をもとに考えてみるとよいでしょう。1～3分程度で1人の接客は行えるでしょう。ここでは2分と設定します。24時間営業のコンビニエンスストアであれば、営業時間は1440分（24時間×60分）であるため、2分で割ると720人の顧客に対応できます。コンビニエンスストアにはレジが複数台ありますが、ここではレジを2台と設定します。その結果、平均顧客数は1440人と設定できます。

図 ｜ **平均顧客数の設定**

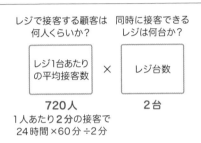

③ 計算式と数値や比率を用いて推定する

　コンビニエンスストアの売上金額を求めるために必要な数値を設定できました。それでは数値を当てはめていきましょう。

図 ｜ **コンビニエンスストア1店舗の1日の売上金額のフェルミ推定**

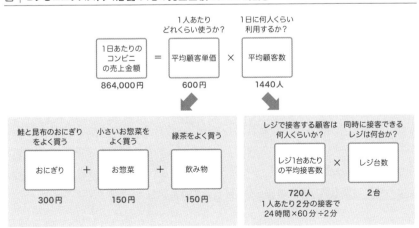

平均顧客単価は600円、平均顧客数は1440人です。これらを掛け合わせることで、コンビニエンスストア1店舗の1日の売上金額は**864,000円**であると推定できます。

フェルミ推定では、このようにして、要素に分解をしたうえで、ある程度わかっている数値と仮定の数値を当てはめることで、おおよその金額を推定していきます。

フェルミ推定を用いることで、ありとあらゆる数値を、ある程度の精度で推定することができます。

フェルミ推定を使用する際の注意点

上記の解説からもわかるように、フェルミ推定で使用する式や数値の内容は、式の作成者によって大きく変わります。そのため、使用する際にはいくつかの注意点があります。

事後に突き合わせて確認する

フェルミ推定はあくまでも**概算した数値**なので、**フェルミ推定で推定した値と実際の数値を、事後に突き合わせて確認することが重要**です。

コンビニエンスストア1店舗における1日の売上金額は、企業によって差はありますが、実際の情報を確認すると、おおよそ50万円から60万円程度です。フェルミ推定では86万円でしたので、20万円から30万円近くのズレが発生しています。

ここで重要なのが「**ズレが発生した原因**」を考えることです。どのような仮定で算定するかによって導かれる数値はかなりの幅をもったものになります。推定値と実績値にズレが発生した理由を考えることで、市場に対する理解が深まります。

例えば、本項の事例ではコンビニエンスストアの接客時間を2分と設定しましたが、実際にはレジがほとんど稼働していない時間帯もあるので、接客する人数はもっと少なかったのかもしれません。接客していない時間も考慮して、接客時間をやや長めの3分と設定してもよかったかもしれません。**推定はあくまでも推定なので、可能な限り実際の値と突き合わせて考えることが重要**です。

上限値と下限値を確認する

フェルミ推定を用いた**市場規模**の推定では、正確さにこだわるよりも、「**あり得る可能性の中での上限値と下限値を確認する**」という姿勢で取り組むとよいでしょう。完全な推定は不可能なので、最大でどれくらいか、あるいは最低でどれくらいかを理解することが大変重要です。

その際は、いくつかのシナリオごとにフェルミ推定を実施することが望ましいです。また、異なる情報源と異なる算定方法を組み合わせて、多面的に市場規模を推定することが望ましいでしょう。

組み合わせて使えるフレームワーク

アンケート調査 (p.172)、パレート分析 (ABC分析) (p.229)、RFM分析 (p.235)

フェルミ推定に当てはめる数値を検討する際に、**アンケート調査**や**パレート分析（ABC分析）**、**RFM分析**によって得られたデータを活用できます。これらを活用することで、より精度の高いフェルミ推定を実施できます。

シナリオ・プランニング (p.110)

フェルミ推定では、いくつかの推定パターンを検討しておくことが有効です。その際は、**シナリオ・プランニング**によって得られたシナリオを活用できます。いくつかのシナリオごとにフェルミ推定を実施することで、市場に対する理解が深まります。

Column

就職活動にも役立つフェルミ推定

フェルミ推定は論理的な思考法の1つであるため、就職活動の面接などでもでも大変役に立ちます。例えば、就職活動の面接では「ビールの市場規模はどれくらいだと思いますか？」や「美容院の市場規模はどれくらいだと思いますか？」のような質問をされることがあります。その際に、論理的に回答する方法として、フェルミ推定を利用できます。

参考文献・参照資料
西川英彦、廣田章光 編著『1からの商品企画』碩学舎、2012年

何から手をつけるべきか

34 効果×実現性分析

Effect-Feasibility Analysis

Tags 情報の記録・整理　事業企画　組織で使える
Origin 野村総合研究所において筆者が導き出した手法

こんなときに使える！ ▶ 施策の優先順位を検討したい

概要

　効果×実現性分析とは、**施策の効果と実現性を9象限からなるマトリックス上にプロットすることで、各施策の優先順位を検討する分析手法**です。新規事業や新商品のアイデアの優先順位を検討する際に活用できます。

- 縦軸（Y軸）：**効果**（売上、利益、相乗効果など）
- 横軸（X軸）：**実現性**（難易度・容易度、費用、親和性など）

図 ｜ 施策の評価（優先順位付け）

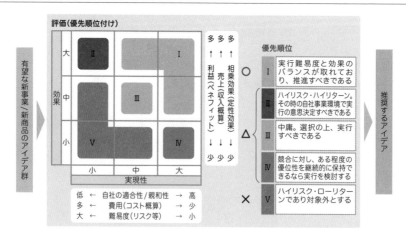

252

施策の優先順位は、前ページの図の9象限のうち**右上ほど高く、左下ほど低く**なります。つまり「**実現性大、効果大**」の施策ほど、優先順位が高くなるということです。ただし、この図はあくまでも**相対的な評価**のため、筆者の経験則として、最も右上の象限に配置する場合は最優先としてすでに認識している場合が多く、わざわざ優先順位付けをしない場合が多いです。したがって、右上以外の象限に配置される場合が多いです。その場合、例えば右上に"近い3つの象限"（Ⅰエリア）の優先順位を同じ分類にすることがあります。

同様に、最も左下の象限に配置する場合は、最も優先しないものとしてすでに認識している場合が多く、左下に"近い3つの象限"（Ⅴエリア）の優先順位を同じ分類にすることがあります。

次に、Ⅱ、Ⅲ、Ⅳのエリアに関して、分類する人はⅢのエリア（真ん中）を多くプロットする傾向があるため、やはり効果の高いものを先にして分けて分類します。そうすると、優先順位はⅡ→Ⅲ→Ⅳの順になります。

結果として、優先順位はⅠ→Ⅱ→Ⅲ→Ⅳ→Ⅴになります。

 効果×実現性分析のマトリックスは、4×4や5×5にすることも可能です。しかし、効果×実現性分析が「**定性的な情報を定量的に変換する分析手法**」であるという性格上、数を増やしすぎると象限間の違いがあいまいになります。そのため、象限数を増やす場合は、各象限の基準を明確にしておくことが重要です。

使い方

効果×実現性分析では、次の手順に沿って、分析を行います。

① 各施策をマトリックス上にプロットする

新規事業や新商品のアイデア、または事業内容などの各施策を9象限のいずれかにプロットします。

なお、効果×実現性分析では**施策の優先順位**を評価したいため、各施策を**相対的**にプロットします。絶対的な位置付けをする必要はありません。それぞれの施策を見て相対的にプロットしください。

次の図においては、図内の●（黒丸）が1つの施策を表しています。左下の象限には3つの施策がプロットされ、右上の象限には7つの施策がプロットされています。

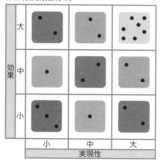

② 優先順位を評価する

　各施策の配置先がある程度分散されて、9象限の分類が納得いくものになったら**評価**に移ります。優先順位は右上ほど高く、左下ほど低くなりますが、優先順位の付け方は、相対的な判断で良いでしょう。

③ フィージビリティスタディを実施する

　優先順位の高いものに絞って経営資源を投入し、**フィージビリティスタディ**（実現可能性の調査）を詳細に実施していきます。

事例・参考例　クレジットカード会社「新規事業検討」

　クレジットカード業界はすでに成熟しており、競合事業者も多く存在します。近年では、電子マネー（非接触ICやQRコード決済など）の事業者の参入も増えているため、旧来型のクレジットカード会社は、新たな収益源となる「**クレジットカード以外の新規事業**」の策定に迫られていました。

　こうした背景の中、社員に新事業のアイデアを募りました。このとき、100を超えるアイデアが提案され、どこから手を付けるべきか迷いました。

　そこで、これらのアイデアのうち、明らかに難しいものや事業として成り立たないものを排除したうえで、残りのアイデアに対して効果×実現性分析を行いました。

　分析の結果、優先順位の高い施策案として、EC連携、相続ビジネス、プリペ

イドカード、シニアビジネス、教育ビジネス、シェアリングなどの事業アイデアがプロットされました。実際にはこれらの分析結果をもとにして、優先順位の高い施策から順番に具体化を検討しました。

図 | **クレジットカード会社の新規事業に関する効果×実現性分析**

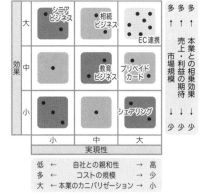

組み合わせて使えるフレームワーク

キーニーズ法（p.268）

　効果×実現性分析では、効果や実現性の高いアイデアや事業企画が抽出されたに過ぎません。実際の商品企画においては、そのアイデアだけでは唯一無二の商品にならない場合も多いです。したがって、優先順位の高いアイデアや事業企画については、**キーニーズ法**を用いて、より一層オリジナリティを高めていくことが必要になります。

■■ **参考文献・参照資料**

石川昭、辻本篤、安岡寛道 他著『新製品・新事業開発の創造的マーケティング―開発情報探索のマネジメント』生産性出版、2006年

D.A.アーカー 著『Developing Business Strategies（第6版）』New York: Wiley、2001年

GEビジネス・スクリーン

効果×実現性分析と似ているものに、GE（ゼネラル・エレクトリック）とマッキンゼーが共同開発した「**GEビジネス・スクリーン**」があります。

GEビジネス・スクリーンは、BCG（ボストン・コンサルティング・グループ）が提唱したPPM（プロダクト・ポートフォリオ・マネジメント）の2×2の4象限での事業評価の限界を解消するため、効果×実現性分析と同様に3×3の9象限からなるマトリックスです。縦軸に「**事業地位（競争能力）**」、横軸に「**業界魅力度**」（注：左側が「高」、右側が「低」）を置き、各象限において「**投資／成長（増強）**」「**選択的投資（現状維持）**」「**収穫／撤退（利益回収）**」の3つの戦略（方向性）を取ります。そのうえで、左上の「高×高」およびそれに近い象限を優先する意思決定の形態をとります。

図 | **GEビジネス・スクリーン**

業界魅力度

	高	中	低
高	A	A	B
中	A	B	C
低	B	C	C

事業地位（競争能力）

A. 投資／成長
B. 選択的投資
C. 収穫／撤退

出所 D.A.アーカー（1986）を一部修正

なお、横軸の「**業界魅力度**」では、市場規模、成長率、顧客満足水準、競争、価格水準、収益性、技術、政府規制、経済動向などへの敏感度を相対的に位置付けます。

また縦軸の「**事業地位（競争能力）**」では、事業規模、成長可能性、セグメント別シェア、顧客ロイヤルティ、マージン、流通、技術スキル、特許、マーケティング、柔軟性、組織などから相対的に位置付けます。このように相対的な評価を行うという点は、本項で紹介した効果×実現性分析と似ています。

第4章

企画する

　本章では、実際に製品・サービスや事業を企画する際に必要となる、さまざまな検討事項をまとめるためのフレームワークを紹介します。企画を検討する際に考慮すべき重要な点は「顧客のニーズを満たせるか」と「ライバルと差別化できるか」の2つです。

　顧客のライフスタイルや嗜好が多様化する昨今では、競合他社が存在しない空白を探し出し、そこに顧客の潜在的なニーズがどの程度あるのかを検討するなどして、**独自性の高いビジネスを立案すること**が**重要**です。また、**顧客ニーズを再確認し、改善をすることも必要**です。

　本章で紹介する各フレームワークを用いれば、自社の資源や強みを把握したうえで、顧客や競合との関係を理解することができます。

本章で紹介するフレームワーク

　ここでは、市場調査や顧客調査、競合データを整理して、具体的に製品・サービス、事業を企画する際に役立つフレームワークを9つ紹介します。

　なお、実際に各フレームワークを利用する際は事前に「**企画の目的**」が以下のどの箇所に該当するのかを確認しておくとよいでしょう。

		顧客ニーズ から検討	ライバル分析 から検討	自社の強み から検討
	新しい 製品、サービス、事業の **創出**			
	既存の 製品、サービス、事業の **革新**			

　アメリカの起業家によって提唱された「**リーン・スタートアップ**」は、**顧客ニーズ**を出発点として、今までにない製品・サービス、事業を作り出していくフレームワークです。

　新製品の創出と既存製品の革新の両方に使えるフレームワークとしては「**キーニーズ法**」があります。このフレームワークは「**顧客ニーズ**」に沿って製品の機能を絞り込んでいくアプローチと、「**技術シーズ**」から製品開発をするアプローチの両方があり、広い事業で有効活用ができます。

　「**バリュー・プロポジション・キャンバス**」は、顧客が抱えている「**現在の課題**」と、課題を解消した際に生まれる「**顧客も予想していなかった獲得価値**」にフォーカスして製品を生み出すフレームワークです。

　ライバルとの差別化を軸とした製品・サービス企画では、自社と競合の両方の分析が必要になります。ブルーオーシャン戦略で提唱された「**ERRCグリッド**」は、既存市場の製品やサービスでは何が提供できていないのかを見出し、新しい価値創出を行うためのフレームワークです。

　「**アンゾフの成長マトリクス**」は、既存市場と新規市場という2つの市場に対して、

自社の現在の製品・サービスがどのように革新していくかを検討する際に役立ちます。

「競争戦略策定」は、経営学ではおなじみのポーターの基本戦略とコトラー＆ケラーの競争地位戦略を組み合わせたフレームワークです。自社と競合との違いを分析したうえで、自社が市場で担う役割と立場を明確にして製品・サービスの戦略を策定します。これら差別化のフレームワークは、**すでに競合が存在する市場**で製品・サービスを企画化する際に用いるといいでしょう。

「ビジネスモデルキャンバス」「戦略モデルキャンバス」「収益モデル」は、製品・サービスの企画を行うのと並行して、自社の資源をいかに活用するか、どのようなパートナーと協力をするかといったオペレーションや、顧客からどのように収益を得るかの方法といった「**儲けの仕組み**」を可視化するフレームワークです。

図 | **製品・サービス企画、事業企画のフレームワークの位置付け**

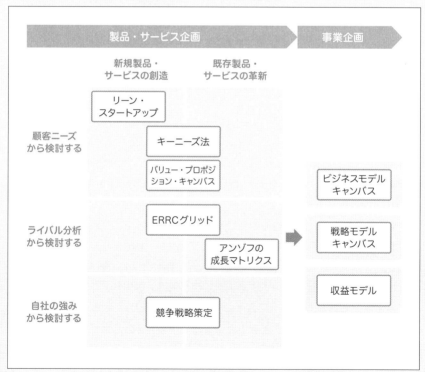

35 リーン・スタートアップ

The Lean Startup

Tags 定量的データ　事業企画　チームで使える
Origin アメリカの起業家エリック・リース氏が2008年に提唱

こんなときに使える！ 破壊的イノベーションを実現したい

概要

　リーン・スタートアップは、**破壊的イノベーションにつながりうる商品やビジネスモデルを創造するためのマネジメント手法**であり、起業家の思い込みで顧客にとって無価値な商品を開発してしまうことに伴う、**時間・労力・資源・情熱の無駄をなくす方法論**です。

　リーン・スタートアップの「**リーン（Lean）**」とは「**無駄がなく、効率的**」という意味です。この用語はトヨタ自動車の生産方式をもとにして作られた「**リーン生産方式**」に由来しています。提唱者のエリック・リースは「**破壊的イノベーションの実現に向けた活動における最大の無駄は、誰も求めていないものを作ることである**」と主張しています。

　従来の商品開発では、企画や開発に十分な期間をかけて、完成品に近い商品を作りあげてから、それを顧客に届けるという方法が一般的です。

　一方、リーン・スタートアップではいきなり完成品に近い商品を作るようなことはしません。最低限のコストで必要最小限の商品Aを作り、それを顧客に提供してみます。顧客から商品Aに対するポジティブな反応やネガティブな反応など、さまざまな反応をデータとして取得したうえで、それをもとにして改善した商品Bを作り、再度顧客に提供します。

　このようなフィードバックサイクル（顧客の反応をデータとして取得して、次の商品開発に生かすこと）に素早く取り組み、顧客から求められる商品やビジネスモデルを開発するのが、リーン・スタートアップです。

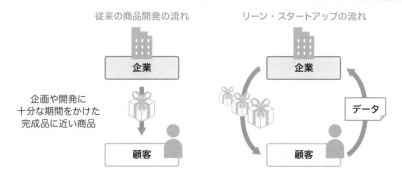

図 ｜ 従来の商品開発とリーン・スタートアップの違い

従来の商品開発の流れ　　リーン・スタートアップの流れ

企業

企画や開発に
十分な期間をかけた
完成品に近い商品

顧客

企業

データ

顧客

ここが
ポイント！

リーン・スタートアップの最大の特徴は、顧客から得られるデータをもとにして改善を繰り返すことで、顧客に求められる商品を開発すること

使い方

　エリック・リースが提案したリーン・スタートアップの具体的な進め方について解説します。

　リーン・スタートアップには、3つの生成物と、3つの活動があります。

図 ｜ リーン・スタートアップの3つの生成物と3つの活動

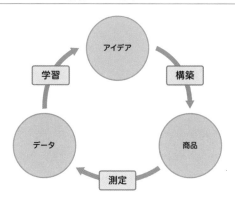

アイデア

学習　　　　　　　　構築

データ　　　　　　　商品

測定

出所 エリック・リース(2012)

261

① アイデアの創造

　リーン・スタートアップの起点になるのが「**アイデア**」という生成物です。アイデアは**新しい商品やビジネスモデルを生み出すもとになるもの**です。顧客の課題を深く理解したり、既存の要素を新たに組み合わせたりすることによって、アイデアを生み出しましょう。

　なお、最初のアイデアには、多くの仮説が含まれていますが、それで構いません。リーン・スタートアップは最初のアイデアの正しさを検証する活動であるため、検証結果から適切に学ぶことが重要です。ある程度、飛躍したアイデアであってもアイデアの正しさを検証できるため、破壊的イノベーションにつながるような新奇性の高いアイデアを生み出すことを目指しましょう。

 ここが
ポイント！　**アイデアには多くの仮説が含まれていても問題ない**

---

② 商品の構築

　次に、アイデアをもとにして、実際に「**商品**」を構築する活動に取り組みます。ここで重要なのが、**いきなり完成品を作ってはいけない**ということです。

　リーン・スタートアップでは最初から完成品は作りません。ここで作るのは、あくまでもアイデアに含まれる仮説を検証するための「**必要最小限の商品**」です。リーン・スタートアップではこれを「**MVP（Minimum Viable Product**」と呼びます。

　MVPには、さまざまな形態があります。プロトタイプ（試作品）のような実際に機能するものを構築する場合もあれば、システム化はせずに人間が手動でサービスを提供することで顧客に対する価値を実現するものもあります。さらには、顧客に価値を感じてもらえるかを確認するために、商品のイメージを伝える動画やウェブサイトのみを構築する場合もあります。

　いずれにしても、コストをかけずに簡単に作成でき、仮説の検証ができるものを構築することが重要です。

ここが ポイント！　**いきなり完成品を作ってはいけない**

③ 反応の測定とデータの取得

　商品を構築したら次に行うのが、その商品を顧客に提供して、**顧客からの反応 を測定し、データを取得する活動**です。

　顧客からは、ポジティブな反応だけでなく、ネガティブな反応や予想もしていなかった反応など、さまざまな反応があると思います。それらをデータとして取得します。特に初期の段階では、定量的なデータだけでなく、インタビュー調査などによって得られる定性的なデータからも多くのことを学べるため、積極的に収集しましょう。

④ 学習とアイデアの創造

　取得したデータをもとにして、仮説の検証や、新しいインサイトの獲得など、その商品やビジネスモデルについて学習し、次の商品やビジネスモデルのアイデアを創造します。

　取得したデータによって検証した結果、当初の仮説が間違っていたとしても落ち込む必要はありません。検証結果を真摯に受け止めたうえで、素早く次のアイデアに軌道修正をすることが重要です。

　上記のようなサイクルをぐるぐると回すことによって、破壊的なイノベーションの実現につながる商品やビジネスモデルの創造を目指すのが、リーン・スタートアップです。言い換えると、リーン・スタートアップとは、破壊的イノベーションの実現に向けたPDCAサイクルのようなものといえます。

　リーン・スタートアップでは、アイデアの軌道修正の可能性があるため、手持ちの資金でどの程度の軌道修正が許容可能であるかを事前に検討しておくことが重要です。制約の範囲内で、コストや時間をかけずに素早くリーン・スタートアップの活動に取り組みましょう。

リーン・キャンバス

リーン・キャンバスとは、**リーン・スタートアップによるビジネスモデルの探索に特化したフレームワーク**です。

リーン・キャンバスに用意されている9つの項目について整理・検討することで、リーン・スタートアップを効率的に実践できます。

図 | リーン・キャンバス

②課題 顧客が感じている課題は何か？	④新しい解決策 顧客の課題を解決する新しい解決策は何か？	③独自の価値提案 解決策によってもたらされる他には無い価値提案は何か？	⑨圧倒的な優位性 他社に真似されにくい圧倒的な優位性は何か？	①顧客セグメント 誰がターゲットか？
②´既存の代替的な解決策 顧客が採用している既存の解決策は何か？	⑧主要指標 (Metrics) 何の数値が高ければ、顧客へのアプローチや課題解決が成功したと判断するか？		⑤チャネル ターゲットには、どのようにアプローチするか？	①´初期採用者 最初の顧客は誰か？
⑦コスト構造 主なコストには、どのようなものがあるか？		⑥収益の流れ 何からどのように収益を得るか？		

出所 アッシュ・マウリャ (2012)

リーン・キャンバスとビジネスモデルキャンバス (p.308) には似ている点もありますが、**リーン・キャンバスはビジネスモデルキャンバス以上に新しいビジネスモデルの探索に焦点を当てている**という点で違いがあります。

例えば、「主要指標」という項目はリーン・キャンバスの特徴的な要素です。主要指標は「**新しい解決策や価値提案が顧客に届き、課題の課題解決につながっていることを確認するための項目**」です。

一方、ビジネスモデルキャンバスはビジネスモデル全体の特徴を網羅的に表現することが得意です。

このように、それぞれに特徴があるので、それらを理解したうえで目的に応じて、使い分けてください。

事例・参考例① YouTube

リーン・スタートアップの事例として、YouTubeのビジネスモデル創造の流れを見てみましょう。

チャド・ハーリー、スティーブ・チェン、ジョード・カリムという3人の起業家が「Tune in Hook Up」という、**動画を用いた新しいマッチングサービス**を開発しました。彼らの初期のアイデアは、パートナーに求めているものを説明する自己紹介動画をアップロードできるマッチングサービスです。自己紹介動画をアップロードできるようにすることで、これまでのマッチングサービスよりも、相手の人となりを分かりやすくし、より良いマッチングにつなげることが狙いだったのでしょう。

Tune in Hook Upのリリースからしばらく経っても、そこに動画がアップロードされることはほとんどありませんでした。そこで、彼らはビデオを用いたマッチングサービスではなく、あらゆる種類のビデオをアップロードできる動画共有サービスである「YouTube」に軌道修正しました。すると、わずかの間に1日あたり3万人以上が閲覧するサービスに成長しました。

YouTubeは、提供したサービスで得られたデータに基づいてアイデアを修正し、当初のマッチングサービスとはまったく異なる動画共有サービスになりました。

図 | **リーン・スタートアップによるYouTubeの誕生**

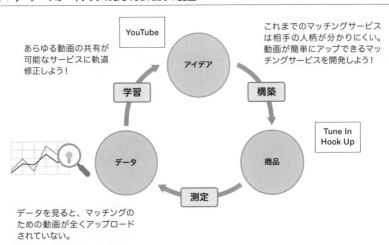

YouTube

これまでのマッチングサービスは相手の人柄が分かりにくい。動画が簡単にアップできるマッチングサービスを開発しよう！

あらゆる動画の共有が可能なサービスに軌道修正しよう！

アイデア

学習

構築

Tune In Hook Up

データ

商品

測定

データを見ると、マッチングのための動画が全くアップロードされていない。

265

このように、**リーン・スタートアップではアイデアをもとに構築した商品を用いてデータで検証し、顧客に求められる商品の開発を目指します**。得られたデータをもとにして商品やビジネスモデルを創造することで、無駄なく破壊的イノベーションの実現を目指します。

事例・参考例② Dropbox

リーン・スタートアップを実践するためのフレームワークであるリーン・キャンバスの活用イメージをつかむために「**Dropbox**」の事例を、リーン・キャンバスを用いて整理します。

Dropboxは、インターネット上にファイルを保存できるオンラインストレージサービスです。Dropboxを利用することで、パソコンやスマートフォンなど、さまざまな端末にバラバラに保存されているデータを同期し、どの端末からでも簡単にアクセスできるようになります。

Dropboxの創業者のドリュー・ヒューストンは、このサービスのアイデアを思いついた時点では、本当にこのサービスが求められるか不安でした。そこで、サービスを開発する前に、Dropboxの価値をわかりやすく伝える動画を作成し、ハッカーニュースというオンラインメディアに公開し、Dropboxの事前予約を募りました。

事前予約者数は、動画公開前は5000人だったのに対し、公開後は7万5000人になりました。彼は、そのデータから数多くの人々がこのサービスを求めていると判断し、Dropboxの開発に着手しました。

Dropboxのリーン・スタートアップの活動をリーン・キャンバスで整理すると、次の図の通りです。

リーン・キャンバスを活用することで、新しいビジネスモデルの仮説や検証方法を整理できるため、リーン・スタートアップに取り組む際に活用すると良いでしょう。

図 | **Dropboxのリーン・キャンバスの活用イメージ**

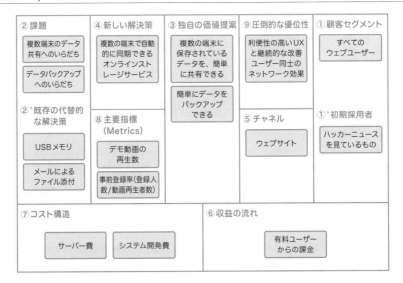

組み合わせて使えるフレームワーク

— **ジョブ理論**（p.148）

　リーン・スタートアップの起点となるアイデアを創造する際に、**ジョブ理論**が役立ちます。顧客が成し遂げたいことや、それに対する価値を検討することを通して、最初のアイデアを創造しましょう。

— **UXリサーチ**（p.180）

　リーン・スタートアップにおけるアイデアの創造や商品に対する顧客の反応の測定では、**UXリサーチ**が役立ちます。顧客に対するUXリサーチによって得られたデータを用いて、仮説の生成や検証に取り組みましょう。

参考文献・参照資料

エリック・リース 著、井口耕二、伊藤穣一 訳『リーン・スタートアップ　ムダのない起業プロセスでイノベーションを生みだす』日経BP社、2012年

アッシュ・マウリャ 著、角征典 訳『Running Lean 第3版　リーンキャンバスから始める継続的イノベーションフレームワーク』オライリー・ジャパン社、2023年

「出来の悪い凡人」と「天才」

36 キーニーズ法（商品企画簡略化法）

Modified Key-Needs Method

Tags 定性的データ　商品/製品・サービス企画　チームで使える
Origin 1969年にマーケティング実務コンサルタントの梅澤伸嘉が考案

こんなときに使える！ ▶ **ニーズとシーズの両方を満たす商品を企画したい**

概要

新商品を企画する際は、次の2つを可視化することが重要です。

- 消費者のニーズをインプットしてプロセス化する「ニーズアプローチ」
- 技術のシーズをインプットしてプロセス化する「シーズアプローチ」

ここで紹介するキーニーズ法は、上記の2つのアプローチを考慮した分析手法です。キーニーズ法を利用すると、**消費者のニーズが高く、かつ新たな技術を活用した新規性のある商品**を企画できます。

購買の決定要因

商品やサービスの購買は主に次の3つの要因で決まります。

① 商品やサービスの力（アイデアなど）
② 販売力（販売先の営業力、価格の訴求力など）
③ 広告力（認知～利用の促進）

このうちの①について考えてみます。

消費者がある商品を「ほしい」と感じるとき、それは単に「その商品がほしい」のではなく、「その商品の"行為"がほしい」と考えることができます。

例えば、ティッシュペーパーがほしい人は、ティッシュペーパーそのものがほしいのではなく、「**濡れた場所を簡単に拭けて、すぐ捨てられる、単価の安いもの**」がほしいと考えることができます。つまり、ティッシュペーパーである必要はなく、使い捨ての安価な薄手タオルがあれば、そのほうがよいかもしれません。さらに突き詰めると、消費者は「**濡れた場所を拭いてきれいにして、すっきりした状態にしたい**」と捉えることができます。これが、消費者が抱いている「本質的なニーズ」になります。

キーニーズ法を利用すると、こういった「**本質的なニーズ**」を捉えた商品企画を生み出すことができます。ここでは特に簡略化した方法を紹介します。

キーニーズ法

キーニーズ法は、マーケティング実務コンサルタント（経営学博士）の梅澤伸嘉（サンスターのマーケティング、ジョンソンの新商品企画などを歴任）が1969年、心理学者の小嶋外弘（同志社大学教授などを歴任）の指導を得て、生活工学的アプローチの結果として提唱した、**商品企画のアイデア導出（コンセプト開発）の方法**です。

当時、消費者のニーズに応える商品企画のアイデアを発想する体系的な方法は他に存在していなかったため、キーニーズ法はその登場以来、さまざまな商品開発やサービス開発で活用されています。筆者もコンサルタントとして商品企画に活用するため、梅澤氏に直接教えを請いました。

キーニーズ法は、簡潔にいうと、顧客（消費者など）の潜在的かつ本質的なニーズを、提供者の立場から掘り起こす方法です。

より具体的には「顧客ニーズ」の中から「真の顧客ニーズ」を取り出して、そこから商品やサービスのアイデアを導き出し、**そのアイデアに新規性が出るまで改善を繰り返します**。つまり、「ニーズの強さ」と「新規性の充足度合い」を上げていく方法であるといえます。

キーニーズ法の最大の特徴は、顧客ニーズを起点にして、そこから新規性のあるアイデアを導き出すことにこだわっている点です。色々な視点を取り入れると商品アイデアを導き出すのが難しくなってしまうため、この方法のように、検討内容を「顧客ニーズ」に限定するやり方は、考えを絞る意味でもやり易いでしょう。

「顧客ニーズ」の中から「真の顧客ニーズ」を取り出す

使い方

　キーニーズ法では、以下の①〜④の手順を繰り返し行うことで、ニーズとして
出てきたアイデアを「真の顧客ニーズ」になるまで突き詰めます。

　① ニーズを列挙する
　② 新規性の有無を検討する
　③ 代替商品の欠点を探す
　④ 裏返しのニーズを絞り出す

図 ｜ ①〜④の手順

	欲求	○/×	新規性 （BUT 既存品の欠点）	○/×
	①	○	② BUT③	×
④	①			
	①（新）	○	②	○

➡ **天才へ**

出所 梅澤作成の各種資料をもとにして筆者作成

◤ ① ニーズを列挙する

　ある商品やサービスの分野・用途に対して、消費者の視点で「**何がほしいか**」
「**何があったら便利か**」といった**基本的なニーズ**を掘り起こして列挙します。その
うえで、それらに本当に多くのニーズがあるのかを考え、あると判断した場合は
「○」、ないと判断した場合は「×」を記入します。

ここが
ポイント! **基本的なニーズを掘り起こして列挙する**

Column

新しいニーズの見つけ方

—

　近年はモノやサービスが充実しているため、完全に新しいニーズを見つけるのは難しいかもしれません。ニーズがなかなか見つからない場合は以下のように異なる分野や商品を掛け合わせてみてください。ハイブリッド型商品の企画につながります。

- まったく関係のない分野を掛け合わせて、そこから新しいニーズを発想する
- ある商品の特徴と、まったく別の商品の特徴を掛け合わせて、そこから新しいニーズを発想する

② 新規性の有無を検討する

　手順①で列挙したニーズについて、新規性の有無を検証し、他に代替できる商品があるか否かを検討します。

　そのうえで、新規性があると判断した場合は「○」、ないと判断した場合は「×」を記入します。

　「○」を記入したニーズは「**今までは欲しくても手に入れられなかった新しいもの**」になります。一方「×」を記入したニーズは、新規性がないことから、代替商品（手順②に記載）が存在するニーズであると判断できます。

③代替商品の欠点を探す

　手順②で新規性に「×」を記入したニーズ（代替商品が存在するニーズ）について、その代替商品に欠点がないかを掘り下げます。もし、代替商品の欠点を補うことができれば、新規性につながります。

④裏返しのニーズを見つける

　手順③で掘り下げた欠点の「裏返しのニーズ」を検討し、**手順①**に記入します。裏返しのニーズとは「欠点を補うもの」です。

　上記の**手順①〜④**を何度も繰り返して、すべてのニーズの新規性（**手順②**）が「○」になるまで続けます。

271

手順②において「○」になったニーズ（新規性のあるニーズ）とは、言い換えると「**今までは欲しくても手に入れられなかった新しいもの**」といえます。

このようなニーズのことを、キーニーズ法では「**天才**」と呼びます。つまり、キーニーズ法では、**手順①～④を繰り返す**ことで「**凡人**」（ニーズはあるが新規性はない）から「**天才**」（ニーズと新規性の両方を持つ）を見つける作業であるといえます。

図 ｜ 欲求（ニーズの強さ）×新規性（充足の度合い）

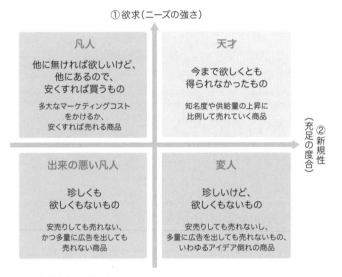

出所 梅澤作成の各種資料をもとに筆者作成

なお、「**変人**」（新規性はあるが、ニーズがない）や「**出来の悪い凡人**」（新規性もニーズもない）には**そもそもニーズがない**ため、**手順①～④には含まれません**。

ここが
ポイント！

新規性のあるニーズとは「今までは欲しくても手に入れられなかった新しいもの」である

事例・参考例① 狭い場所でも使える配線収納デスク

キーニーズ法で「**狭い場所でも使える配線収納デスク**」の商品企画アイデアを導出する過程を紹介します。配線収納デスクとは、PCやモニター、イヤホン、マイクなどの配線を簡単・きれいに収納できるデスクです。

図 | 配線収納デスクの好例

出所 サンワダイレクト本店「ケーブルトレー 幅90cm」(https://direct.sanwa.co.jp/ItemPage/200-CT004BK)

①ニーズを列挙する

コロナ禍を契機に、自宅からのリモートワークが急増しました。そのような中で新たに生じたニーズを列挙します。その中で「**モニターやイヤホン、マイクなどのPC以外の情報家電が増えたことで配線が増えた。これらをすっきりさせたい**」というニーズが見つかりました。

②新規性の有無を検討する

このニーズの新規性について検討します。調べてみると、このニーズを満たす商品は、オフィス用品メーカーから発売されていることがわかります。例えば、コクヨの「ベジェ」など、いくつかの商品があります。つまり、現時点のニーズには新規性がないこと判断できます。

273

③代替商品の欠点を探す

代替商品の欠点を探します。すると「**既存の商品の多くはオフィス用であるため、自宅などの狭い場所では使えないものが多い**」という欠点が見つかりました。

④裏返しのニーズを見つける

そこで、裏返しのニーズ（欠点を補うもの）を探します。ここでは「**狭い場所でも使える配線収納デスク**」が裏返しのニーズになります。

図 | 「狭い場所でも使える配線収納デスク」の検討手順

欲求	○/×	新規性 （BUT 既存品の欠点）	○/×
①情報家電の配線を 　すっきりさせたい	○	②コクヨのベジェ BUT　③狭い場所で使えない	×
①…			
①狭い場所でも使えて 　配線をすっきりしたい	○	②そんなものはない	○

このように検討していくことで、ニーズと新規性の両方を持つ新たな商品の企画を見つけることができます。ここでは、すでに存在する商品を例に取り上げましたが、同様の手順で新商品の企画も検討できます。

事例・参考例② 自動販売機のサブスク「every pass」

JR東日本の子会社が2019年10月に提供を開始した、自動販売機のサブスクリプションサービス「**every pass**」を紹介します。

このサービスは月額980円で「**1日1本まで**」ドリンクを購入できるサービスです。対応する自販機は、首都圏の駅構内に設置された約400台だけです。専用アプリ「acure pass」を自販機にかざすとドリンクを購入できます。

毎日駅を利用する首都圏の電車通勤客には「**通勤途中に気軽に安いドリンクを飲みたい**」というニーズがあります。

しかし、それだけでは新規性がないため、同社が「イノベーション自販機」と呼ぶ、他社が提供していない、会員と商品の両方を識別できる自販機を活用したサブスクリプションサービスを検討しました（サブスクで継続利用すると安くな

るサービス）。そうすることで、他にはないサービス（新規性のあるサービス）を
提案することに成功しました。

図 | 「every pass」の検討手順

欲求	○/×	新規性 （BUT 既存品の欠点）	○/×
① 通勤途中に気軽に安い ドリンクを飲みたい	○	② 100円自販機 BUT ③誰もが同じ	×
①…			
① サブスクで継続利用する と安くなる（サービス）	○	② 他にはない （サービス）	○

Memo 商品企画などのアイデア発想法には、キーニーズ法以外に以下のものがあります。

- 短時間で大量の発想を行う「焦点発想法」
- 常識を否定したユニークな発想を行う「アナロジー思考」(p.76) を発展させた
  発想法
- 紙に書きながら発想する「ブレインライティング」など

組み合わせて使えるフレームワーク

― 効果×実現性分析（p.252）

　効果×実現性分析を行うと、多数あるアイデアに優先順位を付けて絞り込むこ
とができます。絞り込まれたアイデアから商品企画を検討する際にキーニーズ法
を組み合わせると、唯一無二の商品企画を見つけることができます。

📖 参考文献・参照資料

梅澤伸嘉 著『新版　ロングヒット商品開発』同文舘出版、2018年
梅澤伸嘉 著『ロングヒット商品開発者が教える　今ない知恵を生み出す しなやかな発想法』同文舘出版、
　2018年
梅澤伸嘉 著『「梅澤式」だと、なぜ超ヒット商品がこんなに作れるのか』1万年堂出版、2020年
石川昭、辻本篤、安岡寛道 他著『新製品・新事業開発の創造的マーケティング―開発情報探索のマネジメン
　ト』生産性出版、2006年

提供価値と顧客のニーズ

バリュー・プロポジション・キャンバス

Value Proposition Canvas

Tags 定性的データ　商品/製品・サービス企画　チームで使える

Origin コンサルティング・ファーム Strategyzerのアレックス・オスターワルダーと、スイス・ローザンヌ大学教授のイヴ・ピニュールが提唱

こんなときに使える！ 顧客の「これが欲しい！」を見つけたい

概要

バリュー・プロポジション・キャンバスは、「自社の事業や製品の価値提案」と「顧客のニーズ」がフィットしているかどうかを検証するフレームワークです。バリューとは「価値」、プロポジションとは「提案」という意味です。

図 │ バリュー・プロポジション・キャンバス

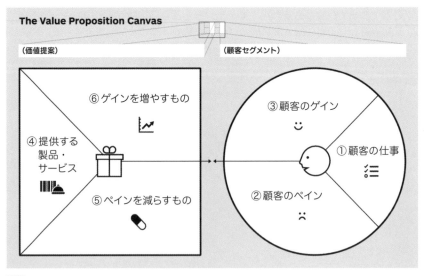

出所 Strategyzerの図を参照し、筆者が翻訳して作成

バリュー・プロポジション・キャンバスは、前ページの図のように円と四角形の2つの図形で構成されており、左側の四角に「自社が提供する製品の構成要素」、右側の丸い部分に「顧客のニーズや情報」を記入します。

なお、バリュー・プロポジション・キャンバスは、新製品や新サービス、事業の構想時だけでなく、既存製品やサービスの見直しにも活用できます。

使い方

バリュー・プロポジション・キャンバスの各項目を記入していきます。各項目を書き込む順序に決まりはありません。「客観的な情報」に基づいて記入しやすい箇所から進めてください。

① 顧客セグメント

右上に「顧客セグメント」を記入します。顧客セグメントとは、**顧客を年齢や性別、居住地、職業などで分類した顧客のグループ**です。バリュー・プロポジション・キャンバスでは、製品やサービスを使う顧客グループを定義します。

② 右側の円

右側の円は以下の3つの領域に分割されています。

表 | 右側の円の構成要素

要素	説明
①顧客の仕事	顧客が叶えたいことを記入する
②顧客のペイン	ペイン（Pain）とは「苦痛」という意味。「顧客の仕事」を達成するうえで、面倒であったり、その目的を果たすための行為を阻害したりすることを記入する。
③顧客のゲイン	ゲイン（Gain）とは「利益」という意味。ここには「顧客の仕事」を実現したときに同時に受け取る、もともと顧客が想定していなかった利益や解決策を記入する

なお、**顧客の仕事、顧客のペイン、顧客のゲインに記入する内容はいずれも、客観的根拠に基づいたもの**であることが重要です。このフレームワークは、ビジネスモデルの中核をなす「価値提案」が「顧客のニーズ」とずれていないかを詳しく検証するためのものなので、正しい情報を把握することが必要です。事前に顧客アンケートなどでデータを収集しておくと正確に記入できるでしょう。

 ここが ポイント！　　**右側の円には、客観的根拠に基づいた内容を記入する**

③ 左側の四角形

　左側の四角形は以下の3つの領域に分割されています。

表 | **右側の円の構成要素**

要素	説明
④提供する製品・サービス	右側の「顧客の仕事」を達成させる具体的な製品を記入する
⑤ペインを減らすもの	顧客が目的を成し遂げることを阻んでいる理由や条件をどのように解消するかを記入する
⑥ゲインを増やすもの	顧客が目的を成し遂げたときに得る、顧客自身も想定していないメリットを記入する

　上記の各項目を記入する際は、**右側の円形に書かれた項目と対比させること**を意識してください。

　ただし、右側と左側の内容にギャップがあったとしても、記入内容を無理やりどちらかに合わせて修正する必要はありません。

　このフレームワークはあくまでも、「自社事業や製品の価値提案」と「顧客のニーズ」がフィットしているかどうかを検証するために用いることが大切です。そのため、ずれがあった場合は「どのようにしてそのずれを埋めるか」を検討していくとよいでしょう。

左側の四角形に記入する内容は、右側の円形に書かれた項目と対比させる

④ 価値提案

　それぞれの項目を書き込んだら、改めて「顧客に提供する価値は何か」を検討し、図の左上にある「価値提案」にその内容を記入します。

　そのうえで「自社の製品による価値提案」と「顧客のニーズ」が合致しているかを検討し、さらには、顧客も想定していない解決策やメリットを実現できるかを検討します。

> **Memo**　ここで検討する「価値提案」と「顧客セグメント」は、オスターワルダーらが作った「ビジネスモデルキャンバス」(p.308)に対応しています。

事例・参考例① フィリップモリス「アイコス」

　2015年9月に発売された電気加熱式タバコ「**アイコス**」は、発売後およそ半年で販売台数が日本国内だけで100万台を超えたヒット製品です。

　アイコスの特徴は「**火を使わないため、煙や灰が出ないこと**」です。したがって、非喫煙者が敬遠する匂いも出ませんし、副流煙による健康被害の心配も大幅に減少します。

　アイコスの価値提案をバリュー・プロポジション・キャンバスで整理すると次ページの図のようになります。

┃ 顧客のニーズや情報

　フィリップモリスがアイコスを開発したのは、健康被害の心配や、副流煙による他者への迷惑を気にして喫煙者人口が減少し続けたからです。タバコによる健康被害には「点火した部分から立ち上る煙に含まれる有害物質（ニコチンやタール）を、近くにいる人が吸い込んでしまう」という問題があります。また、煙の匂いが服や部屋につくのは、非喫煙者にとって快適ではないため、喫煙者側は常に気を使わなくてはなりません（**②顧客のペイン**）。

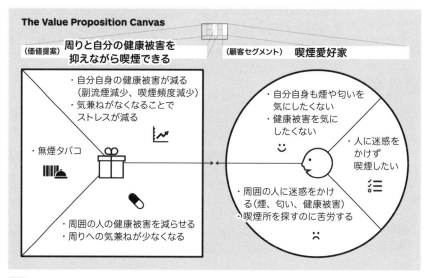

The Value Proposition Canvas

（価値提案）　周りと自分の健康被害を
　　　　　　　抑えながら喫煙できる

（顧客セグメント）　喫煙愛好家

・自分自身の健康被害が減る
　（副流煙減少、喫煙頻度減少）
・気兼ねがなくなることで
　ストレスが減る

・無煙タバコ

・周囲の人の健康被害を減らせる
・周りへの気兼ねが少なくなる

・自分自身も煙や匂いを
　気にしたくない
・健康被害を気に
　したくない

・人に迷惑を
　かけず
　喫煙したい

・周囲の人に迷惑をかけ
　る(煙、匂い、健康被害)
・喫煙所を探すのに苦労する

出所 Strategyzerの図を参照し、筆者作成

　一方、喫煙者にとってタバコは「気分転換」や「ストレス解消」の効果もあるため、周囲に迷惑をかけずに喫煙できれば、提供製品による価値を上げることができます（**①顧客の仕事・③顧客のゲイン**）。

自社が提供する製品の構成要素

　開発費2,500億円を投じた電子加熱式のタバコ「アイコス」（**④提供する製品・サービス**）は、一定分量の有害物質を出しますが、紙巻きタバコに比べて副流煙や匂いを抑えることを可能にしました（**⑤ペインを減らす**）。

　また、一度加熱点火をした後は、次のタバコを吸うために5〜6分待たねばならないため、連続喫煙を抑えることになります（**⑥ゲインを増やす**）。

価値提案

　このように、喫煙者の周囲への気兼ねを減らすことができますし、周囲の人も喫煙者自身も吸い込む副流煙が減るため健康被害を抑えられます（**価値提案**）。

　加熱式の装置を販売したことで、思わぬ社会的メリットも生まれました。本体の購入にはユーザー登録が必要となるため、未成年がタバコを手にする機会を減

らすことができます。加熱式の装置は価格がおよそ1万円と高額ですが、発売から短期間でヒット製品になったのは、顧客のニーズと、製品の価値提供がフィットしたことによって、タバコという製品に新たな価値を創造することができたからといえるでしょう。

事例・参考例② コマツ産業「KOMTRAX」

建設現場などで使われる建機に**車載センサー**を取り付けることで、位置情報や稼働時間、燃料情報などのデータを遠隔地からでも収集できるコマツの「**KOMTRAX**」は、2011年の提供以来、世界中で導入されているサービスです。
KOMTRAXの価値提案を整理すると次の図のようになります。

顧客のニーズや情報

KOMTRAXの開発は、1990年代後半に、建設現場で盗まれた建機を使ってATMを破壊する盗難事件が複数起こったことをきっかけにはじまりました。
建機を保有する顧客には、安全に資産を守りたいというニーズがあります（**①顧客の仕事**）。自社の建機が犯罪に使われることは、事業者の信用問題にも関わります（**②顧客のペイン**）。

図 ｜ **KOMTRAXのバリュー・プロポジション・キャンバス**

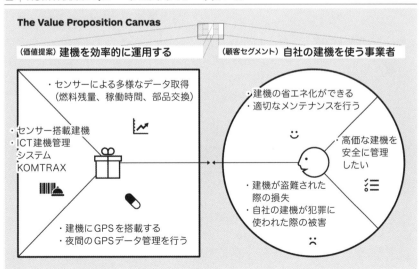

出所 Strategyzerの図を参照し、筆者作成

281

そこでコマツの社員たちが、顧客の不安を解消するために議論をし、建機に
GPSを搭載して遠隔地や夜間でもデータの管理をするアイデアを生み出しました
（**⑤ペインを減らす**）。

さらに、GPSの他にもさまざまな車載センサーを取り付けて、建機の稼働時間
や燃料の残量などのデータをICTによって取得できる建機管理システム
「KOMTRAX」を開発しました（**④製品・サービス**）。

「建機の盗難被害や犯罪に使われるリスクを回避することと同時に、建機を有効活
用する」という、顧客が想定していなかった便益を生み出した事例です（**③顧客の
ゲイン・⑥ゲインを増やす**）。

価値提案

建機へのGPS搭載からはじまったKOMTRAXですが、革新を重ねることによっ
て、メンテナンスや部品交換、省エネ運転といった「**建機を効率的に運用するソ
リューション事業**」という新しいビジネスモデルへと躍進しました（**価値提案**）。

Column

共感マップ・キャンバス

バリュー・プロポジション・キャンバスを使う際の難点の1つが「顧客の仕事」の設
定です。顧客の仕事は事実に基づいて設定しなければならないため、顧客にヒアリン
グをしたり、製品やサービスの利用状況を観察したりするといった、マーケティング・
リサーチを行う必要があります。

そのような場合に便利なのが、顧客の行動や思考を記録できる「共感マップ・キャ
ンバス」です。このフレームワークを使うと整理が進みます。

ここでは、アメリカのデザイン・コンサルティング会社XPLANEが提唱した共感マッ
プ・キャンバスの事例を紹介します。なお、この図はIDEOのメンバーらによってスタ
ンフォード大学のデザインスクールでも用いられています。

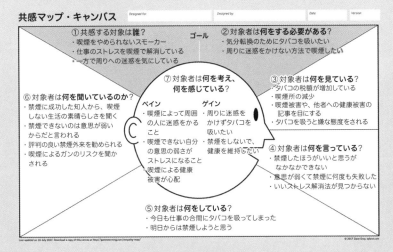

図 | XPLANEによる共感マップ・キャンバス

共感マップ・キャンバス　Designed for:　Designed by:　Date　Version

① 共感する対象は誰？
・喫煙をやめられないスモーカー
・仕事のストレスを喫煙で解消している
・一方で周りへの迷惑を気にしている

ゴール

② 対象者は何をする必要がある？
・気分転換のためにタバコを吸いたい
・周りに迷惑をかけない方法で喫煙したい

⑦ 対象者は何を考え、何を感じている？

⑥ 対象者は何を聞いているのか？
・禁煙に成功した知人から、喫煙しない生活の素晴らしさを聞く
・禁煙できないのは意思が弱いからだと言われる
・評判の良い禁煙外来を勧められる
・喫煙によるガンのリスクを聞かされる

ペイン
・喫煙によって周囲の人に迷惑をかること
・喫煙できない自分の意思の弱さがストレスになること
・喫煙による健康被害が心配

ゲイン
・周りに迷惑をかけずタバコを吸いたい
・禁煙をしないで、健康を維持したい

③ 対象者は何を見ている？
・タバコの税額が増加している
・喫煙所の減少
・喫煙被害や、他者への健康被害の記事を目にする
・タバコを吸うと嫌な態度をされる

④ 対象者は何を言っている？
・禁煙したほうがいいと思うがなかなかできない
・意思が弱くて禁煙に何度も失敗した
・いいストレス解消法が見つからない

⑤ 対象者は何をしている？
・今日も仕事の合間にタバコを吸ってしまった
・明日からは禁煙しようと思う

Last updated on 16 July 2017. Download a copy of this canvas at http://gamestorming.com/empathy-map/
© 2017 Dave Gray. xplane.com

出所 Dave Gray(2017).XPLANEの図を参照し、筆者が翻訳して作成

　共感マップ・キャンバスは、右を向いた人の顔が中心にあります。顔の外側には「観察対象者が外部の刺激から取り入れる情報」を記入します。目、口、耳はそれぞれ「見るもの」「話すこと」「聞くこと」が対応しています。
　一方、人の顔の内側には「対象者の思考（頭の中で何を考えているか）」を、ペインとゲインに分けて整理します。
　共感マップ・キャンバスは、以下の順番に沿って項目を埋めていきます。

①共感する対象は誰？

　最初に、エスノグラフィ（p.132）などを行う観察対象者（以下、対象者）を具体的に決めます。その人はどのような人で、どのような状況に置かれているかをまとめます。

- 理解する対象は誰か
- その対象者はどのような状況に置かれているのか
- その状況での対象者の役割は何か

②対象者は何をする必要がある？

　次に、その対象者が製品やサービス、顧客体験を通じて果たしたい目的（果たすべきジョブ）は何か、および、その目的についてどのような意思決定をするかを記入します。

- どのような異なる行動をする必要があるか
- 対象者が果たすべき仕事は何か
- 対象者はどのような意思決定をするのか
- どうなると対象者が目的を果たしたことになるのか

③対象者は何を見ている？

続いては「目」にあたる項目です。対象者は市場でどのようなものを見ているのか、何を見たり、読んだりして情報に触れているかなどをまとめます。

- 対象者は市場で何を見ているのか
- 対象者が現在の環境で何を見ているのか
- 対象者は他の人の行動や言動の何を見ているのか
- 対象者は何を見たり読んだりしているのか

④対象者は何を言っている？

「口」にあたる項目には、インタビューなどを行った際に、顧客が製品やサービスについて話した内容をまとめます。

- 対象者は何を我々に言っているのか
- 対象者が言っていることをイメージできるか

⑤対象者は何をしている？

観察調査の際に、対象者は製品・サービスに関して、どのような行動をしたのかをまとめます。

- 対象者は今日何をしたのか
- 対象者の行動について何を観察できたのか
- 対象者がやっていることをイメージできるか

⑥対象者は何を聞いているのか？

「耳」にあたる項目には、対象者が他者やメディアから聞いている情報をまとめます。

- 他の人がいう、どのようなことを耳にしているのか
- 友達がいう、どのようなことを耳にしているのか
- 同僚がいう、どのようなことを耳にしているのか
- 間接的にどのようなことを耳にしているのか

⑦対象者は何を考え、何を感じている?

　手順⑥までの観察データを整理したら、自分自身が対象者になった気持ちで、同じような行動をとったり、情報を見たり、聞いたりしたときにどのような思考が働くか、どんな気持ちになるか考えてみましょう。そのうえで、そこで浮かんできた思考や気持ちを「頭」の項目にまとめていきます。このとき、不安や不満、心配事は「ペイン」に記入し、顧客が望むことや、ニーズは「ゲイン」に記入します。

　なお、共感マップ・キャンバスの中央下部には「**ペインやゲインに分類はできないけれど、対象者の行動のきっかけとなる考えや感情**」を記入します。この部分には、分析者自身が対象者の置かれた状況で同じ行動や思考を再現してみて、どのような感情になったかを書き込むことが推奨されています。

共感マップ・キャンバスの事例

　例として、無煙タバコを購入する観察対象者(ターゲット)に関する共感マップ・キャンバスを作成する場合の例を紹介します。

　喫煙習慣のある顧客は、喫煙によってストレスを解消するメリットを得ますが、一方で、周りへの気遣いにストレスを感じ、タバコを吸いづらい環境にいます。公共の場で喫煙をする際は、周りの人から苦言をいわれることもあるかもしれませんし、メディアを通じた情報で喫煙の健康被害も度々目にしているでしょう。

図 | **喫煙習慣のあるユーザーの共感マップ・キャンバス**

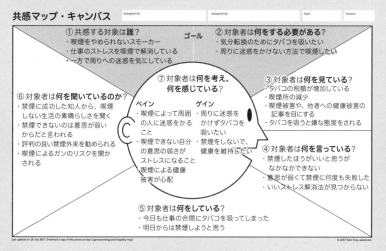

出所 Dave Gray(2017).XPLANEを参照し、筆者が翻訳して作成

また、潜在心理として「禁煙したい」と考えていながら、なかなか成功できないというジレンマを抱えている可能性もあります。

　このようにして、顧客を観察することで得たデータを共感マップ・キャンバスに記入していくと、**顧客ニーズには顕在的なものと潜在的なものが共存している**ことがわかります。

　この共感マップ・キャンバスで見えてきた内容を用いてバリュー・プロポジション・キャンバスを作成する場合は、顕在ニーズを「顧客のペイン」に記入し、潜在ニーズを「顧客のゲイン」に記入します。

組み合わせて使えるフレームワーク

エスノグラフィ（p.132）、UXリサーチ（p.180）

　バリュー・プロポジション・キャンバスと**エスノグラフィ**、または**UXリサーチ**を組み合わせると、①顧客の仕事、②顧客のペインを客観的に検討できます。

ビジネスモデルキャンバス（p.308）

　バリュー・プロポジション・キャンバスは、元々、**ビジネスモデルキャンバスの**中にある一要素を顧客視点に立って設定するために作られたフレームワークです。バリュー・プロポジションをビジネスモデルキャンバスに当てはめて、事業を行うための他の要素を検討することで、市場ニーズに沿ったビジネスモデルを構想することが可能です。

参考文献・参照資料

A・オスターワルダー、Y・ピニュール、G・バーナーダ、A・スミス 著、関美和 訳『バリュー・プロポジション・デザイン　顧客が欲しがる製品やサービスを創る』翔泳社、2015年

38 ERRCグリッド

ERRC Grid

Tags 情報の発散　事業企画　チームで使える
Origin ビジネススクールINSEADの教授W・チャン・キムとレネ・モボルニュが提唱

こんなときに使える！ ▶ **既存の製品やサービスとの違いを明確にしたい**

概要

　ＥＲＲＣグリッドは、価値革新（バリュー・イノベーション）を主眼とした製品やサービス、ビジネスモデルを検証するためのフレームワークです。

　ERRCグリッドでは、既存の製品やサービスに対して「**取り除くべき過剰なこと**」や「**新たに付け加えること**」を検討して新たな価値を創造します。

　具体的には、次の4つの項目について、既存の製品やサービスとの違いを明確にすることで、新たにとるべき戦略を可視化します（各項目の頭文字を並べると「ERRC」になります）。

表 | ERRCグリッドの4つの項目

項目	説明
Eliminate（取り除く）	業界内で競っている要素で、取り除くべきもの
Reduce（減らす）	業界標準と比べて、大胆に減らすべき要素
Raise（増やす）	業界標準と比べて、大胆に増やすべき要素
Create（創造する）	業界で一度も提供されていない、創造する要素

出所 チャン・キム、レネ・モボルニュ（2015）を参照して筆者作成

ERRCグリッドは、市場を変えることなく、戦略の軸を変えることで、新たな価値提供の可能性を検討する際に有効です。

また、後発製品やサービスを市場に持ち込む際も、ERRCグリッドを用いることで既存製品とは異なる価値を提案できます。

使い方

ERRCグリッドは非常にシンプルなフレームワークです。

左側にEliminate（取り除く）やReduce（減らす）に該当する内容を箇条書きで記入します。

また、右側にRaise（増やす）やCreate（創造する）に該当する内容を箇条書きで記入します。

図 | ERRCグリッド

Eliminate（取り除く）	Raise（増やす）
Reduce（減らす）	Create（創造する）

出所 W・チャン・キム、レネ・モボルニュ (2015)

ERRCグリッドを使う際に事前に把握しておくべきことは「業界標準は何か」です。いきなり自社の製品・サービスにフォーカスをせず、業界標準になっている機能やサービスから「取り除くべきこと」「減らすこと」を決めていくとよいでしょう。

また、各項目を記入する際は、顧客調査などから導き出したマーケティング・データをもとにして、今ある製品やサービスの「よい点」「足りない点」をリストアップするとよいでしょう。

後発製品を考案したり、開発したりする際は、ライバルとなる既存製品を分析したうえで「減らすべき機能は何か」「追加したらもっと顧客の便益を上げることは何か」を書き込みます。「取り除く」「減らす」項目については、顧客が不満に思っていることが根拠になります。

> **ここがポイント!** ERRCグリッドを使う際は事前に「業界標準」を把握しておく

事例・参考例① レアジョブ

英会話レッスンを月額4,980円から提供するオンライン英会話の「**レアジョブ**」は、従来の通学型英会話スクールの常識を覆して、「PCのオンラインツール」に特化したサービスを提供しています。

日本国内の会員数は約100万人で、個人会員の他に、大手企業の法人顧客も利用しています。2007年にSkypeを使った英会話レッスンを提供して以来会員数を増やし続け、2014年に東証に上場を果たしました。

レアジョブが新たに提供した価値は、**従来の英会話教室に必須だった、レッスンの場所と時間の制約をなくした点**（**Eliminate**）です。レッスン教室を持つ必要がないため、講師の交通費や家賃支出などのコストを削減（**Reduce**）でき、顧客に安くレッスンを提供できるようになりました。料金が安くなると、顧客が受講できる回数は増えます（**Raise**）。

また、通学制の英会話スクールは講師が通勤する必要があるため、レッスンの開講時間に制約がありますが、オンライン講義の場合は、講師の通勤が不要であるため、講義時間の自由度が高くなります。レアジョブでは現在、朝6時から深夜1時までレッスンを開講しています。

さらに、スムーズなサービス提供のために、レアジョブはレッスン専用の通信サービスも開発しました。このサービスは、英会話学習に役立つ教材や記事を配信する機能も備えています（**Create**）。（文中の数字はすべて2023年時点）

Eliminate（取り除く）	Raise（増やす）
・スクールへの通学や通勤	・一人あたりの会話量（グループレッスンではなく、個人レッスンを提供する） ・レッスン開講時間の幅を広くする（朝6時〜深夜1時） ・直前予約や直前キャンセルを可能にする
Reduce（減らす）	**Create（創造する）**
・レッスン料を安くする ・グループレッスンのカリキュラム	・オンライン英会話を行う専用プラットフォーム

　レアジョブは「**レッスンをオンラインに特化**」することで、上記のように、既存サービスとの競争の軸を変えることに成功し、後発企業ながら、順調に会員数を増やしています。

事例・参考例② 無印良品

　日本がバブル景気に沸く1980年、スーパーマーケット西友のプライベート・ブランドとして生まれた「**無印良品**」は、高額で奇抜な個性を主張する製品が人気を博した時代に、「**ブランド」という競争の軸**を見事に変えました。

　日用品、洋服といった幅広い製品はすべて、デザイナー名を表に出さず、短期的なサイクルの流行を追わないコンセプトで作られています（**Eliminate、Reduce**）。

　その代わりに、飽きのこないデザインと、良質な素材から成る製品が、暮らしの中に溶け込む物語によって、製品が訴求されるのが特徴です（**Create**）。定番品のみをラインナップしているため、顧客に対しては、長く使えるという便益も高めています（**Raise**）。

Eliminate(取り除く)

・ブランド価値
・トレンド

Raise(増やす)

・長期的な使用性

Reduce(減らす)

・個性

Create(創造する)

・シンプルに徹したデザイン
・暮らしの中の物語

📖 参考文献・参照資料

W・チャン・キム、レネ・モボルニュ 著、入山章栄、有賀裕子 訳『[新版] ブルー・オーシャン戦略—競争のない世界を創造する』ダイヤモンド社、2015年
W・チャン・キム、レネ・モボルニュ 著、有賀裕子 訳『ブルー・オーシャン・シフト』ダイヤモンド社、2018年

39 アンゾフの成長マトリクス

Ansoff Matrix

Tags 情報の記録・整理　事業企画　組織で使える
Origin 経営コンサルタントのイゴール・アンゾフが発案

こんなときに使える！ 事業や製品を進化させたい

概要

アンゾフの成長マトリクスは、**将来の成長に向けて、事業や製品をどのように進化させていくかを検討するためのフレームワーク**です。自社の製品や事業が現在どの位置にあり、将来的にどの領域に移動していくべきかの戦略策定を行う際に役立ちます。

このフレームワークは「製品」と「市場」の2つの軸で構成され、それぞれを「既存」と「新規」に分類した4象限で表現されます。

図 | アンゾフの成長マトリクス

		市場	
		既存	新規
製品	既存	①市場浸透	②市場開拓
	新規	③製品開発	④多角化

出所 Ansoff(1957)を元に筆者作成

アンゾフの成長マトリクスの戦略は次の4つです。

表 | 成長マトリクスの要素

分類		説明
①市場浸透	既存市場 × 既存製品	• 既存の製品や、既存の市場戦略を継続させながら売上高を増やす • 既存顧客への販売量を増やすか、既存製品を新しい顧客に販売することで業績を向上させる
②市場開拓	新規市場 × 既存製品	• 既存製品のまま、もしくは製品特性に多少の変更を加えて、新しい価値提案に適合させる • 例えば、飛行機会社が旅客機を貨物輸送という価値提案に適合させて販売することはこの戦略の一例になる
③製品開発	既存市場 × 新規製品	• 現在の価値提案を維持しながら、その事業のパフォーマンスを向上させる • または、新たな特性を持った製品を開発する
④多角化	新規市場 × 新規製品	• 多角化は最終手段である • 現在の製品ラインと、現在の市場構造の両方から同時に離れることを意味する

出所 Ansoff(1957)を引用して筆者作成

アンゾフの成長マトリクスの典型事例としてよく登場するのは、アメリカのウォルト・ディズニーです。

ディズニーは、アニメーション映画を成功させた後（**①市場浸透**）、全世界に市場を拡大しました（**②市場開拓**）。その後、映像コンテンツだけではなく、登場キャラクターのグッズ製品開発やストア運営を行い（**③製品開発**）、テーマパークの運営へと多角化しました（**④多角化**）。

ここが
ポイント！ **多角化は現在の製品ラインと市場構造の両方から同時に離れることになるため、リスクが高い**

293

市場開拓や多角化は難しい

アンゾフがハーバード・ビジネス・レビューに発表した『多角化戦略論』の書き出しには、不思議の国のアリスに登場する赤の女王（Red Queen）の台詞が引用されています。

同じ場所にとどまるためには、あなたは全力で走り続けなければなりません。でも、もし他の場所にいこうとするならば、少なくとも今の二倍のスピードで走らなければなりません。

（Ansoff,1957の引用文を筆者翻訳）

アンゾフがこの言葉を引用したように、新市場開拓や多角化は簡単なことではなく、特に「新製品×新市場」の組み合わせは、4つの中でも最もリスクが高いといわれています。

使い方

アンゾフの成長マトリクスは、事業や製品を将来の成長に向けてどのように進化させていくかの戦略（成長戦略）を検討するフレームワークです。

成長戦略を検討するためには、自社事業のコア・コンピタンスを把握することが重要です。そのため最初に、①市場浸透に「現在自社で持続している既存事業と製品」を書き込みます。ここに書き込んだ成功している製品から、自社の強み（技術力・デザイン性・顧客基盤など）を確認するとよいでしょう。

例えば、自社の強みが高い技術力を有する製品の場合は、その技術をコアにして新しい市場で受け入れられる製品を作ることができないかを検討します（②市場開拓）。

同時に、すでに成功している製品が特定の顧客基盤を持っている場合は、その顧客に新しい製品を提供できないかを検討します（③製品開発）。ここで、象限②と③は常に同時に検討する必要があります。

④多角化とは「現在の製品ラインと、現在の市場構造から同時に離れること」です。つまり、自社で今まで作ったことのない製品を作り、未経験の市場に参入するこ

とを意味します。多角化は非常にリスクが高いので、基本的には行いません。あくまでも最終手段の1つとして覚えておいてください。

> **ここがポイント！** 成長戦略を検討するには、自社事業のコア・コンピタンスを把握することが重要

 アンゾフは「新市場の開拓や新製品開発を検討する際は、自社のコア・コンピタンスに注目するだけではなく、長期的なトレンドも考慮する必要がある」と述べています。長期的なトレンドとは、具体的には、今後の経済動向や政治動向、業界特有の動向（制度や業界標準の変化など）、製造コストの動向などです。

事例・参考例① 富士フイルム

富士フイルムは、本業の苦境から逆転成長した好例の1つです。

1999年に、ニコンが国内メーカー初のデジタルカメラを発売して以来、フィルム式カメラや撮影用フィルムの需要は急激に下降しました。そこで富士フイルムは、主力事業のコア・コンピタンスを見極めて、**他の市場と他の製品へ転用する戦略**を実行しました。

①市場浸透

まず、既存市場の主力製品には「ポラロイドカメラ」「高性能レンズ」「事務用複合機」があります。

②市場開拓

上記の既存製品が有する高性能撮影技術を医療専用のカメラに転用した場合は、**②市場開拓**（新規市場×既存製品）戦略になります。

富士フイルムは1930年代からX線フィルムを作っているため、医療業界で必要となる画像について知識の蓄積がありました。そこで、レントゲン画像のデジタル化や、医療用のデジタル内視鏡カメラを開発し、そうしたデジタル画像データを管理するシステムも新たに提供するなどして製品を進化させました。

③製品開発

③製品開発（既存市場×新規製品）の成功例としては、撮影機材を作る過程で生成される材料から開発した新製品があります。

例えば、写真を現像する際に用いられる「フォトレジスト」という液体材料は、スマートフォンなどに内蔵される半導体の電子材料として新たな製品になりました。

また、従来のカメラに内蔵されていた小型の液晶パネルを大型製品にすることで、サイネージ広告や案内パネルが生まれました。

④多角化

2007年に富士フイルムから発売されて話題になった化粧品「**アスタリフト**」は、フィルム製造技術を用いて開発された製品であり、**④多角化**（新規市場×新規製品）の成功例です。

この化粧品は、紫外線から肌を守り、コラーゲン成分の劣化を抑制する加齢対策に効果があるものです。実は、写真フィルムの主成分はコラーゲンであるため、ここで蓄積された技術や成分を化粧品に転用することで、まったく新しい製品ラインと市場開拓に成功したのです。現在では、コラーゲン劣化抑制のサプリメントにも製品ラインを広げています。

図 | **富士フイルムの製品・市場戦略**

		市場	
		既存	新規
製品	既存	①市場浸透 ● ポラロイドカメラ ● 高性能レンズ ● 事務用複合機	②市場開拓 ● 医療用カメラ ● 医療用画像管理システム
	新規	③製品開発 ● 電子材料 ● 液晶タッチパネル	④多角化 ● 化粧品 ● サプリメント

出所 フジフイルムホールディングス『2021年度　統合報告書』p.12を参照して筆者作成

下図は、2022年度の富士フイルムの事業ポートフォリオです。

①**市場浸透**にあたる既存のフィルム・カメラ事業（イメージング）は、連結売上の13.2%にあたります。

②**市場開拓**や③**製品開発**にあたる「マテリアルズ」や「ビジネスイノベーション」は合計で全売上の55%にまで成長しました。

そして④**多角化**にあたる「ヘルスケア」は全体の31.8%に成長しています。

図 | 富士フイルムの事業ポートフォリオ（2022年度のセグメント別売上高）

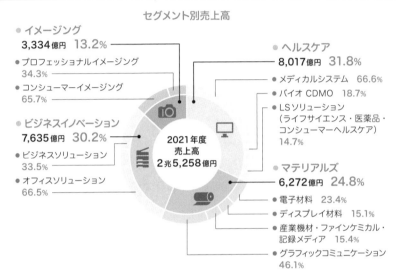

セグメント別売上高

- イメージング
  3,334億円 13.2%
  - プロフェッショナルイメージング 34.3%
  - コンシューマーイメージング 65.7%

- ビジネスイノベーション
  7,635億円 30.2%
  - ビジネスソリューション 33.5%
  - オフィスソリューション 66.5%

2021年度
売上高
2兆5,258億円

- ヘルスケア
  8,017億円 31.8%
  - メディカルシステム 66.6%
  - バイオ CDMO 18.7%
  - LSソリューション（ライフサイエンス・医薬品・コンシューマーヘルスケア）14.7%

- マテリアルズ
  6,272億円 24.8%
  - 電子材料 23.4%
  - ディスプレイ材料 15.1%
  - 産業機材・ファインケミカル・記録メディア 15.4%
  - グラフィックコミュニケーション 46.1%

出所 フジフイルムホールディングス『2022年度 統合報告書』p.11

事例・参考例② **ワークマンの製品・市場戦略**

建築現場などで着用する作業服を専門的に製造・販売する**ワークマン**は近年、新たな顧客獲得と新製品の開発によって成長を続けている企業です。

店舗の売上合計は2017年3月期の742億9,100万円から2021年3月期の1,466億5,300万円と、4年間で50.7%も成長しています。その背景には、外部環境に合わせた新市場への製品提供と、既存市場での持続的な新製品開発戦略があります。

市場			
		既存	新規
製品	既存	①市場浸透 ● 建設現場向け作業着 　（丈夫で安い）	②市場開拓 ● アウトドア・ウェア ● スポーツウェア ● レインウェア（新ブランド： 　WORKMAN Plus）
	新規	③製品開発 ● 建設現場向け作業着 　（機能性・快適性が高い）	④多角化 ● スーツ

出所 筆者作成

　ワークマンが専門としていたのは過酷な業務環境でも破れない、丈夫で安価な作業着です（**①市場浸透**）。

　昨今では、その製品の耐久性に注目したバイク愛好者やアウトドア好きの顧客がSNSなどでワークマンの製品を紹介することで、一般顧客への認知が高まり、販売を押し上げました。また、業務服を日常着に取り入れる女性顧客が「ワークマン女子」として話題になる現象も起こりました。こうした顧客ニーズを受けて、ワークマンはアウトドアやスポーツ専門の新ブランドを立ち上げました（**②市場開拓**）。

　一方で、既存の専門市場では、扇風機を組み込んだ作業服などの機能性を追求した新製品を継続的に開発しています（**③製品開発**）。2021年には、専門作業服とは市場がまったく異なるスーツも発売しました（**④多角化**）。

ワークマンの成功要因

　ワークマンの成功要因は「**丈夫な服**」「**低価格**」という**自社のコア・コンピタンス**に徹底的にこだわり、顧客の声をいち早く取り入れて製品戦略・市場戦略を策定してきたことです。

　従来の専門店（663店）や「WORKMAN Plus」（222店）に加えて、SNSでの女性

からの注目を背景に2020年10月には「#ワークマン女子」というコンセプトストアもオープンしました。

　顧客発のブームは、企業にとっては予想外のことも多く、採用が難しいケースもありますが、予期せぬ現象が起こったときにも、アンゾフの成長マトリクスを用いて検討することは有用だといえます。

組み合わせて使えるフレームワーク

● ─ デジタル・エスノグラフィ（p.139）

　　デジタル・エスノグラフィを行って、自社の製品・サービスと関連する検索ワードを調査・分析することで、顧客ニーズや行動変化を企画開発に活かすことができます。

■■ 参考文献・参照資料

H・イゴール・アンゾフ 著、中村元一 監訳、田中英之、青木孝一、崔大龍 訳『〈新装版〉アンゾフ戦略経営論［新訳］』中央経済社、2015年

土屋哲雄 著『ワークマン式「しない経営」── 4000億円の空白市場を切り拓いた秘密』ダイヤモンド社、2020年

Ansoff,H.I.（1957）. "Strategies for diversification." Harvard business review, 35(5), 113-124

40 競争戦略策定

Strategic Planning

Tags 情報の記録・整理　事業企画　組織で使える

Origin ハーバード大学のM・E・ポーターと、アメリカの経営学者P・コトラーとK・L・ケラーがそれぞれ提唱

こんなときに使える！ ▶ 競合に対して自社がとるべき戦略を検討したい

概要

　ここでは、経営学においてとても有名な2つの経営戦略のフレームワークを用いて、新規事業や新製品を創造・考案する際に**市場における自社の立ち位置**を見極めて、競争優位性を確立する方法を紹介します。

■ ポーターの基本戦略

　1つめは、ハーバード大学のM・E・ポーターの**基本戦略**です。

　基本戦略には「**コストリーダーシップ戦略**」「**差別化戦略**」「**集中戦略**」の3種類があります。

　自社が競争優位性を確立するために取るべき戦略は、自社の強みや、自社が属する市場によって異なります。そのため、競争戦略を検討する際は、**業界内のライバルとの比較**を行いながら、自社のポジションを明確にしていくことが重要です。

競争優位の軸

	低コスト	差別化
市場全体（広い）	● コストリーダーシップ戦略 ・競合他社よりも製品やサービスの価格を安くして、市場で競争優位性を確立する ・価格を安くするためには、固定費や間接費の効率化、専門能力を持った従業員育成による業務の効率化など、低コスト化が必要	● 差別化戦略 ・自社の製品やサービスに他社とは圧倒的に違う独創性を持たせて、市場で独自のポジショニングをする ・差別化を行うには、製品やサービスの機能性、品質や技術力の高さ、ブランドイメージなどを競合とは異なるものにする
特定市場（狭い）	● 集中戦略 ・上記のコストリーダーシップ、差別化について、さらに市場の範囲を「特定市場」に限定する **市場集中戦略** ・特定の市場に集中してコスト戦略を実践する	**差別化集中戦略** ・特定の市場のみでニーズのある製品・サービスの機能やブランドイメージを構築する

市場の範囲

出所 M・E・ポーター (1995)を参照して筆者作成

コトラー&ケラーの競争地位戦略

2つめは、アメリカの経営学者P・コトラーとK・L・ケラーが提唱した**競争地位別戦略**です。コトラーとケラーは経営資源を次のように「**量的経営資源**」と「**質的経営資源**」に分類しました。

表 | 経営資源の種類

項目	説明
量的経営資源	資金、拠点数、従業員数、生産規模、能力など
質的経営資源	技術開発力、マーケティング能力、ブランドなど

そのうえで、**マーケットシェアの規模**に応じて企業を4つの競争地位に分類し、それぞれが取るべき戦略を策定しました。

	量的経営資源	
大		小

● リーダー（市場全方位）
・市場シェアが最も大きい企業
・ターゲットは市場全体
・製品やサービスの開発、価格決定 などに大きな影響力を持つ
・市場そのものを大きくすること、最 大市場シェアの維持が目的になる

● ニッチャー（集中）
・質的な資源は豊かだが、量的資源 が小さい企業
・業界全体のシェアは小さいが、 狭い市場に特化して、その領域の リーダーになることが目的になる
・専門性を高めることが重要

● チャレンジャー（差別化）
・業界で大きなシェアを持つが、 リーダーには及ばない
・市場でリーダーに挑戦して、シェア を大きくすることが目的になる
・リーダーができない「差別化」を 行なって成長を目指す

● フォロワー
・資源の質、量ともに市場内で劣る
・リーダーやチャレンジャーが行う ことを模倣して、生き残りを図る
・模倣をするだけではなく、独自性を 創り出すことが課題

（左側縦軸）質的経営資源　高い　←→　低い

出所 P・コトラー＆K・L・ケラー（2014）を参照して筆者作成

ここが ポイント！ いずれのフレームワークも、分析を行う際は、企業情報、 市場データなどの客観的なデータを基にして整理をし て、正確性を保つことが重要

国内ハンバーガー業界の事例

　この2つのフレームワークを使う際は、最初に**ポーターの基本戦略**を検討して、 自社の市場の中でのポジションを明確にします。

　そのうえで、**コトラー＆ケラーの競争地位別戦略**を用いて、同業者グループの 中の自社とライバルを、量的経営資源と質的経営資源で分類し、自社の中期的な 競争戦略を具体的に検討します。

　ここでは**日本国内のハンバーガー業界**を例に、コストリーダーシップ戦略で成 長を続ける国内1位のマクドナルド（店舗数・売上ともに国内1位）、2位のモ スバーガー、その他ロッテリア、ファーストキッチン、ラッキー・ピエロ、ク ア・アイナを対象に考えてみましょう。

基本戦略：コストリーダーシップ戦略

マクドナルドが東京・銀座に第1号店を出店したのは1971年です。日本での創業以来、マクドナルドは店舗を増やし続け、店舗数は2,965店、売上高が3,523億円、営業利益が338億円（2022年末時点）に達します。

都市部の繁華街やターミナル駅前などの好立地に大型店舗を構え、多くの集客を獲得して低価格多売で高収益を上げるファーストフードの典型的なビジネスモデルです。

マクドナルドは、製造の段取りや作り置き個数、レジ対応といった店舗オペレーションの洗練を図り、短時間で顧客に製品を手渡すための、他社には真似できないシステムを構築しています。

ポーターの基本戦略における、マクドナルドの戦略は「コストリーダーシップ戦略」です。

基本戦略：差別化戦略

国内2位の**モスバーガー**は出店数が1,249店舗、売上高は720億円、営業利益は14億2千万円（2022年末時点）で、1位のマクドナルドと大きな差があります。

モスバーガーは、マクドナルドとは対極の「差別化戦略」を徹底しています。例えば、立地は駅から少し離れた場所や、表通りではない目立たない場所に出店することでコストを抑えています。

一方で、提供する製品の素材は特定農家と契約をするなど、徹底的に高品質にこだわっています。また、オーダーを受けてから製造をするメイク・トゥー・オーダーというビジネスモデルを貫いています。このため、顧客が製品を受け取るのに待ち時間がかかりますが、作り置きをしないという点が提供価値となっています。

基本戦略：集中戦略（市場集中戦略）

次に、ハンバーガー業界で集中戦略をとっているプレイヤーを検討してみましょう。

例えば、北海道の札幌・函館市のみに市場を限定して低コストのチェーン店（17店舗：2023年時点）を営んでいる**ラッキー・ピエロ**の戦略は、特定市場に絞った「集中戦略（市場集中戦略）」です。

ご当地メニューなどの全国展開できない製品提供や、小規模経営による低コスト・低価格によって、業界リーダーとの直接競合を避けながら、独自性を出しています。

基本戦略：集中戦略（差別化集中戦略）

　ハワイアン・テイストのハンバーガーショップを東京都内中心に展開する**クア・アイナ**の戦略は「**集中戦略（差別化集中戦略）**」です。

　1975年にハワイで創業した同店はメニューだけでなく、内装もまるでハワイにいるような空間とし、主に女性をターゲットにしています。店舗数は日本国内に35店（2023年時点）と小さな規模ですが、女性が多く訪れるショッピングモールやファッションビルを中心に出店しています。

　メニューにハーフサイズのハンバーガーを加えるなど、特定顧客への提供価値に特化することで、セットメニューが千円を超す高価格帯でも安定した集客を獲得しています。

図 ｜ **クア・アイナの店舗**

出所 「クア・アイナ池袋サンシャインシティ店」(https://www.kua-aina.com/shop/801.html)

競争優位の軸

		低コスト	差別化
市場の範囲	市場全体（広い）	**コストリーダーシップ戦略** マクドナルド ・多店舗展開による規模の経済 ・全店舗統一したオペレーションシステムでサービスのスピード化とコストカットを図る ・低価格サービスを追求	**差別化戦略** モスバーガー ・厳選素材や作り立ての提供による他店にはないサービス ・コストリーダーと比較して小規模展開で、価格設定が高め
	特定市場（狭い）	**市場集中戦略** ラッキー・ピエロ（北海道） ・北海道の札幌・函館のみで展開 ・小規模経営で低コスト・低価格を実現 ・ご当地メニュー提供で独自性を出している	**差別化集中戦略** クア・アイナ ・東京都心中心の店舗展開 ・ハワイをイメージし、女性顧客をメインターゲットにする差別化 ・ハーフポーションなど女性を意識

出所 筆者作成

　続いて、**コトラー＆ケラーの競争地位戦略**でハンバーガー業界を分析したのが下図です。

図 | ハンバーガー業界の競争地位別戦略

量的経営資源（大←→小）

	大	小
質的経営資源（高い）	**リーダー（市場全方位）** マクドナルド ・駅前や繁華街など地域一等地に出店 ・大量仕入れ、サービス・オペレーションのマニュアル化により低コスト・低価格を実現 ・マス広告を使った大型キャンペーン	**ニッチャー（集中）** クア・アイナ ・ハワイをイメージしたブランドを構築し、女性がメインターゲット ・量を半分にしたメニューなどターゲットである女性を意識した品揃え ・単価は高め（セットで1,000円ほど）
質的経営資源（低い）	**チャレンジャー（差別化）** モスバーガー ・駅から離れた立地や裏通りなどに出店 ・産地を厳選した食材やヴィーガン食材など安全・健康に配慮した品揃え ・作り立てを価値提供とし、待ち時間がかかる。単価は高め	**フォロワー** ロッテリア、ファーストキッチン ・リーダーと同様に駅前好立地に出店 ・単価が安いため、リーダーの価格設定変更による影響を受けやすい ・独自性を出すためのメニューが高原価となるため収益獲得に課題がある

出所 筆者作成

競争地位別分析：リーダー（市場全方位）

マクドナルドは日本全国、子供からお年寄りまで、全市場をターゲットにしており、国内の店舗数で他の企業を大きく引き離しています。

テレビCMや屋外広告を使った大規模キャンペーンによって認知度も高く、日本では知らない人がいないといっても過言ではありません。

マクドナルドは、**リーダー**として自らが市場自体を大きくしながら、最大シェアを取り続けています。近年では本格的なローストコーヒーやケーキを出すカフェ分野にも進出し、リーダーとして事業拡大を行っています。

競争地位別分析：チャレンジャー（差別化）

日本市場で2位の**モスバーガー**は、リーダーに対する**チャレンジャー**です。ポーターの基本戦略で見てきたように「厳選素材」や「作り立て」といった差別化を行いながら、近年ではヴィーガン向けの肉を使わないハンバーガーを発売するなどして、店舗に行かなければ手に入らないような製品の開発に力を入れることで固定客の獲得に成功しています。

競争地位別分析：ニッチャー（集中）

クア・アイナは、少数店舗ながら、店の雰囲気やメニューにこだわり、一定のファン層を獲得していることから**ニッチャー**といえます。量的経営資源である「店舗数」はリーダーの100分の1ですが、他社にはないブランド力と独自性を確立しています。

ニッチャーは、対象の狭い領域においてリーダーになることで、競争優位性を維持できるといわれています。なお、このセグメントには近年、アメリカ発のハンバーガーブランド「**シェイクシャック**」のような独自性の高い企業が参入しているため、独自ブランドでどれだけ顧客とのエンゲージメントを強くできるかが生存の鍵になります。

競争地位別分析：フォロワー

ハンバーガー市場での**フォロワー**は、マクドナルドと同様に好立地での多店舗展開を行っている**ロッテリア**や**ファーストキッチン**です。

　フォロワーの戦略は、業界トップであるマクドナルドにあえて挑まず、顧客ターゲットやメニューのラインナップ、価格帯をリーダーとほぼ同一にすることで開発コストを下げて生存を図ることです。

　フォロワーの生存戦略として、独自性の高い製品やサービスの開発によってリーダーとの差別化を図る必要があるといわれますが、開発投資コストが収益増に見合うかは慎重に検討する必要があるでしょう。

　このように、2つのフレームワークを使って分析をすることで、自社の市場範囲や競合に対する独自性の在り方や、さらには、データに基づいた質的・量的経営資源による市場でのポジションを可視化できるため、ビジネスを行ううえで何に集中すべきかが明確になります。

組み合わせて使えるフレームワーク

― PEST＋5フォース分析（p.188）

　ポーターの基本戦略を検討する際に、まずは**PEST＋5フォース分析**のフレームワークを用いて、ビジネスの外的環境（政治・経済・社会・技術）を把握するとよいでしょう。自社のビジネスがどのような環境にあるかを理解することで、対象の市場とポジショニングが見えてきます。

― ビジネスモデルキャンバス（p.308）

　ポーターの基本戦略で明確にした市場とターゲット顧客、および、競争地位分析で整理した自社の資源を、それぞれ**ビジネスモデルキャンバス**に書き込んでいくと、具体的で実現性の高いビジネスプランを作成できます。

参考文献・参照資料

M・E・ポーター 著、土岐坤・服部照夫・中辻万治安 翻訳『競争の戦略』ダイヤモンド社、1995年
フィリップ・コトラー , ケビン・レーン・ケラー 著、恩蔵直人 監修、月谷真紀 翻訳『コトラー＆ケラーの
　マーケティング・マネジメント　第12版』丸善出版、2014年

9つの視点で「新しい型」を作り出す

41 ビジネスモデルキャンバス

Business Model Canvas

Tags 情報の記録・整理　事業企画　組織で使える
Origin 経営コンサルタントのアレックス・オスターワルダーと経営学者のイヴ・ピニュールが開発

こんなときに使える！ ▶ **新しいビジネスモデルを考案したい**

概要

　ビジネスモデルキャンバスは、ビジネスモデルの構成要素を9つのブロックに分類し、それを1つのキャンバス上で表現することで、ビジネスモデルの特徴や要素間の関係を表現するフレームワークです。このフレームワークを利用することで、**既存**

図 | **ビジネスモデルキャンバス**

⑧KP 主要パートナー	⑦KA 主要業務	②VP 価値提案	④CR 顧客との関係	①CS 顧客セグメント
	⑥KR 主要経営資源		③CH チャネル	
⑨C$ コスト構造		⑤R$ 収益の流れ		

出所 Strategyzer

のビジネスモデルを理解したり、新しいビジネスモデルを構想したりすることができます。その利便性や汎用性の高さから、ビジネスモデルの分析や構想におけるコミュニケーションのためのフレームワークとして、世界中に普及しています。

ビジネスモデルとは事業の構造や要素を抽象化した概念モデルであり、事業の全体像を表すものです。ビジネスモデルキャンバスは、前ページの図のように9つのブロックでビジネスモデルを表現しています。各ブロックの解説は次ページの表の通りです。①から⑨の順番で記述すると比較的作成しやすいです。

ビジネスモデルは事業全体に関する概念であるため、その議論において事業の個別の要素に深入りしてしまうと、ビジネスモデル全体が俯瞰できなくなる恐れがあります。ビジネスモデルキャンバスを用いると、1つのキャンバス上で検討しているビジネスモデル全体を俯瞰できるため、ビジネスモデルの分析や構想をしやすくできます。

ビジネスモデルキャンバスの使い道

まずビジネスモデルキャンバスは、**既存のビジネスモデルを理解する**ために活用できます。成長している事業には、優れたビジネスモデルが備わっていることがあります。理解したい事業について情報を収集し、ビジネスモデルキャンバスの視点で整理してみましょう。その事業の成長の理由が理解しやすくなると思います。

さらに、ビジネスモデルキャンバスは、**新しいビジネスモデルを構想する**ために活用できます。自社の特定の事業で実施している主要業務や活用している主要経営資源をもとに新しい価値提案を構想し、新たな顧客を獲得することを検討してもよいですし、自社の特定の事業の顧客セグメントに対して、異なる価値提案をすることを検討するのもよいでしょう。1つのキャンバスでビジネスモデル全体を表現できるため、メンバー内のコミュニケーションを促進させる共通言語としても活用できます。

このように、ビジネスモデルキャンバスは、ビジネスモデル全体を俯瞰したり、要素同士の関係性を表現したりする場合は有効ですが、一方で、**ビジネスモデルの外部環境や各要素の詳細については表現できません。**

ここが ポイント！ ビジネスモデルキャンバスは、外部環境や各要素の詳細は表現できない

表 | **ビジネスモデルキャンバスを構成する9つのブロック**

構成要素	解説
①顧客セグメント（CS） Customer Segments	ターゲット（顧客層）を記入する。例えば「マス市場」「特定のニッチな市場」など。プラットフォーム型のように、複数の顧客がいる場合もある
②価値提案（VP） Value Propositions	商品・サービスが顧客に対してもたらす価値を記入する。例えば、高い機能性があることが価値なのか、気持ちの良い感情（情緒）を提供することが価値なのかなど
③チャネル（CH） Channels	価値提案を顧客に知らせ届けるためのルートを記入する。例えば、広告で認知させて自社サイトで購入してもらうのか、または小売店などを経由して届けるのかなど
④顧客との関係（CR） Customer Relationships	顧客との関係の長さや深さを記入する。例えば、セルフサービスや自動化されたサービスのように人を介さない関係か、または担当者が直接対応するような関係なのかなど
⑤収益の流れ（R$） Revenue Streams	顧客から対価を得る方法を記入する。例えば、売り切り型なのか、レンタル料なのか、サブスクリプションのような継続課金なのかなど
⑥主要経営資源（KR） Key Resources	価値提案を創出するために必要な主な経営資源を記入する。例えば、工場などの物理的な資源、特許権やブランドなどの知的資産、人材など
⑦主要業務（KA） Key Activities	価値提案を創出するために必要な主な業務を記入する。例えば、商品の製造やサービスの提供に必要な人材の育成やナレッジマネジメントなど
⑧主要パートナー（KP） Key Partners	自社の主要な連携先を記入する。例えば、重要な経営資源の調達先や業務のアウトソーシング先、共創に取り組む相手など
⑨コスト構造（C$） Cost Structure	価値提案を実現するために必要な主なコストを記入する。設備資金や運転資金（固定費や変動費）など

出所 オスターワルダー＆ピニュール（2012）

使い方

　ビジネスモデルキャンバスは、次の図の通りに大きく左右2つのエリアに分けて考えることができます(中央に配置されている「価値提案」は、顧客に対して自社が提案する価値です。ここで顧客と自社が重なり合います)。

　右側：**顧客との関わり**について**整理するエリア**
　左側：**価値を創出するための自社の活動**について**整理するエリア**

　顧客と自社に関する情報を収集したり、仮説を検討したりしたうえで、情報をキャンバスで整理しましょう。

図 | ビジネスモデルキャンバスの各ブロックの位置付け

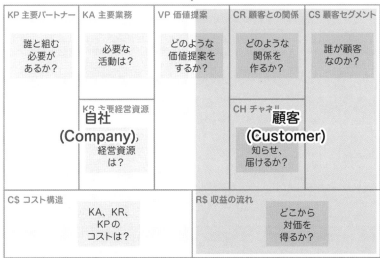

　なお、「**ビジネスモデルキャンバスには競合の視点が入っていない**」という指摘がよくありますが、競合の視点がないのではなく、競合や既存の解決策と異なる点を意識して描くというのが、適切な使い方です。何らかの新しさを持ったビジネ

スモデルは、競合や既存の解決策と異なる新しい要素があるはずです。ビジネスモデルキャンバスでは、そこに注目して表現します。

 ビジネスモデルキャンバスで表現する際に、9つあるすべてのブロックに新しい要素を含めたいと感じることがあるかもしれません。しかし、**すべてのブロックに新しい要素が含まれている必要はありません**。競合や既存の解決策との違いがある点を意識しながら、ビジネスモデルを表現してください。

事例・参考例① コンビニエンスストア

　私たちにとって身近な小売業態である**コンビニエンスストア**のビジネスモデルをビジネスモデルキャンバスで表現してみます。コンビニエンスストアは、その他の小売業態とどのような点で違いがあるのでしょうか。コンビニエンスストア以外の小売業態との違いを意識して、ビジネスモデルキャンバスで表現してみましょう。

　完成したビジネスモデルキャンバスは、下図の通りです。

図 | **コンビニエンスストアのビジネスモデルキャンバス**

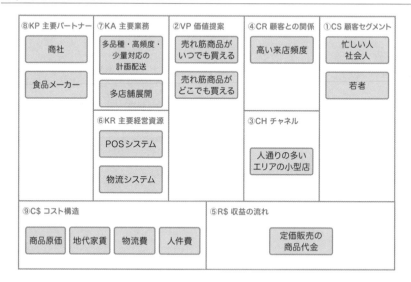

各ブロックの詳細な解説は、次の表の通りです。なお、コンビニエンスストアの多くはフランチャイズシステムによるものですが、ここでは直営店を想定して表現しています。

表 | コンビニエンスストアのビジネスモデル

構成要素	解説
①顧客セグメント	• 主な顧客セグメントは「**忙しい社会人**」や「**若者**」
②価値提案	• 上記の顧客に対する価値提案は「**売れ筋商品がいつでも買える**」「**売れ筋商品がどこでも買える**」 • この価値提案は、下記の主要経営資源および主要業務によって実現
③チャネル	• 店舗の特徴は「**人通りの多いエリアの小型店**」
④顧客との関係	• 他の小売業態よりも日常的に利用するため、「**高い来店頻度**」が特徴
⑤収益の流れ	• 「**定価販売の商品代金**」から収益を獲得
⑥主要経営資源	• 商品の売れ行きを把握するための「**POSシステム**」(販売時点情報管理システム) • 商品を各店舗に届けるための「**物流システム**」
⑦主要業務	• 小型店であっても品切れを生じさせないためには POS システムや物流システムと連動した「**多品種・高頻度・少量対応の計画配送**」が重要な業務 • いつでもどこでも買えるようにするためには「**多店舗展開**」が必要
⑧主要パートナー	• 多種多様な商品を仕入れるために「**商社**」との連携が不可欠 • 「**食品メーカー**」との連携による弁当などの日配品を提供
⑨コスト構造	• 主なコストは「**商品原価**」「**地代家賃**」「**物流費**」「**人件費**」

このように、ビジネスモデルキャンバスを用いると、他の小売業態とは異なるコンビニエンスストアのビジネスモデルの特徴を端的に表現できます。

コンビニエンスストアは進化し続けているため、必ずしもこの特徴に合致するものだけではありませんし、さらに詳細に表現することもできますが、抽象化して表現することでビジネスモデルの全体的な特徴が掴めます。

　ビジネスモデルには、多様な顧客セグメントに対して異なる価値を提案しているものがあります。例えば、情報を提供するメディアビジネスでは、閲覧者には有益な情報提供に取り組んでいるのに対し、そのメディアに広告を出稿する広告主には広告掲載によるプロモーション支援に取り組んでいます。

　ビジネスモデルキャンバスでは、異なる顧客セグメントと価値提案が含まれる場合でも、色を分けたりすることでわかりやすく表現できます。音楽ストリーミングサービスである**Spotify**を事例として、その表現方法について理解しましょう。

　Spotifyのビジネスモデルを表現すると、下図の通りです。

図 │ **Spotifyのビジネスモデル**

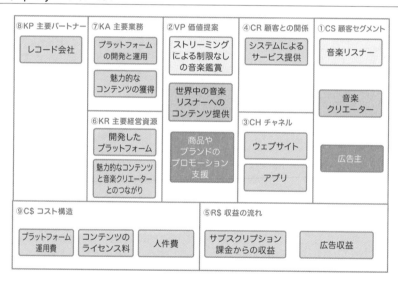

　Spotifyには主な顧客として3種類の顧客がおり、それぞれに異なった価値を提案しています。

　1つ目の顧客セグメントが「**音楽リスナー**」です。音楽リスナーに対する価値提案は「**ストリーミングによる制限なしの音楽鑑賞**」であり、多種多様な音楽を楽しむことができます。

　2つ目の顧客セグメントが「**音楽クリエーター**」です。音楽クリエーターに対する価値提案は「**世界中の音楽リスナーへのコンテンツ提供**」であり、Spotifyを利用し

ている世界中の音楽リスナーに自身が制作した音楽を届けることができます。

3つ目の顧客セグメントが「**広告主**」です。広告主に対する価値提案は、Spotifyにおける広告配信による「**商品やブランドのプロモーション支援**」です。

このように異なる顧客セグメントと価値提案がある場合は、図で示したように色分けをするなどして、表現するとわかりやすいです。

Spotifyのチャネルは「**ウェブサイト**」や「**アプリ**」であり、顧客との関係は「**システムによるサービス提供**」です。収益の流れとしては、主に「**サブスクリプション課金からの収益**」と「**広告収益**」があります。

価値提案を実現するための主要経営資源としては、Spotifyという「**開発したプラットフォーム**」に加え、「**魅力的なコンテンツと音楽クリエーターとのつながり**」があります。それらを獲得するためには、主要業務として「**プラットフォームの開発と運用**」と「**魅力的なコンテンツの獲得**」が不可欠です。魅力的なコンテンツの獲得では、コンテンツの権利を有している「**レーベル会社**」との連携が必要であり、これが主要パートナーです。コスト構造としては、「**プラットフォーム運用費**」「**コンテンツのライセンス料**」「**人件費**」が主なものでしょう。

組み合わせて使えるフレームワーク

バリュー・プロポジション・キャンバス（p.276）

バリュー・プロポジション・キャンバスは、ビジネスモデルキャンバスを補完するために開発されたフレームワークです。これを用いることで、顧客セグメントと価値提案を深掘って表現できるため、ビジネスモデルの深い理解や構想に役立ちます。

バリューチェーン×VRIO分析（p.194）

ビジネスモデルにおいて重要な主要経営資源や主要業務を整理する際は、**バリューチェーン×VRIO分析**が役立ちます。

PEST＋5フォース分析（p.188）

ビジネスモデルキャンバスではビジネスモデルの外部環境を表現できないため、**PEST＋5フォース分析**によって事業の外部環境を整理しておくことが望ましいです。

📖📖 **参考文献・参照資料**

アレックス・オスターワルダー、イヴ・ピニュール 著、小山龍介 訳『ビジネスモデル・ジェネレーション　ビジネスモデル設計書』翔泳社、2012年

42 戦略モデルキャンバス

Strategic Model Canvas

Tags 情報の記録・整理　事業企画　組織で使える
Origin 早稲田大学ビジネススクールの根来龍之が考案

こんなときに使える！ ▶ **ライバルを考慮したビジネスモデルを構築したい**

概要

　戦略モデルキャンバスは、新規事業の構想や既存事業の見直しの際に、**ライバルとの比較を行いながらどのように差別化をするかを確認・整理するフレームワーク**です。

　戦略モデルキャンバスの特徴は、左側に自社の事業を構築する資源や活動、製品を記入し、右側にライバルに関する事項を記入することで、**市場の競争環境を検討しながらビジネスモデルを構想できる**点にあります。

　キャンバスの各項目を埋めていく際に意識すべきことは「**ライバルとの差別化**」です。差別化には、価格、ターゲット、ニーズといった検討項目がありますが、戦略モデルキャンバスで確認できるのは「**自社が持つ資源とそれを用いた活動の組み合わせがいかに独創的であるか**」です。「資源と活動の組み合わせ」が独創的であればあるほど模倣障壁が高くなり、ライバルとの差別化が可能となります。

図 | 戦略モデルキャンバス

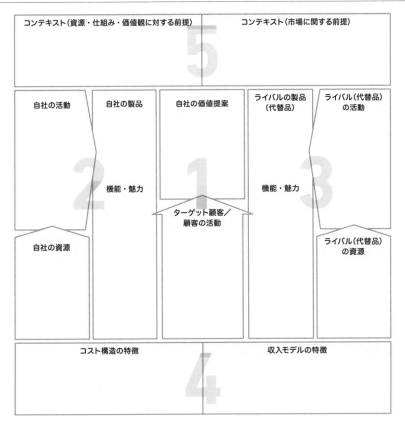

出所 根来・富樫・足代(2020)

使い方

戦略モデルを利用する際は、以下の順番で各項目を記入していきます。

①「ターゲット顧客 / 顧客の活動」と「自社の価値提案」

最初に「ターゲット顧客/顧客の活動」と「自社の価値提案」を明らかにして記入します。

なお、これらの内容は「ビジネスモデルキャンバス」(p.308)と同じなので、こちらの内容も併せて確認してください。

表 | 「ターゲット顧客/顧客の活動」と「自社の価値提案」

項目	内容
ターゲット顧客/ 顧客の活動	検討する事業の顧客を記入する。また、顧客のニーズや、顧客が ニーズを満たすために取りうる行動や選択を記入する
自社の価値提案	顧客のニーズを満たすためにどのような価値を提供するかを記入 する

② 自社の資源、活動、製品と機能・魅力

　価値提案を行うために「自社の資源」と「自社の活動」について検討して記入します。

表 | 「自社の資源」と「自社の活動」

項目	内容
自社の資源	自社が活用できる資源を記入する。資源は「ヒト」「モノ」「カネ」 「情報」を軸に整理する
自社の活動	資源を使って行う活動内容を記入する。活動は、パートナーと の協力も含む

　また、資源と活動から創出される「自社の製品」と、顧客に対する「機能・魅力」を記入します。

表 | 「自社の製品」と「機能・魅力」

項目	内容
自社の製品	資源と活動から創出される自社の製品やサービスを記入する
機能・魅力	機能とは、自社が製品やサービスを通じて顧客に提供する「こと」 であり、顧客が製品やサービスを購入する基本的なニーズに対 応する。魅力とは、顧客が製品やサービスを購入する際にライ バルではなく自社を選ぶ理由

③ライバル（代替品）の資源、活動、製品と機能・魅力

ライバル（または代替品）の資源、活動、製品と機能・魅力を記入します。

「ライバルの製品（代替品）」には、ライバルや代替品の製品・サービスが顧客ニーズに対して提供している基本的な「こと」や、その特徴を記入します。「機能・魅力」には、顧客がライバルや代替品を選択する理由を記入します。

④「コスト構造の特徴」と「収益モデルの特徴」

ビジネスモデルを実現するための「コスト構造の特徴」と「収益モデルの特徴」を検討します。コスト構造は固定費と変動費を分けて記入するとよいでしょう。

⑤ コンテキスト

コンテキストとは、**ビジネスモデルの "実現可能性" と "市場ニーズとの整合性" を検討すること**です。ここで、構想した内容がビジネスとして成立するか否かを客観的に確認します。

キャンバスの左上にある「**コンテキスト（資源・仕組み・価値観に対する前提）**」で実現可能性を検証します。手順②で記入した自社の資源と活動によって、製品やサービスを提供するためのオペレーションを実現できるか、また、そのビジネスは自社の理念に叶っているかを検討します。

また、右上にある「**コンテキスト（市場に関する前提）**」には、構想するビジネスモデルを実現した際に、実際に購入してくれる顧客規模を検証するための項目を記入します。例えば、既存製品の市場規模データや、自社のマーケティングデータなどから顧客の購買意向に関する項目などを参照して、客観的な内容を記入しましょう。

事例・参考例① **Uber Eatsと出前館**

2020年に全世界で新型コロナウィルス感染症が拡大したことでニーズが高まったのがフードデリバリーです。米国のライドシェアサービスUberの事業である「Uber Eats（ウーバー イーツ）」は、スマートフォンを用いた簡単な操作だけで、近所のレストランのメニューを自宅まで配達してくれるサービスです。

デリバリーの価格は1件あたり350円（2023年時点）からで、自宅の近所に待機

しているデリバリースタッフがレストランにピックアップに向かうため、短時間で配達をしてくれる点がメリットです。

　一方、デリバリースタッフが登録制のため、時間帯や天候などによって近隣にいるスタッフ数に変動があり、顧客が注文できないケースが生じるという弱みもあります。

図　| **Uber Eatsと出前館の戦略モデルキャンバス（Uberの視点での分析）**

出所　根来・富樫・足代（2020）を参照し、加筆して筆者作成

　ライバルの「**出前館**」は、デリバリースタッフの配達報酬が歩合制のUber Eatsとは異なり、時給制の専業です。このため「いつでも好きな時に出前が頼める」という価値提供で差別化を行っています。

　また、登録するレストラン側に対して、出前館のデリバリースタッフによる配

達だけでなく、レストランのスタッフが配達する方法も選択肢として提供することで、お店の人材資源に合わせた運用を選択できる点も価値提案です。

事例・参考例② 広島東洋カープ

　広島東洋カープ（以降、広島カープ）は、従来のスポーツファン以外の顧客を取り込む戦略で、2010年〜2019年までの9年間で売上を急上昇させました。

　従来の野球リーグは、男性ファンやスポーツ経験者を主な顧客としていましたが、広島カープは「**カープ女子**」と呼ばれる女性ファンと、小学生から中学生の親子をターゲット顧客にしました。そして、このターゲット顧客が持つ、従来の顧客と異なるニーズは「**野球のルールに詳しくなくても試合を楽しみたい**」というものです。

　ターゲット顧客のニーズを満たすために、広島カープは選手の個性を公式Webサイトで紹介し、魅力ある選手の応援を価値提案の1つにしました。

　さらに球団キャラクターや選手をモチーフにした応援グッズを開発し、応援する楽しさを提案しました。応援グッズの数は600アイテム以上あります。

　また、ホーム球場であるマツダスタジアムをフードコート化し（出店数は29店）、球場で過ごす楽しさそのものも価値提案としています。

　こうした施策によって、「**シーズンごとの試合**」や勝利を続けることでの「**強さへのロイヤルティ**」といった従来の球団と差別化を図り、「**たとえ勝てなくてもスタジアムがいっぱいになる球団**」を実現しました。

　応援する楽しさという独自性は県外のファンの獲得にもつながり、他球場での試合の集客やチケット販売にも成功しています。

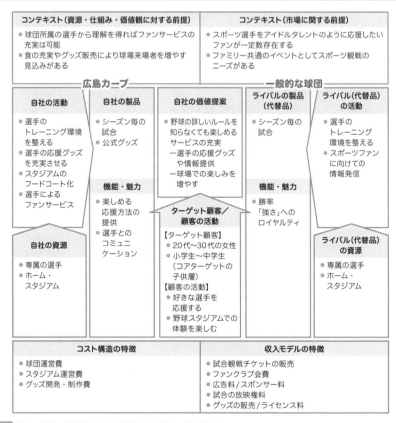

出所 根来・富樫・足代 (2020) を参照し、加筆して筆者作成

組み合わせて使えるフレームワーク

バリュー・プロポジション・キャンバス（p.276）

　バリュー・プロポジション・キャンバスを用いると、戦略モデルキャンバスで最初に検討する「自社の価値提案」を、「顧客のニーズ」や「顧客がニーズを満たすことを阻んでいる理由」といった顧客視点で明確にできます。

参考文献・参照資料

根来龍之、富樫佳織、足代訓史 著『この1冊で全てわかる　ビジネスモデル』SBクリエイティブ、2020年

どこで稼ぐか

43 収益モデル

Profit Model

Tags 情報の発散　事業企画　チームで使える
Origin ―

こんなときに使える！ **売上の獲得方法とコスト構造を明確にしたい**

概要

収益モデルとは、**事業活動の売上の獲得方法とコストの構造**です。言い換えると以下のようにいうこともできます。

- その製品・サービスで儲ける仕組み
- その製品・サービスを提供していくために必要な支出

ここで紹介する収益モデルを利用すれば、これらを整理し、言語化することができます。

なお、新規事業の収益モデルを検討する際は「**売上の獲得方法**」から検討するとよいでしょう。例えば、「**サブスクリプション（定額制）**」「**成果報酬**」「**ソリューション提供**」といったさまざまな型（モデル）を検討します。

自社のビジネスを、**現状とは異なる収益モデル**に当てはめてみることで、新たな提供価値を見出せる可能性もあります。

> **ここがポイント！** 収益モデルとは、事業活動の「**売上の獲得方法**」と「**コストの構造**」

収益モデルを検討する際は次の各項目について整理します。

図 │ 収益モデルの検討

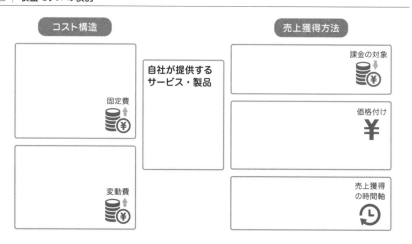

表 │ 収益モデルを検討する際に整理すべき項目

項目	項目	解説
売上の獲得方法	課金の対象	顧客に対価を払ってもらう対象（製品、サービスなど）
	価格付け	自社にとって利益を出せる価格であり、かつ顧客にとって納得感のある価格か
	売上獲得の時間軸	定額制の場合は月額、年額といった、売上を獲得する時間軸。売り切り製品の場合は「1回」といった回数
コスト構造	固定費	オフィス賃料、人件費、設備費など、毎月の支払いが決まっているもの
	変動費	広告費やマーケティング費など、必要に応じた支出

なお、**既存ビジネスの革新**を検討する際は、マーケティングデータなどから

「市場ニーズの変化」や「競合の事業変革の動向」を分析して、自社の資源をどのように転換すべきかを事実ベースで検討することが重要です。

一方、アイデアベースの新たな収益モデルを検討する際は「リフレーミング」(p.68)を用いて売上の獲得方法を模索することも有効です。

また、新規ビジネスの創造を検討する際は、マーケティング調査に基づいて代替品の売上の獲得方法や価格を参照したうえで「潜在顧客はどのような価値に対してお金を払うか」や「適正価格はどのくらいか」などを検討するとよいでしょう。

事例・参考例① ソニー「PlayStation」

ソニーのゲームビジネス「PlayStation」を例に用いて、収益モデルを起点としたビジネスモデル革新の考え方を紹介します。

PlayStationは1994年に初代が発売され、初代の発売から26年目にあたる2020年11月には、第5世代が発売されました。従来のPlayStationの収益モデルは、据え置き型ゲーム機の販売と、その後に複数のゲームソフトを販売する「サプライ品モデル」でした。

図 | 従来のPlayStationの収益モデル

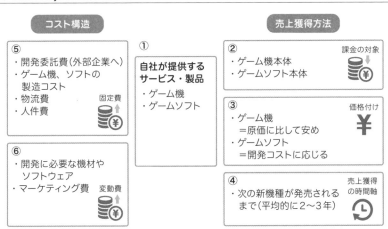

ところが2000年代に入り、PCやスマートフォン向けのオンラインゲームが世界的に市場を拡大したため、サプライ品モデルの基軸となるゲーム機の販売台数が、欧米を中心に減少し続けます。

そこでソニーは、ゲーム機やソフトと連動したオンラインサービス「**PlayStation Plus**」を2010年6月に開始し、定額課金で売上獲得をする「**サブスクリプションプラン**」を、従来の収益モデルに追加しました。下図の★印の項目が、PlayStation Plusで新たに加わったサービスの内容と売上の獲得方法、およびコスト構造です。PlayStation Plusの定額料金は、最も基本的な「エッセンシャル」プランの場合で、1カ月契約で850円、3カ月契約で2,150円、12カ月契約で6,800円です（2023年時点）。

図 | PlayStation Plus以降の収益モデル

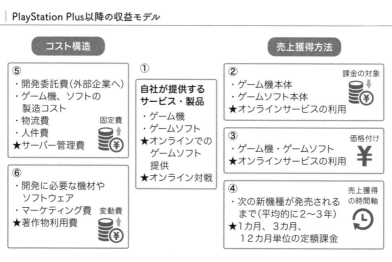

顧客はPlayStation Plusに加入すると、従来のゲームソフトに加えて、ゲーム内で世界中のプレイヤーとオンライン対戦できる機能「オンラインマルチプレイ」や、オンラインで提供されるタイトルで遊べるようになります（①）。

「**課金の対象**」には、オンラインゲームの利用が加わります（②）。また、新サービスの「**価格付け**」は、ゲームタイトルの利用や機能利用を包括したオンラインサービスの利用料になります（③）。「**売上獲得の時間軸**」は1カ月、3カ月、12カ月の3つの単位での定額課金です（④）。

コスト構造も変わります。オンラインサービスを提供するための「**固定費**」としてサーバー管理費が追加され（⑤）、「**変動費**」には、過去のゲームタイトルを提供する際にタイトル制作者へ支払う著作物利用費が見込まれます（⑥）。

PlayStation Plusの事例のように、新技術による市場破壊や、顧客の行動変化に際して、自社の収益モデルは常に言語化や整理を行って見直すことが重要です。

Column

サプライ品モデル

ゲーム会社の従来のビジネスモデルでは、ゲーム機本体は原価に比して安価に設定する一方で、ゲームソフトは開発費や人件費、機材費などの原価をベースに設定する手法が取られています。ゲーム機本体を安価に設定してたくさん販売すれば、補完品であるゲームソフトが多く売れるからです。このような収益モデルのことを「サプライ品モデル」といいます。サプライ品モデルの代表例には他に、カミソリの本体と使い捨ての替え刃や、インジェットプリンタと交換インクなどがあります。

事例・参考例② Zoom Video Communications「Zoom」

世界的なリモートワークの拡大によって急成長したZoomは、基本機能は無料で提供しつつ、より便利な機能を有料で提供する「フリーミアム」と呼ばれる収益モデルです。

無料プランで顧客に提供するのは、オンライン会議サービスです（①）。価格は無料ですが、利用時間や利用人数に制限があります（③）。

有料プランでは、長時間のオンライン会議利用や、500人以上のオンライン講演会の実施サービスを提供しています（①の★印）。「価格付け」は、サービスの利用に対して、サブスクリプションプランとして複数種類が用意されています（③の★印）。例えば、1回の出席者が100人未満、最大30時間以上の会議ができるプロプランは年額20,100円、1回の参加者が300名までのビジネスプランは年額26,900円です。さらに上位には、年額31,250円のビジネスプラスプランも用意されています（2023年時点）。

Column

フリーミアム

フリーミアムとは「フリー（無料）」と「プレミアム」を組み合わせた造語であり、サービスのデジタル化とともに急増しているビジネスモデルです。フリーミアムでは、基本機能を無料で提供して多くのユーザーを集め、より高度な機能を使いたい一部の有料ユーザーの支払いによって事業全体の収益を確保します。

「**固定費**」には、開発費や通信費、人件費、サーバー管理費などがあります（⑤）。また「**変動費**」には、開発に必要な機材やソフトウェア費、マーケティング費などが想定されます（⑥）。

図 | **Zoomの収益モデル**

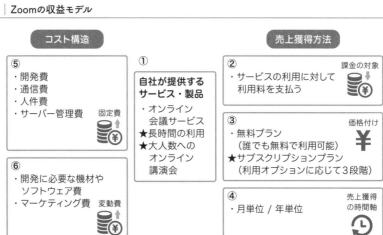

組み合わせて使えるフレームワーク

● ビジネスモデルキャンバス（p.308）、戦略モデルキャンバス（p.316）

　ビジネスモデルキャンバスや**戦略モデルキャンバス**には、収益モデルに関する項目が用意されています。新規事業を検討する際は、これらのフレームワークを用いながら、収益モデルについても検討するといいでしょう。

🟦🟦 **参考文献・参照資料**

マーク・ジョンソン 著、池村千秋 訳『ホワイトスペース戦略 ビジネスモデルの〈空白〉をねらえ』CCCメディアハウス、2011年

近藤哲郎『ビジネスモデル2.0図鑑』KADOKAWA、2018年

E・J・スライウォツキー 著、中川治子 訳『ザ・プロフィット　利益はどのようにして生まれるのか』ダイヤモンド社、2002年

O・ガスマン、K・フランケンバーガー、M・チック 著、渡邊哲、森田寿 訳『ビジネスモデル・ナビゲーター』翔泳社、2016年

A・オスターワルダー、Y・ピニュール 著、小山龍介 訳『ビジネスモデル・ジェネレーション ビジネスモデル設計書』翔泳社、2012年

C・アンダーソン 著、高橋則明、小林弘人 訳『フリー：〈無料〉からお金を生み出す新戦略』NHK出版、2018年

第 **5** 章

プレゼンする

　本章では、プレゼンテーションを効果的・効率的に実施するために有効な手法を紹介します。企画の内容がどれだけ優れていても、説得力のあるプレゼンができなければ、企画を実現することは困難です。**説得力のあるプレゼン**を実現するためには「聞き手にどのような変化をもたらしたいのか」「聞き手にどのような行動を取ってもらいたいのか」を事前に検討しておく必要があります。

　目的を明確にしたうえで、主張と根拠を持った説得力のあるプレゼンを実現するためにも、本書で紹介する強力な手法を活用しましょう。

本章で紹介するフレームワーク

プレゼンテーションの準備

　プレゼンテーションでは事前に綿密な準備を実施する必要があります。

　「**プレゼンテーション・ストーリー**」は、プレゼンテーションの準備を6つのステップに分けています。この流れに沿って準備することで、プレゼンテーションが目指しているゴールや盛り込むべき内容を明らかにできるでしょう。主張している内容が論理的なプレゼンテーションは強い説得力を持ちます。

　「**交渉法**」は、相手から無理なく「Yes」を引き出すための5つの交渉の手順を説明しています。いきなり交渉に臨むよりも、この流れに沿って事前に交渉の準備をしておくことで、落ち着いて対応できます。

プレゼンテーションの説得力向上

　プレゼンテーションの論理性を高めるために活用できる手法が「**ピラミッドストラクチャー**」です。ピラミッドストラクチャーは、自身の主張を論理的に説明するために、主張の理由や根拠を整理・検討するための手法です。「最も伝えたいこと（主張）」を頂点とし、その主張を支えるような形で理由や根拠を配置するため、このように呼ばれます。

　自身の企画を聞き手に採用してもらいたい場合、プレゼンテーションが論理的であるだけでは不十分でしょう。プレゼンテーションの内容が、他よりも優れた提案であり、自身の独自の付加価値を示す必要があります。その際に役立つ手法が「**GISOV**」です。この手法を用いると、魅力的な提案を実現するために検討すべき項目をまとめたうえで、自分の提案の付加価値について考えることができます。

　実務において、プレゼンテーションを実施する時間が限られていることは多いでしょう。そのような場合に有効なのが「**エレベーターピッチ**」です。エレベーターピッチは、エレベーターに乗っているくらいの短い時間で、自身が伝えたいことをプレゼンテーションするための手法です。自身の主張や根拠をコンパクトにまとめ、聞き手を説得したい場合に活用できます。

　「**クリエイティブ・コンセプト作成法**」は、強い言葉や名言を作る方法です。この

方法を用いることで相手の心に残るインパクトのある言葉を作ることができます。具体的な方法として、8つの方法を紹介しています。

　本章で解説しているプレゼンテーションのためのフレームワークの位置付けは、次の図の通りです。これらの強力な手法を活用し、効果的・効率的なプレゼンテーションを実現しましょう。

図 ｜ プレゼンテーションのフレームワークの位置付け

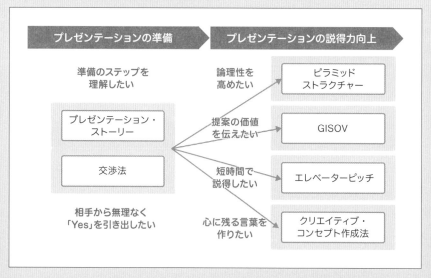

ハーバード大学で採用されているプレゼン手法

44 プレゼンテーション・ストーリー

Presentation Story

Tags 情報の記録・整理　事業運営　一人で使える
Origin アメリカ・ウィスコンシン大学のスティーブン・ルーカス教授が提案

> **こんなときに使える！** ▶ **プレゼンの内容を整理したい**

概要

　プレゼンテーションを行う際は、事前に必要な項目に沿って内容を整理しておくことが重要です。内容を整理することで、情報を相手に正しく伝えることができます。

　ここでは、アメリカ・ウィスコンシン大学のスティーブン・ルーカスが書いた『The Art of Public Speaking』から、プレゼンテーションの準備における**プレゼンテーション・ストーリー**の構築方法を解説します。

　ルーカスの著作は、ハーバード大学やニューヨーク大学などでもプレゼンテーションの教科書として使われています。

使い方

　プレゼンテーション（以降、プレゼン）を行う前に準備する内容は次の6項目です。それぞれを個別に整理して考えます。

図 | プレゼンを行う前に準備する内容

① テーマを決める　② 大まかな目的を決める　③ ゴールを決める　④ サマリー・センテンスを作る　⑤ メインポイントを選ぶ　⑥ 根拠を提示する

出所 スティーブン E.ルーカス『アメリカの大学生が学んでいる「伝え方」の教科書』(2016年) をもとにして筆者作成

①テーマと、②大まかな目的を決める

最初に、プレゼンのテーマと大まかな目的を決めます。

大まかな目的とは「**情報を伝える**」または「**説得する**」のいずれかです。例えば「情報を伝える」とは、何かの説明や報告、実演などです。一方、「説得する」とは、何かを売る、推奨する、擁護するなどです。場合によっては「情報を伝える」と「説得する」の両方になることもあります。

③ゴールを決める

プレゼンのゴールを決めます。ゴールとは「**プレゼンを通して必ず達成したいこと**」です。ここで大切なことは、ゴールを1つに絞ることです。

テーマの中にゴールになりそうなことが複数含まれている場合は、あえて最も大切なことを1つ決めて、必ず「○○する」というようにまとめます。

例えば「**聞き手に○○についての情報を伝える**」「**聞き手が○○するように説得する**」といった形で記述するとよいでしょう。

 プレゼンのゴールを設定する際は、プレゼンの趣旨や聴衆のタイプ、その人たちの興味に留意しましょう。また、プレゼンには持ち時間があるので、必ず伝える目的を時間内に達成できるようにまとめましょう。

④ サマリー・センテンス（要点のまとめ）を作る

ゴールを決めたら、話す内容を一文にまとめて「**サマリー・センテンス**」を作ります。サマリーとは「**要約**」のことです。プレゼンの中で絶対に外してはならない要点をまとめましょう。

サマリー・センテンスは、プレゼンの際に「**必ずこのことを話さなければならない**」ということを思い出させてくれる要になります。

⑤ メインポイント（主要な論点）を選ぶ

サマリー・センテンスを作ったら、次に「**メインポイント**」を選びます。メインポイントとは「**主要な論点**」のことです。聞く人を納得させる核になる情報であり、プレゼンの流れを作る要素です。ポイントが何であるかを吟味して、的確な言葉に落とし込むことが必要です。

メインポイントを決める際は、伝えるゴールに対して「なぜそうかのか」「それはどういうことなのか」と自問しながら、具体的な事実として整理していきましょう。

なお、**メインポイントが多くなると、プレゼンの内容が相手の印象に残りづらくなります**。絞りきれない場合は、サマリー・センテンスでまとめた項目ごとにメインポイントを作るとわかりやすくなります。

⑥ 根拠を提示する

最後に、メインポイントに対する**根拠**を提示します。ルーカスは著書の中で**「メインポイントはそれだけだと『主張』にすぎません」**と記述しています。伝えたいポイントに説得力を持たせるには、必ず根拠を提示することが必要です。根拠に使えるのは、事例やデータ、研究結果、専門家や関係者の発言、一般的に認められている事実などです。

事例・参考例 ソフトバンク「決算説明会」

以下のプレゼンテーション・ストーリーは、2021年11月4日に行われたソフトバンクの決算説明会の内容をもとにして作成しています。

表 | プレゼンテーション・ストーリーの内容

項目	内容
①テーマ	2022年3月期第2四半期の業績を伝える
②大まかな目的	情報を伝える・説得する
③ゴール	当クオーターは、すべてのセグメントで増収となった
④サマリー・センテンス	当クオーターは通信料の値下げの影響でコンシューマ事業のみ10%の減益だったが、法人事業、インターネット事業、決済事業は増益で、連結決算では、すべてのセグメントで増収だった

決算説明会では、企業の業績について正確なデータを伝えながら「**経営が順調である**」という情報を株主に伝えなければなりません。さらに「**今後の成長戦略**

がいかに合理的であるか」を株主に納得してもらうために、根拠のしっかりした説得も行う必要があります。

　普段の企画プレゼンや事業計画プレゼンでも、聞き手が納得する情報と、話しての説得に対して賛同できる根拠を提示することが基本となります。

　「⑤メインポイントを選ぶ」と「⑥根拠を提示する」は以下になります。

◤ メインポイント①：連結決算での営業利益は 5,708 億円

- コンシューマ事業は通信料金値下げにより10％減益だったが、携帯端末の販売実績が回復したため増収になった
- 法人事業は、ソリューションなどが順調で前年同期10％増収だった
- 2021年3月にZホールディングスとLINEが統合経営し売上高が増加した
- 決済部門ではPayPayの登録ユーザー数が4,300万人超に達し、成長している

◤ メインポイント②：トレジャーデータ社に 2 億 2,250 万ドルの追加投資

- 投資先の米トレジャーデータ社はカスタマー・データ・プラットフォームで日本シェア9割を占めている
- Yahoo! JAPANやLINEとの協業により、今後アジア・太平洋地域でのビジネス拡大を目指すことができる

組み合わせて使えるフレームワーク

●─ ピラミッドストラクチャー（p.344）

　ピラミッドストラクチャーを用いると、プレゼンで伝えたい内容を整理することができます。

■■ 参考文献・参照資料

　スティーブン・E・ルーカス 著、狩野みき 監訳『アメリカの大学生が学んでいる「伝え方」の教科書』SBクリエイティブ、2016年

　Stephen E. Lucas「THE ART OF PUBLIC SPEAKING, TWELFTH EDITION」McGraw Hill, 2016年

相手から無理なく「Yes」を引き出す

45 交渉法

Negotiation Method

Tags 情報の記録・整理　事業運営　一人で使える
Origin ハーバード流交渉術など

こんなときに使える！ **相手から無理なく「Yes」を引き出したい**

概要

　個人・法人を問わず、人と人との交渉においては、少しでも有利な条件を引き出すために駆け引きが必要です。そのための方法のことを「**交渉法**」や「**交渉戦略**」「**交渉戦術**」などといいます。交渉は一筋縄ではいかないため、「**これをやればすべてが上手く**」といったものはありませんが、世の中に交渉法が存在することからもわかるように、やり方次第で有利な方向に導くことは可能です。

　本項では「**ハーバード流交渉術**」と呼ばれる手法を中心に、それをわかりやすくして紹介します。

　ハーバード流交渉術では、相手から無理なく「**Yes**」を引き出すための交渉の手順として、次ページの表の5つが提示されています。

　各手順については、次ページ以降で詳しく解説します。なお、手順に示した各条件を満たすためには、以下の「**交渉に臨む際の心構え**」も重要です。

- 積極的に準備をする
- 目標を高く設定する
- 相手の話に耳を傾ける
- 誠実である

　交渉に臨む際は、事前に「交渉時のやり方（方法論）」を考えておくことが必要です（積極的に準備をする）。いきなり交渉に臨むよりも、事前に準備をしておくことで想定できる範囲が広がり、落ち着いて対応できます。

表 | 5つの交渉の手順

手順	説明
① 自分をコントロールする	・相手の態度にいちいち反応しない ・自分の感情に左右されない
② 相手の武装を解除する	・相手の否定的な感情を和らげるようにする
③ ゲームのやり方を変える	・これまでの相手の策略を無力化させる ・視点を変えて、自分の土俵に持ってくる
④ 相手が「Yes」といいやすくする	・相手に勝ったと思わせる ・得られるパイを広げて両者が勝ち得る状況を作る
⑤ 相手が「No」といいにくくする	・相手が敵にならないようにする

　また、交渉のテーマであるものの価値を単純に分配する（例えば、2つあるものを1つずつ分け合う）のではなく、できるだけ価値を創出して交渉する、つまりパイを広げて交渉することで、両者が納得できるようにすることも重要です（**目標を高く設定する**）。

　他にも、交渉の戦略を立てるうえで現状分析は非常に重要です。相手の話に耳を傾けたり、もしくは相手のことを周りから聞いたりして、相手そのものや相手の策略を把握することが重要です（**相手の話に耳を傾ける**）。

　さらに、交渉の際は誠実な対応を心がけます。相手の合意を得るには、相手から信頼してもらうことが非常に重要です（**誠実である**）。

　なお、最後まで"あきらめない"ということは、大前提として非常に重要です。

使い方

　交渉を上手く進めるための5つの手順について、詳しく解説していきます。

① 自分をコントロールする

　交渉の手順①は「**自分をコントロールする**」です。相手の非協力的な振舞いに対して、いちいち反応するのではなく、心理的バランスを常に保ち、自分が意図している合意結果に焦点を当てて話合いをしましょう。

実際の交渉に入る前の準備段階では、駆け引きを想定して**ゲーム理論**を用いてシミュレーションすることもできます。相手の出方を事前にいろいろとシミュレーションしておけば、実際の交渉の場面で想定外のことが起こっても、あたふたすることなく、自分をコントロールできます。

Column

ゲーム理論

　ゲーム理論とは、相手の行動を合理的に予想しながら、お互いの行動の依存関係や、行動の結果を分析するものです。

　例えば「**相手がある行動を取ったら、自分はどう行動するか**」や「**自分がある行動を取ったら、それに対して相手はどう行動するか**」などを分析できます。

　ここではゲーム理論を用いたシミュレーションの一例として「**来年度の売り上げ増が見込める中で、生産量を決める駆け引き**」についての考え方を紹介します。

図 ｜ ゲーム理論の例

		他者	
		現状維持	追加変更（要企画）
自分	現状維持	パターン① 自：A　他：X	パターン② 自：A　他：Z＝X＋Y
	追加変更 （要企画）	パターン③ 自：C＝A＋B　他：X	パターン④ 自：C＝A＋B　他：Z＝X＋Y

ナッシュ均衡

支配戦略

　最も駆け引きが丸くおさまりやすいのは、自分も他者も現状維持の**パターン①**です。この場合は、何か新しい企画を提案（生産）しなくても両者の取り分（売上）は増えます。要するに、増加分を山分けできます。

　一方、**自分が現状維持（生産量A）**とした場合に、**他者が追加変更（生産量Z）**の企画を行うと、他社のほうが魅力的な企画となるため、増加分はすべて他者に持っていかれます（**パターン②**）。

　反対に、**自分が追加変更（生産量C）**の企画を行い、**他者が現状維持（生産量X）**とした場合は、増加分はすべて自分が取ることができます（**パターン③**）。

　また、**自分と他者の両方が追加変更（CとZ）**の企画を行うと、増加分を山分けできます（**パターン④**）。

以上からわかるように、自分が現状維持（A）にすると、最悪のケース（パターン②）になる可能性が生じるため、リスクを考えると自分は追加変更（C）の企画を行い、パターン③またはパターン④（支配戦略）を目指すことになります。これは他者にも同じことが当てはまるため、結果的には両者が追加変更を選ぶ「パターン④」（ナッシュ均衡）になる可能性が高くなります。

■ ② 相手の武装を解除する

交渉の手順②は「相手の武装を解除する」です。相手の心理的バランスが正常な状態になるように働きかけることで、相手の否定的な感情（自己防衛心、恐怖心、懐疑心など）を和らげます。相手を否定するような個人攻撃は「百害あって一利なし」です。

相手の武装を解除するには、相手を知る必要があります。紀元前500年ごろの孫子の兵法に「**知彼知己、百戦不殆**」（彼を知り、己れを知れば、百戦してあやうからず）という言葉があります。相手を知ることができれば、交渉を有利に進めることができます。そのためにも、<u>相手に興味を持ち、できるだけ多くのことを調べる</u>ようにしてください。

■ ③ ゲームのやり方を変える

交渉の手順③は「**ゲームのやり方を変える**」です。人はいったん表明した自分の立場に縛られ、引っ込みがつかなくなり、我を押し通そうとすることがあります。これは自分だけでなく、相手も同様です。

そのため、相手の引っ込みがつかなくなって押し通そうとする意見がある場合は、ゲームのやり方を変える（これまでと視点を変える）ことで、その意見を無力化することが必要です。

<u>ゲームのやり方を変えるには、一歩下がったところから俯瞰して両者を見ることが必要</u>になります。そうすることで頑な相手の策略の呪縛から逃れ、新たな交渉を提案することが可能になります。

なお、ゲームのやり方を変える際に、相手の土俵で戦うと自分が不利になるため、自分の土俵に持ってきて戦うようにしてください。

④ 相手が「Yes」といいやすくする

　交渉の手順④は「相手がYesといいやすくする」です。新たな視点で交渉できるようになったら、次は、お互いが満足できる交渉にするために合意形成を目指します。その際は、相手と自分の間にある「利害のギャップ」を埋めていくことになります。**相手の面子を保ちながら、相手に（ある程度は）「勝った」と思わせるように交渉を進めていくことが重要**です。このようにして相手が「Yes」といいやすい状況を作ります。

　もちろん、相手が勝つだけでは意味がありません。得られるパイ（取り分）を広げるなどして、両者が勝ったと思える状況を作ることが重要です。

　なお、何らかの心理的な動機によって別の結論や行動に至ってしまうこともあります。例えば、相手が「**片方の価値を上げることは、もう片方の価値を下げることである**」（非両立バイアス）と思い込んでしまうこともあります。こういったことに注意して、片方が勝つともう一方が負けるのではなく、両者が勝てる状態にするためにパイを広げていきましょう。

> 　分配するパイ（取り分）に上限を設ける必要はありません。このことを相手も理解すれば、交渉相手から協力者に変わる場合もあります。協力者になれば、自分の主張を相手に伝えて、感情移入させていく手法（ストーリーテリング）も有効になります。

⑤ 相手が「No」といいにくくする

　交渉の手順⑤は「相手がNoといいにくくする」です。世の中には強硬な交渉相手もいます。その中には、自分が一方的に勝てるはずだと信じている人も多いでしょう。このような場合は、自分と相手の二者で交渉するには限界があります。第三者（有識者、上司、顧客など）を入れ、自らの意図を理解するように根回ししたうえで、相手が「No」といいにくい環境を作ることも重要です。

　なお、この過程で以下のような視点を取り入れて、相手に警告することも必要です。

- 我々が同意できなかったらどうなるか（周囲への影響）
- 同意できなかった私はどうなるか（不同意による交渉決裂）
- あなたならどうするか（相手を思いやる心情）

ただし、**何らかの警告をするときは、相手が敵にならないように注意することが必要**です。相手が逃げ道を失って「窮鼠猫を嚙む」状態になってしまうと、強固に反抗してくるかもしれません。手順④とうまく組み合わせるなどして交渉を進めるようにしてください。

事例・参考例① 中曽根康弘首相「日米貿易摩擦交渉」

1980年代、日本からの輸出の増加により日米間の通商、経済摩擦が深刻化していました。当時、日本は中曽根康弘首相、米国はドナルド・レーガン大統領が各々のトップでした。

中曽根首相は、敗戦国日本の状況に屈してきた歴代首相とは異なり、劣位感情だけを出すのではなく、首相就任前のタカ派イメージを払拭し、外交では一流国日本のプライドを持ちながら、協調性を前面に出しました。ここら辺は、自分をかなりコントロールしていたのかもしれません。

次に、相手の武装解除のため、米国の対日貿易赤字が増加したことに対処するため、日本国民に外国製品(特に米国製品を最低100ドル分、当時の為替レートで13,000円相当)の購入を呼びかけ、「輸入品を買って、文化的な生活を送ろう」というトークを行うなど、日本が努力していることを米国側にもアピールしました。

さらに、日本車が米国を席巻している中、「なぜ日本は米国車を受け入れないのか?」の問いに対しては「日本の自動車メーカーは、米国ではわざわざ右ハンドルから左ハンドルにして販売している。それに比べ、米国自動車メーカーは左ハンドルのまま。それで日本で売れると思いますか?」と返し、現状の日米自動車市場を把握したうえで切り返しました。

また「日本市場は、米国企業や製品をそもそも受け入れない土壌があるのが問題ではないか?」の問いに対しては「マクドナルドは、日本で大流行しています。なぜかわかりますか?」と返し、「マクドナルドは、日本の消費者を理解し、企業努力をしているからです」といった主旨で、日本市場に合う形を求めました。

つまり、米国からの押し売りから、どの企業も日本の消費者を見て売る必要があることを伝え、ゲームのやり方を変えるように促しています。この瞬間、戦後の日本において、米国とまともに対峙した最初の首相になったともいえます。

さらに、ロン・ヤス関係(レーガン大統領と中曽根首相のファーストネームの

略称での蜜月の関係）を築き、その後のブッシュ大統領と小泉首相、近年のトランプ大統領と安倍首相の関係よりも早く、日米のトップが相互に「Yes」といえて、かつ取り巻きが簡単には「No」といいにくい環境を作りました。

表｜中曽根康弘首相「日米貿易摩擦交渉」

条件	説明
① 自分をコントロールする	米国との協調性を前面に出した
② 相手の武装を解除する	日本は（米国のために）努力しているということを米国側にアピールした
③ ゲームのやり方を変える	米国からの押し売りだけでなく、どの企業も日本の消費者を見て売る必要があると、真っ当に返した
④ 相手が「Yes」といいやすくする	米国とまともに対峙し、対等関係を築き、「Yes」といいやすくした
⑤ 相手が「No」といいにくくする	トップ同士が相互に意思疎通することで、取り巻きが簡単には「No」といえないようにした

事例・参考例② 筆者「競売を阻止した示談交渉」

中小企業が金融機関から融資を受ける際、経営者個人が企業の連帯保証人となることがあります。この場合、企業が倒産して返済ができなくなると、経営者個人が返済することを求められます。これを「中小企業の経営者保証」と言います。筆者の実家（父が3代目代表の中小企業）が廃業になる際、まさにこれによって企業が所有する小規模ビルや筆者の実家などが保証債務として取り上げられてしまいました。このとき、筆者の実家を取り返すために銀行と行った交渉過程を紹介します。

まず、取り上げた銀行の融資責任者は、すべての不動産を競売にすることを要求してきました。それに対して筆者は、行政書士が提示した当時の市場価格よりも少し（数万円程度）低い価格を提示して「もしも競売でそれよりも低い価格でしか売れなかったら、あなたはその時間的ロスと金銭的ロスの責任を取れますか？」と、頭取の前で直談判しました。またその際、法律用語も提示して相手の知識を問いました。これによって、競売ありきという、その上司の固定観念を変え、さ

らに、専門家なら知っているはずの知識を問うことで、知らないとはいわせないように仕向けました。

結果的に、裁判所にて市場価格が妥当であることなどから、示談による早期解決が図られ、筆者が提示した価格よりは少し上げて、市場価格そのものでの購入提案がありました。銀行側は価格を少し上げたことでプライドを維持でき、こちらも市場価格そのもので実家を取り戻すことができました。

表 │ 筆者「競売を阻止した示談交渉」

条件	説明
① 自分をコントロールする	自分は身内であるが感情的にならなかった
② 相手の武装を解除する	自分はあくまでも行政書士が提示した市場価格に近い（客観的な）金額で購入しようとした
③ ゲームのやり方を変える	競売ありき（前例主義）でまともに売れなかったら、時間的・金銭的ロスの責任があることを相手に自覚させ、競売以外の方法を考えさせた
④ 相手が「Yes」といいやすくする	こちらの提示価格よりも少し上げること（市場価格にすること）で、相手のプライドを維持させた
⑤ 相手が「No」といいにくくする	裁判所（第三者）が提示した示談に持ち込むことで、「No」といいにくくした

組み合わせて使えるフレームワーク

— リフレーミング（p.68）

　　ゲームのやり方を変える際に**リフレーミング**の技法を用いると、新たな視点で交渉を行える可能性があります。

📚 参考文献・参照資料

ウィリアム・ユーリー 著、斎藤精一郎 訳『ハーバード流 "No" と言わせない交渉術』三笠書房、2010年
御手洗昭治、秋沢伸哉 著『ハーバード流交渉戦略』東洋経済新報社、2013年
グロービス 著『グロービスMBAで教えている 交渉術の基本』ダイヤモンド社、2016年
ケーリー・スペンス 著、松尾翼 訳『議論に絶対負けない法』三笠書房、1998年

46 ピラミッドストラクチャー

Pyramid Structure

Tags 情報の記録・整理　事業運営　一人で使える
Origin マッキンゼーの経営コンサルタントであるバーバラ・ミントが考案

こんなときに使える！ ▶ **情報をわかりやすく整理したい**

概要

　ピラミッドストラクチャーは、**わかりやすく説明するために情報を整理するフレームワーク**です。

　1960年頃にマッキンゼーで経営コンサルタントの仕事をしていたバーバラ・ミントは、多くのコンサルタントが毎日大量の報告書を書くにもかかわらず、報告書を書く手法が体系化されていないことに気づき、ピラミッドストラクチャーを考案しました。ピラミッドストラクチャーでは「**メイン・メッセージ（もっとも伝えたいこと）**」を頂点として、それを支えるように「**根拠**」を配置します。

図 ｜ **ピラミッドストラクチャーの枠組み**

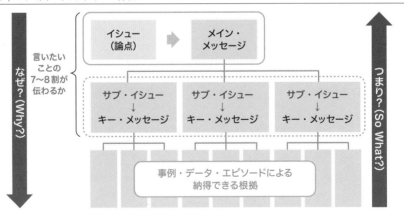

つまり、ピラミッドの下に向かうほど、上の階層の主張に対する**根拠**（Why?　なぜそういえるのか？）が配置されます。また、ピラミッドの上に向かうほど、根拠をまとめた**主張・結論**（So Wha?　つまり、何がいえるのか？）が配置されます。このような構造で情報を整理することで、わかりやすく説得力のあるストーリーを作成できます。ピラミッドの上下の展開は、論理的な推論方法である演繹法・帰納法を意識して組み立てることが重要です。

ピラミッドストラクチャーを利用すると情報を論理的に整理できるため、情報の受け手のストレスを軽減したり、間違った情報が伝わる可能性を減らしたりすることができます。

また、ピラミッドストラクチャーで整理した情報を順番にスライドに記載していくことで、伝わりやすいプレゼン資料を作ることもできます。

使い方

ここでは、「アルバイトの応募件数が足りていない」という問題を抱えた店舗において、店長に解決策を提案する際のピラミッドストラクチャーを例に考えながら、使い方を解説していきます。

① メイン・メッセージを配置する

ピラミッドストラクチャーでは、最上位に「**メイン・メッセージ**」を配置します。ここには「**イシュー（論点や聞き手の関心事）に対して自分が主張したいメッセージ**」を記入します。

アルバイトの応募件数が足りていない店舗の店長のイシューは「**アルバイトの応募件数を増やすために我々は何をすべきか**」です。そして、それに対するメイン・メッセージは「**アルバイトの魅力を高めるために、アルバイトの容姿と勤務時間に関する雇用条件を改善すべきである**」と設定します。

② サブ・イシューとキー・メッセージを検討する

次にメイン・メッセージに説得力をもたせるための「**サブ・イシュー**」と「**キー・メッセージ**」を検討します。

なお、サブ・イシューに分ける際の切り口は**MECE（漏れなく・ダブりなく）**であることが望ましいです。

そのうえで、サブ・イシューごとに**キー・メッセージ**を考えます。メイン・メッセージとキー・メッセージだけで、自身の主張の7〜8割くらいが伝わると望ましいです。ここではアルバイトが応募先を決める際の基準として、「**容姿に関する雇用条件**」「**給与に関する雇用条件**」「**勤務形態に関する雇用条件**」というサブ・イシューがあるとしました。

図 ｜ **アルバイトの応募件数の増加に向けた提案のピラミッドストラクチャー**

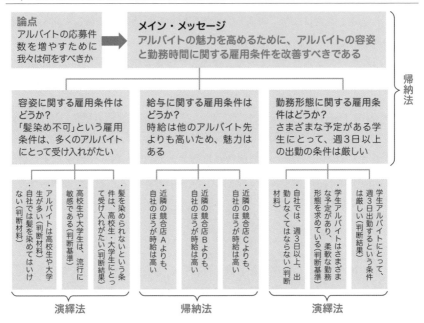

　まず、「**容姿に関する雇用条件**」について考えてみましょう。事実として「アルバイトは高校生や大学生が多い」「自社では髪を染めてはいけない」ということがあったときに、一般的な判断基準として「高校生や大学生は、流行に敏感である」があるとします。すると、「髪を染められないという条件は、高校生・大学生にとって受け入れがたい」という結論が導き出せます。つまり、「容姿に関する雇用条件」については、「髪染め不可という雇用条件は、多くのアルバイトにとって受け入れがたい」と主張できます。

　次に、「**給与に関する雇用条件**」について考えてみましょう。事実として「近隣の競合店Aよりも、自社のほうが時給は高い」「近隣の競合店Bよりも、自社のほうが時給は高い」「近隣の競合店Cよりも、自社のほうが時給は高い」ということ

346

があるとします。つまり、「給与に関する雇用条件」については、「**時給は他のア
ルバイト先よりも高いため、魅力はある**」と主張できます。

　最後に、「**勤務形態に関する雇用条件**」について考えてみましょう。事実として
「自社では、週3日以上、出勤しなくてはならない」ということがあったときに、
一般的な判断基準として「学生アルバイトはさまざまな予定があり、柔軟な勤務
形態を求めている」があるとします。すると、「学生アルバイトにとって、週3
日出勤するという条件は厳しい」という結論が導き出せます。つまり、「勤務形
態に関する雇用条件」については「**さまざまな予定がある学生アルバイトにとって、週
3日以上の出勤の条件は厳しい**」と主張できます。

　上記のような根拠を用いることで、メイン・メッセージである「**アルバイトの魅
力を高めるために、アルバイトの容姿と勤務時間に関する雇用条件を改善すべきであ
る**」の説得力が高まります。

ピラミッドストラクチャー作成時の注意点

ピラミッドストラクチャーを作成する際は、以下の点に注意してください。

▌（1）聞き手のイシューを明確にする

　ピラミッドストラクチャーの作成において最も重要なのは「**聞き手のイシューを
明確にすること**」です。聞き手のイシューに対するメイン・メッセージでなければ
意味がありません。

▌（2）メイン・メッセージの仮説を持つ

　メイン・メッセージが、イシューに対して意味のあるメッセージになってお
り、かつ、わかりやすい言葉であることが重要です。メイン・メッセージは
30～60字程度で簡潔に伝えられるものが好ましいです。

▌（3）イシューをサブ・イシューに分ける

　メイン・メッセージの理由を整理するために、イシューをサブ・イシューに分
けましょう。サブ・イシューは、3～5件程度に分けることが望ましいです。数
が多すぎると、聞き手によっては情報量が多く感じる場合があります。

　また、分類の切り口が相手にとって意味のあるものであり、**MECE**（漏れな
く・ダブりなく）であることが重要です。

（4）演繹法・帰納法で論理チェックをする

　ピラミッドの上下の展開が論理的な推論方法である**演繹法**や**帰納法**で見たときに、おおむね正しいかを確認します。演繹法と帰納法については、次の表で説明しています。上下の展開が論理的でない場合は、メッセージの根拠として弱くなるため、十分に検討しましょう。

表｜　演繹法と帰納法

種類	説明
演繹法	特定の事象についての結論を得るために、一般的・普遍的な前提を判断基準として用いる推論の方法。例えば、「Aさんは甘いものを食べすぎている」という判断材料があり、一般的に「甘いものを食べすぎると体重が増加する」という判断基準があると、「Aさんは体重が増加する」という判断結果が導き出せる
帰納法	複数の事実や事例から導き出される共通点をまとめて推論する方法。例えば、「Aさんはケーキが好きだ」「Aさんはアイスクリームが好きだ」「Aさんは和菓子が好きだ」という事実があった場合、結論として「Aさんは甘い食べ物が好きだ」ということが導き出せる

組み合わせて使えるフレームワーク

● ― プレゼンテーション・ストーリー（p.332）

　　ピラミッドストラクチャーのメイン・メッセージを検討する際、**プレゼンテーション・ストーリー**の手順に沿って検討すると、円滑に準備できます。

■■ 参考文献・参照資料

　バーバラ・ミント 著、山崎康司 訳『新版 考える技術・書く技術　問題解決力を伸ばすピラミッド原則』ダイヤモンド社、1999年

　照屋華子 著『ロジカル・ライティング　論理的にわかりやすく書くスキル』東洋経済新報社、2006年

5つの視点で提案者の付加価値を考える

47 GISOV

Goal, Issue, Solution, Operation, Value

Tags 情報の記録・整理　事業運営　一人で使える
Origin 野村総合研究所のコンサルタントたちによって伝承

こんなときに使える! 提案内容をブラッシュアップしたい

概要

GISOVとは、自身の提案を他よりも優れたものにするために、**自身の付加価値について考えるための枠組み**であり、**提案のための型**です。

GISOVとは次の5つの項目の頭文字です。

- Goal（目的・目標）
- Issue（課題）
- Solution（解決策）
- Operation（実行計画）
- Value（提案者の付加価値）

通常、提案内容を検討する際に、**Issue（課題）**や**Solution（解決策）**は非常によく目につくため、より深く検討することが多いのですが、そもそものGoal（目的・目標）についての検討がおろそかになりがちです。また、提案者のValue（付加価値）についても見落としがちです。

GISOVを用いると、自分の提案のGoalやValueについても漏れなく検討できるため、優れた提案を実現しやすくなります。

使い方

GISOVの枠組みを用いた提案の手順は次の通りです。

図 | **GISOVの枠組みを用いた提案の手順**

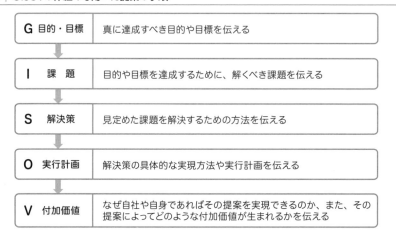

G 目的・目標	真に達成すべき目的や目標を伝える
I 課題	目的や目標を達成するために、解くべき課題を伝える
S 解決策	見定めた課題を解決するための方法を伝える
O 実行計画	解決策の具体的な実現方法や実行計画を伝える
V 付加価値	なぜ自社や自身であればその提案を実現できるのか、また、その提案によってどのような付加価値が生まれるかを伝える

　GISOVの進め方はいくつかありますが、**提案を求める側は**Issueを認識していることが多いと思います。Issueがあると感じているからこそ、提案を求めているのです。Issueとは「現状とGoalの間にあるギャップを埋めるために、解決すべき対象として選択したもの」のことですが、ここで重要なのは、**提案を求める側が認識しているIssueやGoalが必ずしも正しいとは限らない**という点です。

　例えば、提案を求める側が認識しているIssueが「**営業力の低下**」であり、Goalが「**営業力の向上による売上目標の達成**」であるとします。

　しかし、調査をしてみると、どうやら商品やサービスの品質が悪く、その結果、営業の成果が出にくくなっているということがありえます。その場合、本質的な問題解決のためにまず取り組むべき真のGoalは「**商品やサービスの品質向上**」であるかもしれません。

　このため、まずは現時点で認識されているIssueやGoalについて、批判的に検討することからはじめてください。

　Issueに対する解決策がSolutionであり、Solutionの実行計画がOperationです。Solutionには複数の選択肢があると思いますが、明確な判断基準と根拠に基づいて意思決定することが重要です。

OperationはSolutionの実行計画なので、**できる限り具体的、かつ現実的に検討することが**求められます。予算や活動計画について検討し、想定されるリスクへの対処についても検討してください。

ここまでで提案の内容は概ね完成します。最後にGISOVの最大の特徴ともいえる**Value**について検討します。

提案の内容が優れていても、提案者に課題の解決を依頼する必然性を感じなければ、自身が案件を獲得できなかったり、関われなかったりするかもしれません。そこで、Valueでは「**なぜ、自社や自身であればその提案を実現できるのか**」「**自社や自身であればどのような付加価値を生みだせるのか**」について検討し、それを明確にします。**これを明確にできない場合は再度、GoalやIssueから考え直す必要があります。**

GISOVの枠組みで提案内容を検討することで、自身の付加価値を深く検討できるため、案件の獲得につながる提案を実現しやすくなります。

ここが
ポイント！ **Value（提案者の付加価値）を明確にすることで、案件の獲得につなげやすくする**

事例・参考例 **メガネスーパー「新規顧客獲得プラン」**

メガネの小売企業である**メガネスーパー**は、2008年から8期連続で赤字を計上し、翌年に黒字転換しなければ上場廃止になる状況でした。そのような中、当時のメガネスーパーは新規顧客の獲得ができておらず、広告宣伝を打つ余力もありませんでした。そのため「**いかにコストをかけずに新規顧客を拡大するか**」が業績改善のために必要でした。

そこで、野村総合研究所出身の転職者がGISOVの枠組みを用いて、メガネスーパーに対して新しい提案を行いました。それは、**会員制度を持つ企業との提携による新規顧客獲得の仕組みの構築**というものでした。そして、この提案はメガネスーパーによって実際に承認されました。

この提案が採択されたのは、提案者である野村総合研究所出身の転職者が過去に会員制度を持っているJALカードとの交渉経験があったという付加価値があり、実現可能性の高い解決策や実行計画を提案できたからです。

351

メガネスーパーに提案した内容をGISOVで整理すると、次の図の通りです。このようにGISOVの視点で提案を検討することで、採択されやすい提案につなげられます。

図 | メガネスーパーに対するGISOVを用いた提案

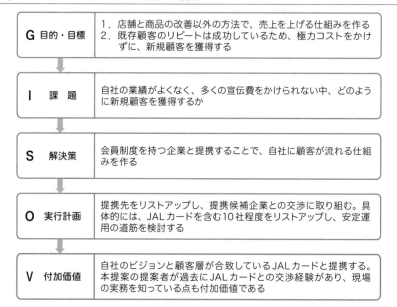

G 目的・目標	1. 店舗と商品の改善以外の方法で、売上を上げる仕組みを作る 2. 既存顧客のリピートは成功しているため、極力コストをかけずに、新規顧客を獲得する
I 課題	自社の業績がよくなく、多くの宣伝費をかけられない中、どのように新規顧客を獲得するか
S 解決策	会員制度を持つ企業と提携することで、自社に顧客が流れる仕組みを作る
O 実行計画	提携先をリストアップし、提携候補企業との交渉に取り組む。具体的には、JALカードを含む10社程度をリストアップし、安定運用の道筋を検討する
V 付加価値	自社のビジョンと顧客層が合致しているJALカードと提携する。本提案の提案者が過去にJALカードとの交渉経験があり、現場の実務を知っている点も付加価値である

組み合わせて使えるフレームワーク

● プレゼンテーション・ストーリー（p.332）

GISOVによる提案を検討する際に、**プレゼンテーション・ストーリー**の手順に沿って検討すると円滑に検討を進められます。

● ピラミッドストラクチャー（p.344）

ピラミッドストラクチャーを活用して提案内容の論理性を高めると、説得力の高い提案を実現しやすくなります。

📚 参考文献・参照資料
村井庸介 著『どんな会社でも結果を出せる! 最強の「仕事の型」』クロスメディア・パブリッシング、2018年

48 エレベーターピッチ

Elevator Pitch

Tags 情報の記録・整理　事業運営　一人で使える
Origin 米国のシリコンバレーが発祥と想定

こんなときに使える！ ▶ **60秒に要約して話したい**

概要

　エレベーターピッチとは、**自社のビジネスや自分自身などについてのプレゼンテーションを、エレベーターに乗っているくらいの短い時間（30秒〜1分程度）にまとめる手法**です。エレベーターピッチは主に決裁権者などに説明する際に行います。

　エレベーターピッチは、元々はベンチャー企業が自社の事業計画を簡潔に説明して資金調達を行うために生み出されたものであると言われていますが、「**提案内容を短くまとめるスキル**」は、ベンチャー企業に限らず、多くのビジネスシーンで求められています。

プレゼンを行う人は、短い時間で相手にインパクトを与え、伝えたいキャッチフレーズやコンセプトを覚えてもらって次の商談につなげる必要があります。そのため、エレベーターに乗っているくらいの短い時間で、サプライズ（驚きを与える内容）を提示する必要があります。

エレベーターピッチの作り方

　エレベーターピッチを行うには、下図の順番でプレゼンする内容を準備し、事前に完成させておきます。

図 | **エレベーターピッチの作り方**

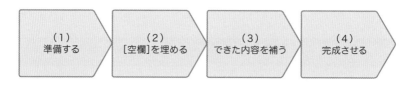

① 準備する

　まず、全体の準備をするために、エレベーターピッチの**フレーム（枠組み）**を選択します。以下の2つが基本型です。慣れないうちは以下のどちらかを選択するとよいでしょう。

基本フレーム①

　用紙に以下の5つを設定します。なお、これら5つの項目を口頭文にすると右のような文章になります。

A. 市場分類 B. 自社の価値／特徴 C. 顧客ニーズ D. ターゲット顧客層 E. 結果／メリット	ある [A. 市場分類] において、 [B. 自社の価値／特徴] は、 [C. 顧客ニーズ] を必要とする [D. ターゲット顧客層] に対して、 [E. 結果／メリット] をもたらす。

基本フレーム②

用紙に以下の3つを設定します。なお、これら3つの項目を口頭文にすると右のような文章になります。

a. 誰が（Who） b. 何を（What） c. なぜ（Why）	私が [a. あなたの企業] なら、 [b. ビジネス／商品・サービス] を提供することで [c. 結果／メリット] をもたらす。

② [空欄] を埋める

言いたいこと（口頭で伝える文章）を整理するため、空欄を埋めていきます。

自社のビジネスや商品・サービスの価値を簡潔に伝えるために、目的を明確にします。また、顧客が誰で、何を必要とし、自社がどのようにしてそのニーズを満たすのかに焦点を当てて、空欄を埋めます。

30秒〜60秒で話せるのは、**150 〜 350文字程度**です。あまり多くのことを詰め込めないことがわかります。必要最小限の言葉を選んで空欄を埋めます。詰め込み過ぎはよくありません。

③ できた内容を補う

手順②で埋めた内容を見直して、プレゼン内容に関する根拠や解説、事例などを補い、より**"奥の深い内容"**にします。具体的には「なぜなら〜」「詳しくは〜」「例えば〜」というような内容を補うことになります。

これらの情報をプレゼン時間に余裕があるときに追加情報として先方に伝えると、プレゼンに深みを持たせることができるため、説得力も増します。

④ 完成させる

エレベーターピッチの内容を、可能な限り簡潔に伝えられるように何度も更新して完成度を高めていきます。

完成度を高めるには、自身の原稿を客観的に見るためにもある程度時間をおいて文章を何度も繰り返し確認・練習します。またその際は、自問自答するだけでなく、他者から「なぜそうなのか？」を繰り返し問うてもらうことも重要です。これらの作業を繰り返して、洗練された文章にしていきます。

なお、突然プレゼンの機会が訪れた際に、内容が頭に浮かんでこないといったことがないよう、常に頭の片隅に入れておくことも大切です。

事例・参考例　パン屋の社長による取引先への営業

　パン屋は、有名企業を除くと街中の中小企業が中心です。自店舗でパンを売るだけでなく、提携している近くのスーパーなどにも卸している場合もあります。さらに、コンビニエンスストアで商品が採用されると、フランチャイズ店舗の約1万店舗で売られることになり、100円の商品が1日1店舗10個売れただしても1店舗1,000円の売上で、1万店舗だと1,000万円の売上になります。1ヶ月30日では3億円、1年12か月では36億円の売上になり、中小企業の規模だと物凄い売上を上げることができます。

　コンビニには、バイヤーと呼ばれる商品を買い付ける役割の人がいます。この物凄い売上を狙って、そのバイヤーへの陳情は列をなしている状態です。

　陳情に行った際、偶然にもその取引先の社長がエレベーターに乗ってきたら、あなたが中小企業の営業であれば、どうするでしょうか？　次に会うバイヤーへの提案のために思考を巡らせるだけで黙っていますか？　それはもったいないですね。その間の30秒程度を使って、売り込むべきです。

そこで、パン屋が言った事例を挙げると、エレベーターに乗ってきた取引先の社長に対して

> 社長！　この商品は、天然素材で作られているため、今流行りの SDGs に貢献できます。この商品を取り入れると、きっとメディアで取り上げられて、親会社の社長にも目に留まるのではないですか？実は今から提案しに行くところですが、他社でなく、御社に採用してもらいたいので、詳しくは…

と取引先とその社長のメリットを続けます。途中で取引先の社長はエレベーターを降りてしまうでしょうが、むしろ途中になることで「もっと聞きたいなぁ」という印象を持たせているはずです。

このように、いつ何時、決裁権者が現れるか分かりませんが、決裁権者の部下（バイヤー）に会いに行くならば、その上司（社長）に会って簡潔に説明したほうが、効果が高いと考えられます。そのために準備をしておくのです。

組み合わせて使えるフレームワーク

● プレゼンテーションストーリー（p.332）

本項で紹介しているエレベーターピッチよりも長めのプレゼンを行うことができる場合は、**プレゼンテーションストーリー**の手法を活用することで、プレゼンの内容を改善できます。

● GISOV（p.349）

GISOVを活用すると、エレベーターピッチの内容をさらに魅力的にバージョンアップすることができます。

📖 参考文献・参照資料

美月あきこ『15秒で口説く　エレベーターピッチの達人』祥伝社、2014年

Kevin Carroll、Bob Elliott 著、高松綾子 翻訳『ビジネスは30秒で話せ！（短く、魅力的に伝えるプレゼンの技術）』すばる舎、2015年

小杉樹彦 著『世界一わかりやすい　20秒プレゼン実践メソッド　特別講義 -The Elevator Pitchの魔力-』秀和システム、2020年

大嶋祥誉 著『マッキンゼーで叩き込まれた 超速フレームワーク ―仕事のスピードと質を上げる最強ツール』三笠書房、2020年

49 クリエイティブ・コンセプト作成法

Creative Concept Making Method

Tags 情報の発散　事業運営　一人で使える
Origin コピーライターの佐々木圭一氏が考案

こんなときに使える！ 相手の心に残る言葉を作りたい

概要

　クリエイティブ・コンセプト作成法とは、簡潔にいうと、**強い言葉や名言を作る方法**です。この方法を用いると、相手の心に残るような（インパクトのある）言葉を作ることができます。

　クリエイティブ・コンセプト作成法は、書籍『伝え方が9割』およびその続編の『伝え方が9割 2』（いずれも佐々木圭一 著、ダイヤモンド社）や、テレビ番組の中の「名言を作るルール」で紹介されたもので、かなり実用的で、共感できるものが数多くあります。

使い方

　ここでは、強い言葉や名言を作ることができる8つの方法を紹介します。これらの方法を1つ、または複数取り入れることで、相手の興味を惹きつけ、また心に残るようなインパクトのある言葉や文章（コンセプト）を作ることができます。ぜひ試みてください。

　表の①〜⑤は『伝え方が9割』、⑥〜⑧は『伝え方が9割 2』で紹介されている方法です。また、①②⑥⑦はテレビ番組の中の「名言を作るルール」でも紹介されたものです。名言となっている言葉を見返してみると、いずれかに当てはまるものが多いことに気づくのではないでしょうか。

方法名	概要	例
①ギャップ法	反対の言葉を組合せると強い言葉になる	● ピンチは楽しい（球児が野球を大好きだという表現） ● 嫌いになりたいのに、あなたが好き（愛情表現）
②リピート法	言葉（似た言葉を含む）を繰り返すと記憶に残る	● 笑って・笑って・スマイル・スマイル（震災時に歌われた歌詞） ● 松島や ああ松島や 松島や
③サプライズ法	最初に驚きを示すと興味を持たせられる	● えっ？ うそぉ！（相手に驚きを伝える表現）
④赤裸々法	ありのままを表現すると生々しく伝わる	● ちょー気持ちいい〜（水泳の北島康介選手の名言）
⑤クライマックス法	最初にクライマックス的な表現で伝えると後の話を聞いてくれる	● これだけは忘れないで ● 誰にも教えないで ● これを聞いたあなたはラッキー
⑥ナンバー法	言葉を数字に変えると説得力が出る	● 君は1000％（オメガトライブのヒット曲のタイトル）
⑦頂上法	一番であることを伝えると注目される	● 大谷翔平は過去最強（大谷選手を称賛するメディアの表現）
⑧合体法	くっつけるとブームの言葉になる	● ウルトラ・スーパー面白い（とても面白いという巷の表現）

なお、実際に相手を惹き付けるには、言葉の内容だけでなく、話し方や表情も重要です。抑揚を付けて、共感を呼ぶような話し方で伝えてください。

① ギャップ法

反対の意味を持つ2つの言葉を組合せると、その差（ギャップ）から強い言葉になります。

例えば、「少年よ、大志を抱け」は、「少年」は小さいですが、「大志を抱け」は大きな夢を持てという意味であり、小さい人が大きな夢を持つという言葉になると、そこにギャップがあるため、強い言葉になります。

② リピート法

同じ言葉を何回も繰り返すと記憶に残りやすくなります。 人間はすぐ忘れる生

き物ですが、同じことを何回もいわれると、それなりに印象に残るのではないでしょうか。

　また、人間は言葉を音で捉えている面もあるため、最初に発した言葉と似た音を持つ言葉も印象に残りやすいです。例えば「"布団"が"ふっとん"だ」のように、最初の言葉と意味は異なるけれど、同じ韻を踏んでいる言葉は印象に残りやすいと思います。特に上記のように「ん」（または「る」）などの繰り返しで終わる言葉だと、抑揚がつけやすいため、印象に残るはずです。

③ サプライズ法

　最初に驚き（サプライズ）を示すと、相手は「え？ 何それ？」と反射的に思うため、興味を持ちやすくなります。

　例えば、会話の前に「え？ うそぉ！」と驚きを先に加えて伝えると、相手はそれに注目するため、その後の言葉を聞いてくれやすくなり、興味を持ってくれる確率が上がります。

④ 赤裸々法

　ありのままを表現すると、相手はその情景を生々しく想像しやすくなるため、伝わりやすくなります。つまり、テキスト（文字）でなく、イメージ（画像、動画）として相手が理解してくれるはずです。

　人は、文字よりも図形、白黒の字よりもカラーの絵の方が多くの情報を一気に理解しやすいため、できるだけそれに近づける状況表現で伝えると、伝わりやすくなります。例のように、自分自身に投影でき、見たような情景ならば、さらに伝わることでしょう。

⑤ クライマックス法

　「あなただけ」といったあなたが最も重要（クライマックス）というような表現を使うと、相手は「この話は自分だけにしているのか？」と思うため、相手の印象に残りやすくなります。仲の良い人達同士でもよくあるやりとりだと思います。

　また、「これだけしかない」のような表現を入れてもクライマックス的になります。限定商品に弱い人も多いでしょうから、こういった表現を取り入れると興味を持ってくれるのではないでしょうか。

⑥ ナンバー法

言葉を数字に変えると説得力が増します。これは、コンサルティングで顧客を納得させる方法でもあります。たとえコンサルタントの言うことを信じたくなくても、重要な言葉を数値に置き換えて語ると納得しやすくなります。

例のように、大きな数値なら印象に残りますし、数値として明確な意味を伝えることで分かりやすくなります。つまり、感覚が数値に置き換わることで理解しやすくなるではないでしょうか。

⑦ 頂上法

頂上を表す表現（最高や最強、MAXなど）を用いて、ある領域において一番であることを伝えると、注目されやすくなります。

例えば、「**過去最強**」といわれると、（内容にもよりもますが）みなさんもすごいことなのだろうと認識すると思います。何であっても一番はすごいことなので、小さな領域でも「一番」を強調すると注目してもらえるのではないでしょうか。

⑧ 合体法

世の中にはすでに優れたキャッチコピー（消費者の心を強くとらえること狙った宣伝文句）が多数出回っているため、まったく新しい言葉を作るのは非常に困難です。このような場合に利用できるのが合体法です。

合体法とは、**複数の言葉をくっつける表現方法**です。合体法を用いるとブームの言葉になる可能性が高まります（もちろん他の表現方法でもブームになる場合は多々あります）。例に挙げたような言葉は巷でとても話されました。

事例・参考例 多くの人に聞いてもらうための講演タイトル

「小さい頃は話下手でしたが、アナウンサーになりました。その方法は？」

このようなタイトル（または出だしのトーク）があれば、誰もが聞いてみたいと思うのではないでしょうか。

これは、筆者があるフリーアナウンサーに大学での講演をお願いした際の講演タイトルです。このタイトルは筆者だけでなく、多くの学生の心を捉え、大変な

人気を集め、その後、何年も続けて講演をお願いしています。

　このタイトルはまさに**ギャップ法**です。「**小さい頃は話下手**」なのに、話しのプロである「**アナウンサーになれる**」という2つの言葉のギャップはかなり大きいです。「どうやってそうなったのか？」「その過程には何があったのか？」「そこには変貌する出来事があったのか？」など、多くの興味が沸き上がってきます。

　実際には、憧れに向かって地道に努力し、また色々なところで経験を積んだことが功を奏してアナウンサーになり、その後にフリーになっても数多く依頼される立派なフリーアナウンサー（兼独立会社の代表）になったということです。

　ただし、この過程の苦労話を強調しても、アナウンサーに興味がなければ、この講演は見逃されてしまいます。そこで、最初に見るタイトルでこのギャップを伝えることで、アナウンサーのような職業に目指さない人の興味も惹きつけています。

組み合わせて使えるフレームワーク

● プレゼンテーション・ストーリー（P.332）

　クリエイティブ・コンセプト作成法を用いて相手を惹きつける強い言葉作るのは簡単なことではありません。**プレゼンテーション・ストーリー**を用いたプレゼンテーションの準備の中から、強い言葉の元となるネタを見つけることができるかもしれません。

● エレベーターピッチ（P.353）

　エレベーターピッチで作成した文章から、１つの強い言葉を作ることができるかもしれません。

📖 **参考文献・参照資料**
佐々木圭一 著『伝え方が9割』ダイヤモンド社、2013年
佐々木圭一 著『伝え方が9割　2』ダイヤモンド社、2015年
加賀田裕之 著『営業は台本が9割』きずな出版、2022年

第6章

改善する

　本章では、計画した戦略や、企画した商品・事業を実行に移したり、状況に応じて取り組む内容を改善したりする際に有効な手法について解説します。

　計画した戦略や商品の企画をプレゼンして経営陣に承認されても、それで終わりではありません。**計画を実行することにこそ意味があります。**

　計画を実行する際は、計画がどの程度進んでいるのかを把握して進捗を管理する必要があります。場合によっては、計画時には認識できていなかった課題が見えてくることもあるでしょう。

　計画の実行や改善において発生するさまざまな事象に対応する際に本章で紹介する手法が役に立ちます。

本章で紹介するフレームワーク

実行・改善の全体的な進め方

　計画の実行や改善施策の全体的な進め方として「**PDCAサイクル**」があります。この手法は、計画における目標や取り組むべき課題を明確にしたうえで実行し、その内容の検証を通して、計画を改善するためのものです。

　PDCAサイクルは、生産・品質管理の分野で考案されたフレームワークですが、**現在では戦略実行や経営管理など、幅広い分野で利用されています**。いわば「実行・改善プロセスの作法」ともいうべき基本的な手法といえます。

円滑な実行・評価のための手法

　計画を実行する際は、社内だけでなく社外のさまざまなステークホルダー（利害関係者）を巻き込んでいく必要があります。その際には、「**ステークホルダー分析**」が役立つでしょう。ステークホルダー分析では、すべてのステークホルダーの中から特にプロジェクトに関係する者を洗い出し、各ステークホルダーの影響度や企画への関心を考え整理することで、適切なアプローチを検討します。

　「**戦略マップ**」は計画した戦略の実現方法を検討し、評価する際に活用できます。計画した戦略を実施するためには、各部署の活動内容や評価方法を明確にする必要があります。戦略マップを活用することで、複数の戦略目標の因果関係を明確にし、自社の戦略の実行に必要な活動を整理・俯瞰できます。

　「**ガントチャート**」はプロジェクトの進捗管理を円滑に行うことができる手法です。プロジェクトの進捗管理では、全体を俯瞰し、事業全体の見取り図を持つ必要があります。ガントチャートを使用すれば、プロジェクト全体を整理して可視化できるため、実現可能性を判断したり、実現可能なスケジュールに修正したりできます。

円滑な改善のための手法

　計画の実行時には、ステークホルダー間の利害が対立することもしばしば発生します。「**対立解消図**」は、対立していることの前提となっている仮定を特定し、その仮定を打ち消す解決策を検討することで、対立関係の解消につなげます。対

立解消図を用いることで、対立を取り除くための解決策を検討できるため、計画の実現に近づきやすくなるでしょう。

　計画の実行では、当初認識していなかった課題が発生することも多いです。「**特性要因図**」は、現れている課題に影響を与えている要因を洗い出すための方法であり、課題が発生している原因をあぶり出す際に活用できます。特性要因図を活用することで、現在の可視化や、課題の改善活動につなげられます。

　本章で解説している実行・改善のためのフレームワークの位置付けは、下図の通りです。フレームワークを活用することで、計画を円滑に実行し、継続的に改善しながら、目標を達成しましょう。

図 ｜ 実行・評価・改善のフレームワークの位置付け

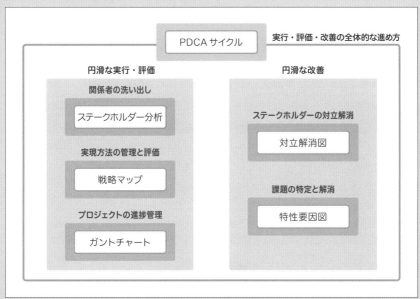

計画から改善までを1セットで考える

50 PDCAサイクル

Plan-Do-Check-Act Cycle

Tags 情報の記録・整理　事業運営　組織で使える
Origin 1950年代に統計学者のウィリアム・デミングが提唱

こんなときに使える! 計画から改善までを連携させたい

概要

PDCAサイクルとは、**Plan**（計画）、**Do**（実行）、**Check**（評価）、**Action**（改善）の4つのプロセスを継続的に繰り返し実行することで、<u>業務プロセスの中で改良や改善が必要な部分を特定し、継続的に見直すためのフレームワーク</u>です。

なお、PDCAサイクルは、元々は生産や品質管理モデルに由来するフレームワークですが、現在ではそれらだけでなく、研究開発やマーケティング、調達や営業など、さまざまな業務で幅広く利用されています。

図 | PDCAサイクルの流れ

なお、PDCAサイクルは**継続的に実行してこそ効果を発揮します**。実行した計画について、見直す時期を明確に設定したうえで、PDCAサイクルを繰り返し回すことで、活動の品質を向上させることが大切です。

使い方

PDCAサイクルは、次の手順で作成します。

① Plan（計画）

Plan（計画）の段階では、目的・目標を設定し、**実行計画**を策定します。実行計画の策定では目的・目標や実行計画の内容について、批判的に検討する必要があります。「**この目標を設定した理由は何か**」「**目標達成に本当に必要な活動は何か**」などの視点で、可能な限りゼロベースで検討しましょう。

また、計画の実行では多くの人々が関わることもあるので、論理的で説得力のある計画を策定することが重要です。もちろん**Plan（計画）**の段階では、情報が不足しており、予想できないことや、わからないことも多いですが、実行計画に関わる人々が納得し、人々が動き出せるような計画を策定することが重要です。

また、目的・目標や実行計画の設定は、PDCAを回す際のスタート地点であるため、「**数字で把握できる指標**」を積極的に用いるなどして、目標や実行計画を可能な限り**具体的**かつ**定量的**に設定するようにしましょう。具体的な計画は**Do（実行）**につながりますし、定量的に設定された目標であれば**Check（評価）**もしやすくなります。

② Do（実行）

Do（実行）の段階では、実行計画を実行に移します。ここでは、実行計画の有効性について検討しながら実行し、必要に応じて柔軟に実行方法の軌道修正をすることが重要です。計画段階では想定していなかった環境変化やトラブルが発生する場合もありますし、実行することによって、さらによい方法を見いだせる場合もあります。ただし、実行方法の軌道修正は混乱を招く可能性があるため、慎重に行う必要があります。

Do（実行）の段階では、以降の活動につなげるために活動の結果や進捗について記録することが重要です。その際には、可能な限り定量的で客観的なデータを残しておくとよいでしょう。

③ Check（評価）

　Check（評価）の段階では、実行した計画について評価を行います。評価をする際は、目標の達成度合いを定量的に測定し、評価することが重要です。「**目標を達成した**」または「**目標を達成できなかった**」というだけでは、その後の**Action（改善）**における改善策の検討につなげにくいためです。定量的な情報が得られない場合は、定性的な情報で評価することもできますが、可能な限り客観的な評価を行うよう心がけましょう。

　また、目標を達成できなかったり、計画通りに実行できなかったりした場合は、その原因の分析を行う必要があります。ここで十分に原因の分析を行えていないと、**Action（改善）**で誤った改善策を立てしまい、PDCAサイクルが適切に回らないからです。

④ Action（改善）

　Action（改善）の段階では、前の段階である**Check（評価）**の検証結果を受け、今後どのような対策や改善を行っていくべきかを検討します。**Check（評価）**の段階で目標の達成度合いに関する把握や、達成できなかった原因の分析が十分に行えていないと、誤った改善策を立ててしまい、改善が困難になることがあるため、十分に注意が必要です。

　策定した改善策は、次の**Plan（計画）**に活かします。PDCA サイクルは継続的なフィードバックループのモデルです。**Plan（計画）**から**Action（改善）**までが１つのセットであるため、各段階の活動を適切に取り組み、それぞれの活動を有機的につなげていくことが重要です。

組み合わせて使えるフレームワーク

● **戦略マップ**（p.372）

　戦略の実現方法を見える化できる**戦略マップ**の視点を用いて、PDCAサイクルに取り組むと、Plan（計画）の策定やCheck（評価）に効果的・効率的に取り組めます。

● **特性要因図**（p.386）

　Check（評価）の際に**特性要因図**を用いることで、達成できなかった目標や計画どおりに実行できなかった活動の原因を特定しやすくなります。

📖📖 **参考文献・参照資料**

稲田将人 著『PDCAマネジメント』日本経済新聞出版、2020年

51

利害関係者の関心事

ステークホルダー分析

Stakeholder Analysis

Tags 情報の記録・整理　事業運営　チームで使える
Origin 主に公共政策分野の研究者たちによって提唱

**こんなときに
使える!** プロジェクトを円滑に進行したい

概要

　ステークホルダー分析とは、**プロジェクトに関わる人（ステークホルダー：利害関係者）の影響度や関心事を分析することで、プロジェクトを円滑に進行するための方法を検討する手法**です。

　主なステークホルダーを社内と社外で分類すると、次の表の通りです。

表 | 主なステークホルダー

分類	主なステークホルダー
社内	経営者層、部門長、プロジェクトメンバー
社外	株主、顧客、取引先、行政機関、メディア

　プロジェクトを成功させるには、プロジェクトの計画段階や実行段階でステークホルダーからの支援や協力を獲得することでプロジェクトへの正の効果を高める一方で、抵抗や反対による負の効果を緩和することが重要です。

　そのためにはステークホルダー分析を行い、各ステークホルダーの影響度や関心事、プロジェクトに対する姿勢を検討し、必要な対策を講じることが望ましいです。

　さらに、プロジェクトの進捗に応じて起こりうるステークホルダーの変化にも対応するために、定期的にステークホルダー分析を行う必要があります。

ステークホルダー分析を活用することで、**プロジェクトにステークホルダーを巻き込んでいくことができます。**

使い方

ステークホルダー分析は、次の手順で進めます。

① 重要なステークホルダーを特定する

プロジェクトに関わる**重要なステークホルダー**を特定します。前述の通り、プロジェクトによって影響を受ける重要なステークホルダーは、社内だけでなく社外にも存在している場合があるので、網羅的に洗い出しましょう。直接的なステークホルダーだけでなく、間接的なステークホルダーにも重要な者がいる場合があるので注意しましょう。

さらに、プロジェクトの担当者が認識できていない隠れたステークホルダーが存在する場合もあります。すでに特定したステークホルダーにインタビュー調査を行って洗い出すことも重要です。

② 各ステークホルダーを分析する

重要な各ステークホルダーの**影響度**と**関心事、現状のプロジェクトに対する姿勢**を洗い出します。そのうえで、どのような姿勢になってほしいかを検討し、今後の対策方針を打ち出します。

分析の際には、次ページの表のような「**ステークホルダー分析マトリクス**」を活用します。多数のステークホルダーがいる場合は、影響度やプロジェクトに対する姿勢に応じて優先順位を付けることが重要です。

③対策の実施と反応の評価

重要なステークホルダーからの支援による正の効果を高め、また抵抗による負の効果を緩和するために、優先順位の高いステークホルダーから対策を実施し、各ステークホルダーの反応について評価します。効果が十分ではない場合は、必要に応じて対策について再検討します。

表 │ ステークホルダー分析マトリクス

ステークホルダー	影響度	関心事	プロジェクトに対する姿勢	望ましい姿勢	今後の対策方針
役員A	大	さらなる事業の成長	指導	現状維持	責任者による定期的な進捗報告
経営企画部門長B	中	プロジェクトの円滑な推進	支援	現状維持	責任者による定期的な進捗報告
営業部門長C	中	営業部門の業績向上	抵抗	抵抗姿勢の緩和	責任者による交渉
技術部門長D	小	研究開発のリソース確保	中立	支援姿勢の実現	担当者からの事前説明
プロジェクトメンバーE	小	新たな挑戦の機会の獲得	支援	現状維持	特になし
取引先F	中	継続的な受注の獲得	不認識	支援姿勢の実現	担当者からの事前説明

組み合わせて使えるフレームワーク

特性要因図（p.386）

　特性要因図を用いることで、ステークホルダーがプロジェクトに抵抗している原因について理解しやすくなるため、対策の検討に役立ちます。

対立解消図（p.383）

　ステークホルダー分析を行った結果、ステークホルダー間に対立構造が存在することが判明した場合は、**対立解消図**を用いて問題の解決策を検討します。

📖 **参考文献・参照資料**

R・エドワード・フリーマン、A・C・ウィックス、J・S・ハリソン 著、中村瑞穂 訳『利害関係者志向の経営　存続・世評・成功』白桃書房、2010年

株式会社TRADECREATE イープロジェクト　前田和哉 著『プロジェクトマネジメントの基本がこれ1冊でしっかり身につく本』技術評論社、2022年

52 戦略マップ

Strategy Maps

Tags 情報の記録・整理　事業運営　組織で使える

Origin 戦略マップの元であるバランス・スコア・カード（BSC）は、ロバート・S・キャプラン（ハーバード・ビジネス・スクール教授）とデビッド・ノートン（コンサルタント会社社長）が発案

こんなときに使える！ ▶ 事業戦略を整理して「見える化」したい

概要

　戦略マップは、**企業の戦略（特に事業戦略）をわかりやすく「見える化」する**手法です。

　戦略マップでは、**解決すべき戦略課題**（図中の ⬚ 部分）を次の4つの視点で整理します。

- 財務
- 顧客
- 業務（業務プロセス／オペレーション）
- 学習（学習と成長／人・組織）

　そのうえで、各戦略課題間の**因果関係**を矢印でつなぎ、事業戦略を見える化します。

　このように図式化することで、自社の事業戦略が整理され、それぞれの関係性がひと目で確認できるようになります。

　経営者は主に「**戦略を俯瞰するため**」に戦略マップを使います。また、事業部門の現場は「**自事業が、全社の戦略や顧客への提供価値にどのように貢献するか**」を整理・俯瞰するために戦略マップを使います。

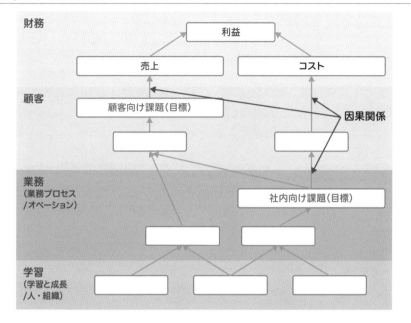

図 | 戦略マップの簡略図

財務

利益

売上　　　　　コスト

顧客

顧客向け課題（目標）

因果関係

業務
（業務プロセス
/オペレーション）

社内向け課題（目標）

学習
（学習と成長
/人・組織）

戦略課題の因果関係

　戦略マップでは**戦略課題の因果関係**を明確化します。つまり、因果関係の矢印の元から説明すると、「**学習する**」ことからはじまり、「**学習する**」ことが「**業務をよくする**」ことにつながります。

　例えば、業務知識やスキルを学習すると、その業務の生産性が上がります。

　さらに「**業務をよくする**」ことが「**顧客に売りやすくなる**」ことにつながり、結果的に「**売上が上がる**」ことにつながります。

　例えば、業務の生産性が上がると、顧客へスムーズにサービスを提供できるために売りやすくなり、結果的により一層売れることにつながります。

　また、生産性が上がると無駄が減り、「**コストも下がる**」ことにつながります。つまり、売上が上がってコストが下がり、「**利益が上がる**」という流れになります。

　要するに「**学習すると（結果的に）利益が上がる**」ことを示すことになります。一見、利益が上がることに直接的に結びつかないこと（学習すること）を行うことで、結果的には利益が上がることにつながるため、戦略マップが表している内容は「**風が吹けば桶屋が儲かる**」と似ているともいえます。

使い方

戦略マップでは、次の4つの視点を用いて課題を整理し、因果関係を明確にします。

表 │ 4つの視点

視点	解説
財務	企業や一部の事業においては、**利益を上げること**が大きな目標であるため、その目標を達成するために「**売上を上げる**」「**コストを下げる**」という課題を設定する。このとき、売上やコストを分解できる場合は分解する（例：A製品の売上 + Bサービスの売上、原価＋販管費など）
顧客	売上を上げたり、コストを下げたりするために、「**営業で顧客と接する機会を増やす**」などの課題を設定する
業務 （業務プロセス／オペレーション）	顧客に向けた施策を実現するために「**業務プロセスを効率的な設計にする**」などの課題を設定する
学習 （学習と成長／人・組織）	上記を実現するために「**営業方法や業務設計のスキルを身につける**」などの課題を設定する

課題を書き出したら、**関係性のある課題同士を矢印でつなぎます。**

つまり、「学習」にある課題から、「業務」にある課題、さらに「顧客」にある課題、「財務」にある課題へと矢印でつないでいきます。

課題をつなげて、それらの因果関係を説明できるようになったら、戦略マップは完成です。

 戦略マップはあくまでも「**戦略を俯瞰するための図**」なので、細かく書き込むと4つの視点の関連性を検討することが難しくなります。細かく書きたい場合は、4つの視点別に紙を分けるなど、視点別に書くほうがよいでしょう。また、最初から完璧な戦略マップを作成する必要はありません。いったん作成した後で、しっくりこない場合は徐々に修正して、因果関係がより整合するように調整しましょう。

定量的な数値を追加する

戦略マップの ◯◯◯ の中に書く個々の課題は**定性的な内容**になりますが、その横に**定量的な数値（KPI）**を明記しておくことをお勧めします。定量的な数値を明記しておけば、実行時に課題の達成度を定量的に確認し、上位のKPIとの関係を検証することができます。

例えば、「**既存ユーザーの満足度の向上**」という定性的な課題の横に「**クレーム発生率：5％以下**」という定量的な数値を明記します。競合企業の各数値を取得できる場合は、自社の目標KPIの横に参考として記載していくことで、比較の分析も行うことができます。

図 | **定量的な数値を追加する**

部門別に分けて書く

戦略マップを、社内の部門別に分けて書くことも有効です。部門別（中小企業なら、個人別）に書くと、それが「**各部門が解決すべき課題**」になります。

例えば、経営企画部門では何をして、営業部門では何をして、製造・生産部門では何をする、などを書きます。各部門が課題をクリアすることが、結果的に企

業や事業全体の利益を増やすことにつながります。また、部門間の戦略を整理することもできます。

図 | 戦略マップ（部門別）

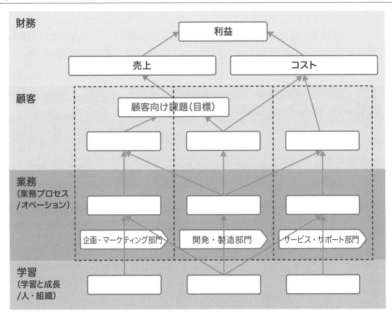

事例・参考例① 印刷製造業者

　印刷製造業者は株式会社であるため、財務の視点では利益を上げることが最終的な目標になります。そのため「**財務**」の視点では「売上拡大」と「コスト削減」が課題になります。

　次に「**顧客**」の視点では、売上拡大の方策として「営業の売込みの機会の増加」が挙げられます。また、コスト削減の方策として「クレームの減少（品質・カスタマーサービスの向上）」や「納期の適正化」を実施することによって無駄なやりとりを減らすことが挙げられます。製造業の生産管理で重要なQCD（品質・コスト・納期）の改善になります。

　「**業務**」の視点では、具体的な課題は次の図の通りですが、印刷製造業であるため、各課題は、生産計画→製版→印刷→後工程→検査→出荷の業務フローの1つになります。特に、<u>原価の低減や稼働率の向上、労務費の削減につながる要素</u>

が**重要**になります。これらの業務を行ううえで、効率化・高度化する要素を課題として記載しています。

最後に「**学習**」の視点では、状況の共有、業務の標準化、スキルの向上、予防保全、レイアウト改善などを行う必要があります。

なお、戦略マップでは下図のように、各々の視点で課題を書き出して、関係性を矢印でつないでいきますが、このとき、**課題は必ずしも上の視点から下の視点へ向かって、または下の視点から上の視点へ向かって書き出していく必要はありません**。途中の視点の課題を思いついた場合は、それを明記しておき、後で整理するようにしましょう。

図 | 印刷製造業者の戦略マップ

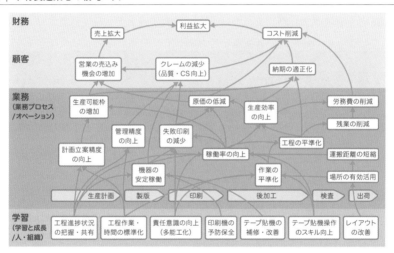

事例・参考例② アフターサービス事業者

アフターサービス事業者について取り上げます。アフターサービス事業者とは、メンテナンス・修理関連の企業や、電化製品のアフターフォロー・保証を取り扱う企業のことです。

「**財務**」の視点では、他の企業と同様に、「売上拡大」と「コスト削減」が課題になります。なお、本業の営業利益を上げるための方策には「加入者の増加」と「解約者の低減」があるため、この事例ではこれらも財務の視点に含めています。また、コスト削減の方策として「サポートコストの適正化」を挙げています。

さらにこの事例では、定量的な数値（KPI）として「**売上の伸び率〇％**」「**業務改善額〇円**」などを設定しています。このような定量的な数値は施策の効果を検証する際に非常に役立ちます。

「**顧客**」の視点では、ブランドイメージやトータルCS（顧客満足度）を向上させ、多様なサポートを提供することによって顧客の選択肢を拡大します。ここでは「ブランドイメージ評価」や「クレーム発生率」などをKPIに設定しました。

「**業務**」の視点では、満足度の向上にもつながる修理のリードタイムの短縮、修理後のフォロー機能、最終的にコスト削減にもつながる顧客自身のセルフサポート教育の浸透などが挙げられます。ここでは「平均リードタイム」「顧客教育浸透率」などをKPIに設定しました。

「**学習**」の視点では、分析スキル・ノウハウの習得や事業領域／関連ビジネスの知見向上を挙げました。ここでは「資格取得数」をKPIに設定しました。

以上のように、各視点で各課題を書き出して、関係性を矢印でつなぎます。

図 ｜ **アフターサービス事業者の戦略マップとKPI**

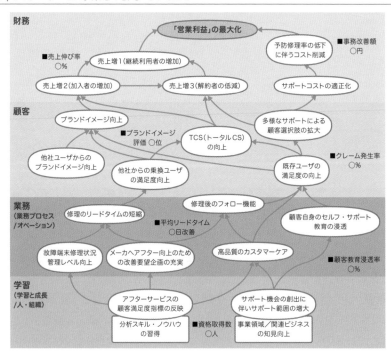

組み合わせて使えるフレームワーク

●― **PEST＋5フォース分析**（p.188）、**バリューチェーン×VRIO分析**（p.194）

PEST＋5フォース分析や**バリューチェーン×VRIO分析**を用いると、戦略マップの各課題の要素を整理することができます。

●― **クロスSWOT分析**（p.200）

クロスSWOT分析を用いると、市場環境を分析して戦略上の課題を導く手法の3C分析（Customer：顧客、Competitor：競合、Company：自社）などをもとにして、戦略の方向性を導出することができます。

つまり、事業戦略を策定する最も簡易な方法は、以下の流れになります。

①PEST＋5フォース分析やバリューチェーン×VRIO分析で課題を整理
②（3C分析をもとにして）クロスSWOT分析で戦略の方向性を導出
③戦略マップで戦略を具体的に見える化して全体像を俯瞰

■■ **参考文献・参照資料**

ロバート・S・キャプラン『戦略マップ　―バランスト・スコアカードによる戦略策定・実行フレームワーク（復刻版）』東洋経済新報社、2014年

安岡寛道『事業戦略－策定の手引き＜第3版＞』（公財）高知県産業振興センター、2019年

プロジェクト全体の見取り図

53 ガントチャート

Gantt Chart

Tags 情報の記録・整理　事業運営　チームで使える
Origin 1910年代に米国の機械工学者であり経営コンサルタントでもあったヘンリー・ガントが考案

こんなときに使える！ **プロジェクトの状況を一目で確認したい**

概要

　ガントチャートとは、<u>プロジェクト管理や生産管理などで用いられる帯状のグラフ</u>です。

　ガントチャートでは、縦軸に**タスク**、横軸に**時間**を配置します。そのうえで、タスクの工程ごとに、**タスク開始日**と**タスク完了日**を帯状で示します。また、プロジェクトの進捗や成果を評価するための重要な節目として、**報告会**や**ミーティング**などのマイルストーンを記載します。

図 ｜ ガントチャートの例

タスク（作業）	担当者	8月 1日〜	8日〜	15日〜	22日〜	29日〜	9月 5日〜	12日〜	19日〜	26日〜
マイルストーン										
経営層への戦略報告会	事業部門長	★ キックオフ					★ 事前報告会			★ 最終報告会
事務局ミーティング	事務局メンバー	★	★		★	★	★	★	★	★
集中合宿	事務局メンバー						★			
事業計画書の作成										
事業の現状把握	担当者A									
内部環境調査	担当者B									
外部環境調査	担当者C									
事業戦略/ビジネスモデルの検討	事務局メンバー									
ビジネスモデルの検証	担当者A・B・C									
事業計画書の作成	事務局メンバー									

ガントチャートを用いると各タスクの開始時期・終了時期を容易に把握できるため、プロジェクト管理者にとって有効な**進捗管理方法**として知られています。

ガントチャートの基本項目は「**タスク**」「**担当者**」「**スケジュール**」「**マイルストーン**」です。

表｜ガントチャートの基本項目

項目	内容
タスク	プロジェクトを完遂するために必要な作業を記載する
担当者	各タスクに取り組む者や責任者を記載する
スケジュール	各タスクをいつ・どのような手順で実行するかを記載する
マイルストーン	プロジェクトの完遂に向けて、進捗や成果を評価するための重要な節目を記載する

図｜ガントチャートの基本構造

タスク（作業）	担当者	○月					○月				
		○日~	○日~	○日~	○日~	○日~	○日~	○日~	○日~	○日~	○日~

複雑なプロジェクトの管理では、全体を俯瞰し、事業全体の進捗状況を正しく把握する必要があります。ガントチャートを使用してプロジェクト全体を可視化することで、実現可能性を判断したり、実現可能なスケジュールに修正したりできます。さらに、プロジェクト進行中にガントチャートを使用すれば、**複数の人員がお互いの作業の進捗を追跡できます**。

使い方

ガントチャートは、次の手順で作成します。

① タスクをリストアップする

すべてのタスクをリストアップします。ガントチャートの作成時に陥りがちなミスは「**タスクの抜け・漏れ**」です。プロジェクト全体を通じて発生するタスクを見極めて、抜けや漏れのないように洗い出してください。

そのうえで、ガントチャートの縦軸にタスクを記入します。

② 期間を特定し担当者を決定する

それぞれのタスクに必要な期間を計算して、横軸に**タスク開始日**と**タスク完了日**を記入します。

すべてのタスクとそれらの期間を記入したら、横軸に注目して「**スケジュールの期間が重なっているタスク**」と「**同時並行で進められないタスク**」に注目します。各タスクの依存関係を考慮して、必要に応じて各タスクのスケジュールを調整してください。

各タスクのスケジュールが決まったら、それぞれに担当者を割り振ります。ここでは、担当者のタスク量の偏りなどに注目して確認し、必要に応じて調整します。

タスクに加えて、プロジェクトの進捗や成果を評価するための重要な節目として、報告会やミーティングなどのマイルストーンを記載します。

③ 必要なタスクがすべて揃っているか確認する

ガントチャートを記入したら、最後に必要なタスクがすべて揃っているかを改めて確認します。また、スケジュールの実現可能性についてもこの段階でしっかりと確認しておきましょう。

■■ 参考文献・参照資料
芝本秀徳 著『誰も教えてくれない 計画するスキル』日経BP、2017年

54 対立解消図

Conflict Resolution Diagram

Tags 情報の記録・整理　事業運営　チームで使える
Origin 物理学者のエリヤフ・ゴールドラットが提唱した制約条件の理論をもとに開発

**こんなときに
使える！** 対立関係を解消したい

概要

　対立解消図とは、**対立している概念の根底にある「制約」を見つけて、それを解消するためのもの**です。このフレームワークを用いて、システム全体の制約やステークホルダーの対立関係に注目して問題を解決することで、活動やプロジェクトの生産性を上げることができます。

　対立解消図では「**やる ⇔ やらない**」「**行く ⇔ 行かない**」「**支持する ⇔ 支持しない**」のような、両方を同時には実行できないことや、「**取りたくないが取らざるを得ない行動 ⇔ 本来取りたい行動**」のような、相反することを図式化したうえで、それらについて「**対立が生じる背景には何らかの前提・仮定があるはずだ**」といった立場をとり、その前提・仮定を検証することで解決策を検討します。

　新しい活動やプロジェクトに取り組む際は、それに関わるステークホルダーとの対立が発生することがしばしばあります。対立が発生した場合は、対立解消図を用いてそれらを解消し、活動やプロジェクトを実現できるようにしましょう。

使い方

　ここでは、会社員のキャリアデザインを例に用いながら、対立解消図の使い方を説明します。

① 対立している要素を洗い出す

対立解消図では、最初に「**対立している要素**」を洗い出し、**それらが本当に対立しているか**を確認します。

対立している要素は、以下のいずれかの形になっていることが必要です。

- どちらも実行できるが、同時には実行できない関係にある
- 「取りたくないが取らざるを得ない行動」と「本来取りたい行動」の関係にある

例えば、ある会社員が別の会社に転職したい（本来取りたい行動）にもかかわらず、何らかの事情のために現在の会社で働き続けなければならないとします。これは、要素が対立していることになります。

図 | 対立している要素の確認

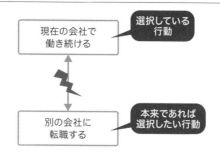

②各要素が達成したい目的を明らかにする

次に対立している要素について、**それぞれの要素が何を達成しようとしているのか**について検討します。対立している要素の背後にある目的を検討する場合は「**なぜそれをしたいのか?**」「**なぜそれが発生しているのか?**」といった問いかけを繰り返して、理由や根底にある目的を深掘ることが重要です。

例えば、現在の会社で働き続けることと転職することの根底にある目的について考えてみます。

現在の会社で働き続けたい理由が「信頼できる仲間と楽しく仕事をしたいから」であったとしましょう。一方、転職したい理由は「現在の会社では十分に活かしきれていない自分の能力を活かす仕事をしたいから」であったとしましょう。

この２つの根底にある目的は「**やりがいを持って働きたい**」であると考えることができます。これらの関係を示すと次の図の通りです。

図 | 各要素が達成したい目的の明確化

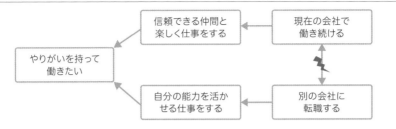

③ 解決策を検討する

最後に、**根底にある目的を達成できる形で、各要素の対立を解決できる方策を検討**します。ここでは対立している要素と、それぞれの理由をクロスすることで、目的を達成しながら両立する方法を考えます。現在の会社で働き続けることと、自分の能力を活かせる仕事をすることは、対立しているように見えますが、「**転職せずに自分の能力を活かした副業をはじめる**」ことで解決できるかもしれません。

また、転職をすることと信頼できる仲間と楽しく仕事をすることも対立しているように見えますが、「**リファラル採用（知人・友人を介した採用手法）を活用し、友人がいる会社に転職する**」ことで解決できるかもしれません。

このように一見、対立しているように見える行動であっても、その背後の理由や目的を明確にして、両立できる解決策を探ることで、対立の解消に近づけます。

図 | 解決策の検討

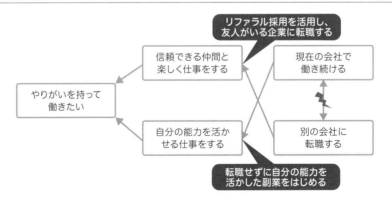

📖 参考文献・参照資料

エリヤフ・ゴールドラット 著、三木本亮 訳『ザ・ゴール　企業の究極の目的とは何か』ダイヤモンド社、2001年

エリヤフ・ゴールドラット 著、三木本亮 訳『ザ・ゴール2　思考プロセス』ダイヤモンド社、2002年

55 特性要因図（フィッシュボーンチャート）

Fishbone Diagram

Tags 定性的データ　事業運営　組織で使える
Origin 1960年代に化学工学者の石川馨（工学博士、東京大学名誉教授）が開発

> **こんなときに使える！**　「現状の結果」に影響を与えている「原因」を知りたい

概要

特性要因図とは、**特定の結果（特性）とその原因（要因）の関係を系統的に表した図**です。図の形状が魚の骨に似ていることから「**フィッシュボーンチャート**」とも呼ばれています。

特性要因図を用いると「**現れている結果に影響を与えている原因**」を洗い出すことができます。そのため、この図は主に**原因が複合的に絡み合っている問題や課題の可視化や改善活動など**に使用されます。

特性要因図を使うメリットは、主に以下の4つです。

メリット① 結果と原因が視覚化されるため、問題や課題を皆で共有できる

メリット② いきなり解決策を出すのではなく、問題や課題を洗い出したうえでその要因を突き詰めてから解決策を出すため、本質的でない（抽象的な）解決策を排除できる

メリット③ 問題解決や課題解決の方法論として確立されているため、この方法を使うことで品質が安定する

メリット④ 一度使うと系統図に分解するノウハウが蓄積される

使い方

特性要因図では、改善対象の製品やサービスの**特性**（結果）のうち問題・課題

となるものを特定したうえで、その**要因（原因など）**を、大項目から中項目、さらに小項目へと分解して、分析していきます。

要因を分解する際の6つの視点

要因を分解する際の代表的な視点に「**5M＋1E**」があります。5M＋1Eとは以下の用語の頭文字です。

図｜特性要因図と5M＋1E

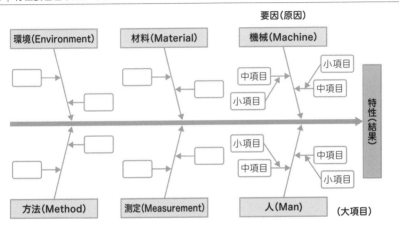

表｜5M＋1E

視点	内容
機械（Machine）	機械・設備の品質や精度のばらつき
方法（Method）	作業方法のばらつき
材料（Material）	原料や材料（部品）のばらつきや不良
人（Man）	作業者の能力のばらつき
測定（Measurement）	測定機器の精度、測定条件、測定方法、測定者の検査能力のばらつき
環境（Environment）	作業中の温度、湿度、気圧などのばらつきや影響

ここからは、部品製造業のキズ不良の改善を例に、特性要因図の書き方を説明します。

① 特性を洗い出して、大項目を記入する

　特性要因図では、最初に**特性**（結果）のうち問題・課題となるものを特定する必要があります。

　まずは、チームのメンバー全員でブレインストーミング（p.16）を行って特性を洗い出し、そのうえで、その特性の**最大の要因（原因）**を**大項目（大骨）**として記入します。部品の出来映えの**特性**として「**キズ不良が多い**」ということなら、「**それがなぜ生じるのか**」を突き止める必要があります。そして、見つかった要因を、特性要因図に記入していきます。

　具体的には5M＋1Eを視点として、現場の人でもわかりやすい言葉で記入します。この例の場合、機械は「**工具**」、人は「**作業者**」のように記入します。

図 ｜ 特性を洗い出して、大項目を記入する

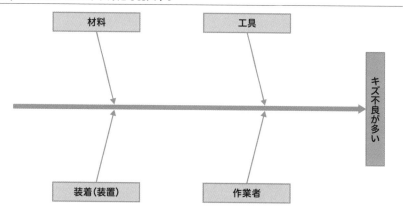

 部品製造業において「**部品**」は最終製品です。その製品に不良があれば、返品・クレームにつながります。そのため、不良品が生じた際は、特性要因図を使って、要因（原因）を追求し、対策を立てていくことが必要です。

② 中項目、小項目を記入する

大項目（大骨）の特性が生じる要因を考えて、その特性を**中項目（中骨）**として、大項目の矢印を指すように記入します。

続いて、**中項目（中骨）の特性が生じる要因**を考えて、その特性を**小項目（小骨）**として、中項目の矢印を指すように記入します。

重要な要因については「なぜ」を繰り返し、小小項目（小小骨）、小小小項目（小小小骨）までくらいまで記入して、要因を具体化します。

図 ｜ 中項目、小項目を記入する

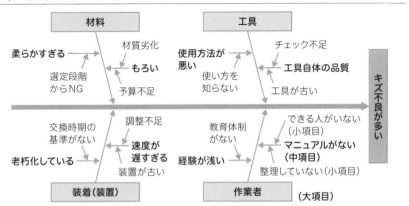

Memo 「**なぜ**」を追求する際は、現場調査（ヒヤリングなど）などを行いながら、その特性が生じる要因（必ず存在する要因）を見つけるようにしてください。存在しない要因や不明の要因は、ここでは検討対象外です。

③ 記入漏れがないかチェックし、重要な要因に印をつける

各項目に記入漏れがないかをチェックしたうえで、重要な要因に印（赤色で強調するなど）をつけます。

このような手順を経て特性要因図が完成したら、その要因をなくすための対策を検討し、対処していくことになります。

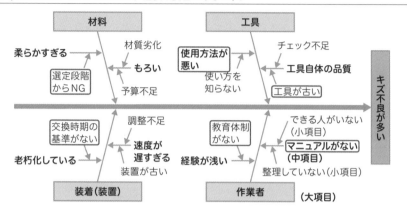

使用時の注意点

特性要因図を**小小小項目**まで作る過程の中で、もし大きな要因になるものが見つかった場合は、1つずつ昇華（小小項目ならば小項目、小項目ならば中項目、中項目ならば大項目に戻すこと）していき、骨組みを真の要因にしてく必要があります。

例えば、大項目から中項目の過程で、大項目「**工具**」の要因と考えていた中項目「**老朽化している**」というのが、実は大項目「**装着（装置）**」の要因だと判明した場合は、大項目に「**装着（装置）**」を追加したうえで、その中項目として「老朽化している」を記入します。

組み合わせて使えるフレームワーク

・ **ブレインストーミング（p.16）、KJ法（p.30）**
　ブレインストーミングやKJ法は、特性要因図の特性や要因を洗い出す際に活用できます。

・ **エスノグラフィ（p.132）**
　エスノグラフィによる観察によって、特性要因図の要因を見つけ出すことができます。なお、その際にインタビュー（ヒアリング）を行えれば、対象者から具体的、かつ本質的な要因を見つけ出すこともできます。

■■ 参考文献・参照資料
　TAC中小企業診断士講座 著『中小企業診断士 最速合格のためのスピードテキスト (3) 運営管理 2024年度』
　　TAC出版、2023年

Column

「管理用」と「解析用」の特性要因図

—

生産準備段階でQC工程表（品質管理のガントチャート）を作り、生産工程での現場管理の危険要因を列記するには、管理時に心配となる要因を抜け・漏れなく体系的・系統的に整理する必要があります。これには「**管理用**」の特性要因図と「**解析用**」の特性要因図を使います。

図｜**管理用と解析用の特性要因図**

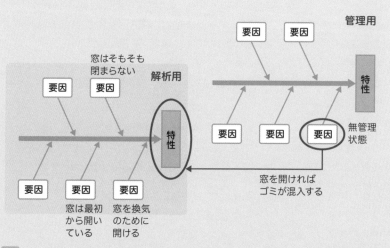

出所 『特性要因図の作り方、要因分析手法【図解】』（https://takuminotie.com/blog/quality/特性要因図/）をもとに筆者が一部改変・加筆

まず、「管理用」を作るには、さまざまな角度からできる限りたくさんの要因を記入します。例えば「ゴミ不良」であれば、「なぜゴミが混入するか」ではなく、「こうすればゴミが混入する（例：窓を開ければゴミが混入する）」のような形で**"悪意ある発想"**を行うといろいろと出てきます。品質管理をすべき要因を整理して、そこから「無管理状態」にある要因を抽出します。

次に、管理用に記入した「要因」を「特性」に位置付けた「解析用」の特性要因図を作ります。ここでは、例えば「窓を開ければゴミが混入する」に対して、「窓を開けるのはなぜか」のような形でさらに突き詰めます。「換気のために窓を開ける」「窓はそもそも閉まらない」「窓は最初から開いている」などがあるでしょう。

そのうえで、これらの対策として、その要因をなくすためにはどうするかを考えていきます。

QC七つ道具

　小集団がボトムアップで品質向上を図るには、現場レベルで使いやすい手法が必要です。代表的なのが、製造業の現場で使われている「QC七つ道具」です。
　QC7つ道具とは次の7つです。本項で解説している特性要因図もそのうちの1つです。

①特性要因図
②パレート図（出現頻度の大きさ順と累計和で重点管理項目を把握）
③ヒストグラム（クラス別統計データで分布を把握）
④グラフ（データの大きさを図示して差や経過などを把握）
⑤管理図（品質管理の実測値のグラフで異常値発生を把握）
⑥散布図（縦横軸に観測値を打点して差を把握）
⑦チェックシート（管理点検表で業務の抜けや漏れを把握）

　一方、製造業以外（企画、設計、販売、アフターサービスなど）や総務のような間接部門、小売・サービス業などの営業現場では定性情報（文字言語）が多いため、それらを活用するための手法が必要になります。
　代表的なのが、品質改善や製品開発などで使える「新QC七つ道具」です。

①親和図法（問題・課題の関連性ごとに整理した図）
②連関図法（要因を深堀・網羅して因果関係を整理した図）
③系統図法（目的や手段をツリー状にした図）
④マトリックス図法（要素間の関係を整理した表）
⑤アローダイアグラム（作業順序を矢印と結合点で結んだPERT図）
⑥PDPC法（Process Decision Program Chart：過程決定計画図）
⑦マトリックスデータ解析法（数値の相関を2次元で分析した表）

あとがき

　本書の執筆・編集が山場を迎えた2023年は、ヒトがどのように生成AIを活用していくべきかが大きな話題となりました。IBMやMicrosoft等のIT企業を筆頭に、生成AIや蓄積されたデータによる機械学習によって業務が大きく変わる企業も増えています。このような時代のビジネスは、顧客、つまりヒトのニーズを観察し、さまざまな情報と組み合わせて解決策を生み出す「創造性」がますます重要になっていきます。

　「創造性」と聞くと、つかみどころのないイメージを持ってしまうかもしれませんが、フレームワークを用いてファクトとロジックを組み合わせ、今までなかったビジネスアイデアを理解することは、新しいビジネスを創造する一助になります。

　例えば本書で取り上げている理髪店QBハウスは「ブルー・オーシャン戦略」でも取り上げられている有名な事例ですが、従来の「技術」や「センス」という顧客ニーズ以外に、散髪にかかる「時間」という軸があることに気づき、「時間＝散髪料」という新たな発想をフレームに当てはめ低価格のサービスを実現しました。また、「煙をなくす」という従来製品では当たり前だった概念を覆した電気加熱タバコの「アイコス」は、顧客のインサイトを深耕する過程で「周りの人への副流煙被害を気にして喫煙者が減っている」という気づきを得て、既存の開発軸から視点をずらすことでイノベーションを起こしました。

　本書で紹介している55のフレームワークは、読者の皆さんが携わっているビジネスを異なる視点から検証し、固定観念を外すヒントになるはずです。まずは目的に沿ったフレームに当てはめて整理・理解してみる、次にフレームから外して検討してみる、というように本書を活用していただきたいです。

　本書は、日本マーケティング学会の「AI×5G時代のビジネスモデル」をテーマとするリサーチ・プロジェクトのメンバーによる共著です。55のフレームワークを選んだのは、アイデア創出・市場分析・企画提案・改善という、ビジネスを創り持続させていくライフサイクルを網羅するためで、本書の大きな特徴となっています。

　生成AIが猛スピードで多様な産業分野や業務分野に普及する現在、新技術をどのように用い、何を革新するかという創造的な活動をしているのはビジネスパーソンです。歴史の中で生み出されたビジネスの55の叡智を用いて、日々技術や価値観が刷新される時代を読者の皆様が切り拓いていかれることを期待します。

富樫佳織

Index

著者

安岡 寛道 Yasuoka Hiromichi

明星大学 経営学部 教授, Ph.D.、中小企業診断士。

慶應義塾大学理工学部卒、同大学院理工学研究科修了・修士 (工学)、同大学院システムデザイン・マネジメント研究科修了・博士 (システムデザイン・マネジメント学/総合社会文化)。

野村総合研究所 (NRI) 入社。同社を一旦退社後、スクウェア (現スクウェア・エニックス) オンライン事業部チーフ、Arthur Andersen (現PwCコンサルティング) マネージャーを経て、NRI再入社し、コンサルティング事業本部プリンシパル。同社を再度退社後、現職。

他に、内閣官房、総務省、経済産業省、農林水産省、高知県、相模原市の委員、東京大学大学院情報学環、慶應義塾大学文学部、駒澤大学経営学部、第一工業大学工学部、横浜商科大学商学部、かなざわ食マネジメント専門職大学、高知リハビリテーション専門職大学の講師 (非常勤)、立命館大学大学院経営管理研科客員教授を歴任。

専門は、事業戦略、顧客戦略、デジタルビジネスなど。著書、多数。

現在、高知県産学官民連携センター (高知県・大学等連携協議会) 土佐MBA「経営戦略」コース監修講師、安岡経営コンサルティング事務所代表を兼務。

【担当箇所 (フレームワーク等)】

08、17、24、25、26、27、28、30、31、34、36、45、48、49、52、55

序、3章扉解説、全体文言統一

富樫 佳織 Togashi Kaori

京都精華大学 メディア表現学部 准教授。早稲田大学商学研究科修了 (MBA)。NHK (日本放送教会)、放送作家、WOWOWでのプロデューサーを経て2021年から現職。専門は、ビジネスモデル、プラットフォーム戦略、コンテンツビジネス。

著書に『この一冊で全部わかる　ビジネスモデル』『文系学生のための企業研究』等。

メディア企業やコンテンツ企業の事業アドバイザー、コンサルティングを務め、ファン・コミュニティ形成や、UX戦略を取り込んだビジネスモデル検討、施策を行っている。

【担当箇所 (フレームワーク等)】

01、13、14、15、16、18、20、21、22、23、37、38、39、40、42、43、44

2章扉解説、4章扉解説、あとがき

伊藤 智久 Itoh Tomohisa

明星大学 経営学部 教授、日本MITベンチャーフォーラム理事。

東京大学大学院修了後、野村総合研究所で国内外の企業や公的機関の経営コンサルティングに従事。本業の傍ら、滋賀大学ビジネスイノベーションスクールを立ち上げ、スクール長としてアントレプレナーシップ教育に従事。その後、大学教員に転身し、大学で研究と教育に取り組みながら、日本MITベンチャーフォーラムの理事として起業家メンタリングの活動に従事。企業の経営顧問や経営コンサルティング、各種のセミナー講師業にも従事。

【担当箇所 (フレームワーク等)】

19、29、32、33、35、41、46、47、50、51、53、54

序、5章扉解説、6章扉解説

小片 隆久 Ogata Takahisa

日本電通株式会社所属、ネットワークエンジニア。
入社後は顧客向けネットワーク構築を行うエンジニアとして経験を積んだのち、社内ベンチャー制度に応募して新規ビジネスモデルの考案・創出を担当する。本書でも紹介しているさまざまなビジネスフレームワークを活用した新規アイデア・コンセプト創出を得意とする。現在はネットワークエンジニアに復帰し、顧客の課題解決に従事している。猫派。

【担当箇所 (フレームワーク等)】
02、03、04、05、06、07、09、10、11、12
1章扉解説

執筆協力者

堀場 久美子 Horiba Kumiko

Hakuhodo Consulting Asia Pacific Head of Market Intelligence

【協力箇所 (フレームワーク)】
13、16、17、18、19、20、22

謝辞

日本マーケティング学会の「AI×5G時代のビジネスモデル研究会」のリサーチ・プロジェクト (リサプロ) のメンバーの有志によって本書籍は執筆されました。そのリサプロ・メンバーの堀場久美子さんには、執筆当初から初案作成まで、多大なご協力を頂きましたので、御礼を申し上げます。また、同じくメンバーの福島健吾さん、神田晴彦さんには、リサプロでの発表などのご協力を頂きましたので、御礼を申し上げます。

■本書のサポートページ

https://isbn2.sbcr.jp/11835/

本書をお読みいただいたご感想を上記URLからお寄せください。
本書に関するサポート情報やお問い合わせ受付フォームも掲載しておりますので、
あわせてご利用ください。

ビジネスフレームワークの教科書

アイデア創出・市場分析・企画提案・改善の手法 55

2024年 3月13日　初版第 1 刷発行
2024年12月 7日　初版第 3 刷発行

著者 ……………………………	安岡 寛道　富樫 佳織　伊藤 智久　小片 隆久
発行者 …………………………	出井 貴完
発行所 …………………………	SBクリエイティブ株式会社
	〒105-0001　東京都港区虎ノ門2-2-1
	https://www.sbcr.jp
印刷・製本 ……………………	株式会社シナノ
カバーデザイン ………………	西垂水 敦 (krran)
イラスト ………………………	meeg
	クニメディア株式会社
本文デザイン・組版 ………	クニメディア株式会社
編集 ……………………………	岡本 晋吾 (SBクリエイティブ)

落丁本、乱丁本は小社営業部にてお取り替えいたします。定価はカバーに記載されております。